《史记》与中国文学

张新科 著

图书在版编目(CIP)数据

《史记》与中国文学 / 张新科著. — 北京：商务印书馆，2021（2022.4重印）
ISBN 978-7-100-18260-7

Ⅰ.①史… Ⅱ.①张… Ⅲ.①《史记》－研究②中国文学－文学研究 Ⅳ.①K204.2②I206

中国版本图书馆CIP数据核字（2020）第049676号

权利保留，侵权必究。

《史记》与中国文学

张新科 著

商 务 印 书 馆 出 版
（北京王府井大街36号 邮政编码 100710）
商 务 印 书 馆 发 行
三河市尚艺印装有限公司印刷
ISBN 978 - 7 - 100 - 18260 - 7

2021年1月第1版　　开本 880×1230　1/32
2022年4月第2次印刷　印张 13

定价：68.00元

目 录

导 论　关于《史记》文学特质的思考　// 1
第一章　司马迁的文学思想及其影响　// 11
第二章　《史记》与中国古典散文　// 42
第三章　《史记》与中国古典传记　// 68
第四章　《史记》与中国古典小说　// 106
第五章　《史记》与中国抒情文学　// 131
第六章　《史记》与中国古典悲剧　// 164
第七章　《史记》与中国浪漫主义文学　// 187
第八章　《史记》与辞赋　// 208
第九章　《史记》与中国民间文学　// 246
第十章　《史记》：中国文学语言的宝库　// 259
第十一章　《史记》文学经典的建构之路　// 285
结束语　// 323
附录一：《史记》与中华民族精神塑造　// 325
附录二：《史记》在海外的传播与研究　// 342
附录三："史记学"和中华优秀经典传承
　　　　——一种独特新学科的探讨　// 389
后　记　// 405

导论　关于《史记》文学特质的思考

本书主要探讨《史记》与中国文学的关系问题，力图将《史记》放到中国文学的历史长河中去认识它的价值，既注意《史记》本身的文学成就，又注意它对前代文学的继承和对后代文学的影响。对于《史记》文学特质的认识，则是我们探讨它与中国文学关系问题的前提和基础。

第一节　思考《史记》文学特质应确立的原则

《史记》是体大思精的历史著作，又是璀璨夺目的文学名著。对于《史记》文学的特质进行认识与抉发，有一个历史过程。张大可先生将这个过程概括为四个层次：

> 最广义的文学性，只着眼于《史记》文章简洁，辞采华美，这是第一层次，魏晋以前最普遍的认识。着眼于《史记》散文的成就和艺术风格美，这是第二层次，唐人深化的认识。《史记》文章结构，转折波澜，人物刻画具有小说因素，这是第三层次，明清评点家多所发抉。全面地、系统地抉发司马迁塑造历史传记人物典型形象的艺术手法，这是第四层次，可以说是

近年来才深入的。①

并且强调，认识《史记》的文学特性，应注意不同的层次，这个看法是很好的。可永雪先生也曾对古代学者探讨《史记》文学性的过程做过概述②。笔者以为，在认识《史记》文学特质之前，首先应确立如下几个原则：

一、《史记》的文学特性是建立在历史特性之上的。《史记》首先是历史，但又不同于纯粹的历史资料；作为文学，它又不同于纯文学的虚构，不是为文学而文学。所以，研究《史记》的文学特征时，必须将历史学家的眼光与文学家的眼光结合起来。历史学家通过考证人物事实来研究历史；文学家则主要研究人物形象本身，两者目的不同。但如果抛开《史记》的历史特征，孤立地进行文学欣赏，也会失之偏颇。对此，郭双成先生曾指出：

> 从文学的角度来研究《史记》的人物传记，虽然可以采取不同于前代学者主要是在改错订误方面所用的方法，也不同于历史研究工作者利用《史记》来研究历史，但是如果抛开了《史记》作为一部史书的本质，不联系《史记》一书的其它部分以及另外一些与《史记》有关联的历史著作（这里主要是指《汉书》），而只孤立地对《史记》的人物传记进行研究，抛开历史研究工作者对《史记》所记载的历史时期的研究成果进行研究，就反而不可能对《史记》人物传记的成就从思想和艺术上

---

① 张大可：《司马迁评传》，南京大学出版社1994年版，第211页。
② 可永雪：《史记文学成就论稿》第二章第三节，内蒙古教育出版社1991年版。

作出正确而深刻的评价,而只会陷于皮毛的欣赏和论断了。①

这个意见是十分中肯的,因为司马迁的史学思想决定了他的选人标准、选材标准、评价标准乃至于感情标准。以选材而言,一个人一生的事迹非常多,选取哪些材料表现人物个性,表面看来是属于文学手段问题,而实质上与作者的历史观有密切联系。作者写项羽,选了"巨鹿之战"、"鸿门宴"、"垓下之围"三个大的场面,展现了项羽由兴到亡的全过程,作为文学来说是典型化的手法,但骨子里却渗透着作者的历史思想。因此,研究《史记》时不能脱离历史特性而架空文学特性。

二、应将《史记》作为一个整体来研究它的文学特性。固然,《史记》中的本纪、世家、列传三种体例是文学性最突出的部分,我们研究《史记》的文学特性,就是以这三部分为基础。但是,为了真正认识《史记》的文学特性,还必须结合表、书部分。读《六国年表序》,才能对秦国的历史人物有更深入的了解;读《秦楚之际月表序》,才能对陈涉、项羽、刘邦三人的历史作用有更清楚的认识;读《平准书》,才能更好地理解司马迁在《货殖列传》中对经济问题的看法;等等。即使本纪、世家、列传三体之间,也要整体看待。其一,三体是一个系统,是从人事发展的角度展现历史的变化过程,要了解一个时期的人物或一个人全部,就要在这个系统中查找相关数据。比如要了解春秋时代人物,本纪中的《周本纪》、《秦本纪》,世家中的鲁、齐、郑、晋、楚以及孔子等世家,列传中的《管晏列传》等,就是一个整体;要了解李斯这个人,除了本传外,

---

① 郭双成:《史记人物传记论稿》,中州古籍出版社1985年版,第5页。

必须结合《秦本纪》、《秦始皇本纪》等；要了解战国时代秦国主要人物，那么《周本纪》、《秦本纪》、《秦始皇本纪》等本纪，齐、楚、燕、韩、赵、魏乃至于陈涉等世家，李斯、吕不韦、蒙恬、苏秦、张仪等列传，就是一个整体。所以，三体之间不能完全割裂。其二，三体中的篇章，有些是相互对比、互有联系的，也不能孤立地进行研究。如《高祖本纪》与《项羽本纪》，《卫将军骠骑将军列传》与《李将军列传》，《萧相国世家》、《留侯世家》、《淮阴侯列传》与《高祖本纪》、《项羽本纪》、《吕太后本纪》等，都是关系非常密切的。其三，即使一个人的传记，由于《史记》用"互见法"，往往将一些材料分散在数篇，因而必须综合数篇，才能完整了解一个人。其四，三体的材料，有些是司马迁在《左传》、《国语》、《战国策》等原有材料上进行加工、再创造，有些是司马迁的新创作，研究时既要看到改造与新作的不同，又要将这两者作为一个整体，因为司马迁的改造与新作是融为一体的。

　　三、《史记》一书融入了个人的生命体验，注入了个人的情感，我们必须掌握作者的禀性、遭遇，以此为突破口，去探讨《史记》的文学特质。一部史书，必有作者的思想意识；一部文学作品，也不是无病之呻吟。李陵之祸，使司马迁蒙受奇耻大辱，但他隐忍苟活，九死未悔，以顽强的毅力去实现自己的理想，将自己的生命寄托在私修《史记》上。"司马迁受宫刑是他精神上的升华与认识上的飞跃，他由此看清了封建专制的残暴，从而用他的《史记》为武器，开始了他生命中最为辉煌的历程，开始了一个天才思想家在那个万家墨面的时代，所能够进行的伟大的斗争。"[①] 正因此，《史记》中的

---

① 黄新亚：《司马迁评传》，光明日报出版社1991年版，第103页。

许多人物，尤其是那些悲剧人物如屈原、贾谊、李广等，都有作者的影子。而司马家族的传统、时代的精神、个人壮游天下等因素，又使司马迁身上多了一份浪漫的气质。只有深入了解司马迁的悲剧遭遇和浪漫气质，才能更好地理解《史记》的文学特质。

四、探讨《史记》文学特质，还应把《史记》放到整个中国文学的长河中去认识。《史记》是先秦文学的集大成者，代表了汉代文学的最高成就，并对后代的文学产生了深远影响。我们不能就《史记》而研究《史记》，还应开阔视野，把《史记》与它前后的文学进行对比研究，这样，才能更好地认识它本身的文学特质。学术界普遍认可鲁迅先生的看法，魏晋时代是文学的自觉时代。以此为准，我们可以进一步思考：《史记》作为文学自觉时代到来之前的著作，它的文学特质是什么？与自觉时代的文学又有什么不同？等等。沿波讨源，顺源探流，就可以对《史记》在中国文学长河中的地位做出评判。当然，我们既要从文学角度探讨《史记》，又要注意不能用今天的纯文学观念去要求古人。而应综合、对比，实事求是，对《史记》的文学特质做出公允的评价。

第二节 《史记》的文学特质

确立了以上四个原则之后，我们可以对《史记》的文学特质做进一步认识了。

是什么原因，使《史记》跨入了文学的殿堂呢？

一、鲜明的思想性。任何文学艺术创作，都体现着作者一定的思想倾向，灌注着作者的人生体验，这也是中国传统艺术精神之所在。徐复观先生指出："为人生而艺术，才是中国艺术的正流。"① 徐先生分析说：

> 孔门为人生而艺术的精神，唐以前是通过《诗经》的系统而发展；自唐起，更通过韩愈们所奠基的古文运动的系谱而发展。这都有得于如前所述的，孔子对文学的启示。同时，为人生而艺术，及为艺术而艺术，只是相对地便宜性的分别。真正伟大的为艺术而艺术的作品，对人生社会，必能提供某一方面的贡献。而为人生而艺术的极究，亦必自然会归于纯艺术之上，将艺术从内容方面向前推进。所以古文文学运动，一开始便揭举"文以载道"的大旗；而其后大师姚姬传，在其《古文辞类纂序目》中，把文之"所以为文者"会归到"神理气味，格律声色"八种艺术性的要求之上。最后更应当指出，由孔门通过音乐所呈现出的为人生而艺术的最高境界，即是善（仁）与美的彻底和谐统一的最高境界，对于目前的艺术风气而言，诚有"犹河汉而无极也"之感。但就人类艺术正常发展的前途而言，它将像天体中的一颗恒星样的，永远会保持其光辉于不坠。②

此话道出了"为人生而艺术"的本质。《史记》作为"为人生而艺术"的作品，司马迁给自己的创作树立了一面大旗："究天人之际，通古今之变，成一家之言"，表明这是一部有独立思想的著作。作者也正是在这种思想指导下，对三千年历史和人物进行总体认识，而

---

① 徐复观：《中国艺术精神》，春风文艺出版社1987年版，第118页。
② 徐复观：《中国艺术精神》，春风文艺出版社1987年版，第35页。

表达这种认识的同时，就是进行文学艺术创作，如徐复观先生所说"为人生而艺术的极究，亦必自然会归于纯艺术之上，将艺术从内容方面向前推进"。因此，鲜明的思想性是《史记》成功的基础，也是《史记》文学特质的基础。关于《史记》的思想性，我们在后面的章节中有详述。

二、人物形象典型化、个性化。《史记》是以人为中心的纪传体著作，因此，人物形象是衡量文学特质的一个重要标准。早期的历史著作，写人都有一定的概括性，以后逐渐发展。到《左传》、《战国策》时已有较鲜明的人物形象，但由于受体例的限制，人物形象不是十分丰满。《史记》的出现，使人物活动在时空方面都大大扩展，向个性化、典型化迈出了一大步。不同阶层的人有不同的个性，即使同一阶层、同一职业的人也有不同的个性，乃至于写出一个人的多方面的复杂性格。为了实现个性化、典型化，作者采用了多种手法：如选择典型事例表现人物个性，而不是个人的生活流水账和履历表；描绘典型环境，让人物在矛盾冲突中表现自己；用人物自己的语言和行动去表现人物；用细节描写来充实人物的个性；多侧面写人，使人物由平面化转向立体化；运用对比描写，显示人物个性；等等。这些手法的运用，使《史记》插上了文学的翅膀，避免了单纯的客观叙述和呆板的生平履历介绍。尤其是个性化的语言，这是历史跨入文学的一道门槛，由于司马迁的努力创作，终于迈过了这道门槛。而典型材料的选择，又使作品具有了作者的思想情感，使传主与作者融为一体，解决了纯史学著作中传主与作者两张皮的问题。从某种意义上说，个性化、典型化是文学的灵魂和生命。没有个性的作品，就是失败的作品；没有典型意义的作品，是生命短暂的作品。因为个性化、典型化，都是经过对生活的深入挖掘而产生的。把历史数据堆积起来，不进行个性化、典型化的处理，那是史料学，而不是文学。

三、深入人物内心，把握人物整个灵魂，适当进行合理想象，做到"酌奇而不失其真"。《史记》被人称为"实录"作品，但这个实录是相对的，是从总体上说的，我们并不排除它在某些方面的夸饰和虚构。说到底，《史记》在"实录"的基础上，根据人物、环境的需要，适当进行合理想象，以此来补充事实链条的不足，并使人物更生动、更形象，但这又不同于文学的纯粹虚构，因此，是"戴着镣铐跳舞"。其一，在某些情况下，适当揣度人物的内心世界，揭示人物"这样做"的原因。如《李斯列传》写李斯年少时为郡小吏，见"吏舍厕中鼠，食不洁，近人犬，数惊恐之"，而观"仓中鼠，食积粟，居大庑之下，不见人犬之扰"，于是他叹息说："人之贤不肖，譬如鼠矣，在所自处耳！"显露出不甘贫贱、一心向上爬的思想。而这种思想就是李斯的人生哲学，他的一生就是追求"仓中鼠"那样的地位。其后，文章多次写到李斯的感叹。这些感叹，就像一根线贯穿全文，揭示了李斯的内心世界，使读者从更深处看到李斯的形象。其二，在某些情况下，适当进行艺术夸张，以渲染气氛。如《项羽本纪》写垓下之围时，项羽大吼一声，汉军追赶者倒退数十里，在悲壮的气氛中突出项羽的英雄本色。其三，在某些情况下，为了补充事实的不足，适当进行想象。如《项羽本纪》中项羽在四面楚歌的情况下，唱《垓下歌》，古代学者曾怀疑它的真实性，但作为艺术的想象，它符合当时的环境气氛。再如《淮阴侯列传》写韩信与蒯通密谈，别人当然不可能知道谈话内容，但司马迁却写得有声有色，如在眼前。其四，在有些情况下，适当穿插一些奇异故事，给作品增添浪漫色彩。如《高祖本纪》中写刘邦醉斩白蛇，《留侯世家》中写张良遇黄石公、商山四皓等。这些奇异故事,有些失去了历史真实,但从文学方面看却是极为生动的,使《史记》具有现实主义与浪漫主义结合的因素。总之,《史记》作为文学作品的一个重要特征,就是在历史真实的前提下,进行艺术想象,做到了历史真实与艺术真实的统一,因而《史记》中的人物,既具有历史的真实性、可靠性,又具有文学的艺术性、形象性。

四、具有美感效应。一般的史书,给人的是一种历史的教益;一般的文学,给人的是一种艺术的享受。《史记》给人的既有历史的教益,又有艺术的享受,是双重的效果。一部好传记,就是一部生动的教科书,能够使读者从中受到启发,汲取营养,陶冶情操,得到美的享受,这不是一般说教所能达到的。《史记》的美感效应主要来自于:其一,传主本身的真实性和典型性,传主具有生命的价值。《史记》记载了三千年历史,上至帝王将相,下至平民百姓,人类生命的伟大与渺小、可贵与可恶、真善美与假恶丑,都得到了展示。那些建功立业、奋发向上的人,百折不挠、顽强不屈的人,为崇高理想而遭悲惨结局的人,那些敢于反抗强暴、敢于斗争的人,那些仁德厚爱、品格高洁的人,是传记中最富有生命力的人,读者从他们身上可以感受到生命的热情、生命的力量,并以此来鞭策自己、鼓舞自己,读者与传主产生了强烈的共鸣。相反,那些作为"恶"的榜样的人,也能给人以生命的启迪,读者从他们身上可以警戒自己,反观自己,树立正确的生死观和价值观。其二,传记的完美形式。传主具有生命价值,但如果没有美的形式去再现,那么,生命价值也难以体现出来。对于读者来说,接受的不只是人物的事迹,还有传记的形式。《史记》对材料的安排颇具匠心,故事生动,情节曲折,引人入胜。每一篇都有建筑上的美。而且注意到了语言美,无论叙述语言还是人物自身语言,都以生动感人为目标;评论语言则丰富多彩,或大气磅礴,或委婉含蓄,等等。美的形式首先给读者一种快感。当形式与内容达到完美统一时,作品的美感效应也就发挥到最佳状态。《史记》避免了千篇一律的形式,每篇都有与内容相适应的形式。其三,情感的流露与渗透。司马迁秉笔直书,褒善贬恶,爱憎分明,因而《史记》中充满着作者强烈的感情色彩。司马迁主要采用叙事寓情的方法,将个人情感渗透在字里行间,如《李将军列传》。但有时按捺不住内心的激情,直接站出来,抒发感情,如《屈原列传》、《伯夷列传》等,以及每篇传记后的"太史公曰"。对于被世俗之人瞧不起的下层人物,如游侠、刺客等,司马迁也以饱满的激情为他们立传,并予以热情的称赞。史学著作却具有强烈的感情色彩,这也是迈入文学殿堂的一个标志。"感人心者,莫先乎情","情"是感动读者的催化剂,这也是《史记》区别于其他历史著作的一个重要方面。

　　《史记》的美感效应是巨大的,但它又是"润物细无声",读者从中得到的启迪是潜移默化的,而且是一种自觉的接受,不是任何力量强加给读者的。

　　以上我们从四大方面论述了《史记》的文学特质,这是我们进行以下专题研究的基础。当然,这四个方面也不是分离的,它们是互相联系、互相统一的。

第一章 司马迁的文学思想及其影响

司马迁在中国文学史上的贡献有两大方面：一是以自己的文学实践丰富了中国文学的宝库；二是他有明确的文学观点。司马迁的文学观是与他的政治观、史学观、美学观等紧密相连的，不仅在当时的文坛上占有重要的地位，并且对后代文艺思潮也产生了深远的影响。

第一节 对前代文学思想的继承

司马迁的文学观是在继承和批判前代文学思想的基础之上产生的。前代文学思想对司马迁影响较大的有以下几个方面：

一、美刺原则

这是儒家诗论的重要方面。"美"就是歌颂，"刺"就是讽谕，这是文学的功用和目的。早在《诗经》中，就有这样明显的目的。

> 吉甫作诵，其诗孔硕，其风肆好，以赠申伯。
>
> ——《大雅·崧高》
>
> 吉甫作诵，穆如清风。
>
> ——《大雅·烝民》

维是褊心，是以为刺。

——《魏风·葛屦》

家父作诵，以究王讻。

——《小雅·节南山》

孔颖达在《毛诗正义》中对"美"、"刺"的产生有这样的认识："言悦豫之志则和乐兴而颂声作，忧愁之志则哀伤起而怨"，孔子也曾说："诗，可以兴，可以观，可以群，可以怨"[①]，认为文学作品可以"怨刺上政"。但在儒家诗论中有一个要求，"刺"要"中和"，不能过分，这是孔子提出的"中庸"之道在文艺上的反映，也就是说，"怨刺"必须是"温柔敦厚"的，必须"止于礼"。后来的荀子继承了这种思想，提出"乐中平"及"乐之中和也"[②]等等。"汉儒论诗，不过美刺两端"[③]，《诗大序》集中表现了这一点。（关于《诗大序》的作者和作期，人们有不同的看法，今可看作是先秦儒家诗论的总结。）"美"、"刺"成为文学的主要功用，这不仅在先秦，而且在后代都得到人们的承认，司马迁对此既有继承，又有扬弃，形成了自己的"非中和"文学思想。

二、言志抒情

关于文学的性能，司马迁以前的文学理论涉及的主要是"言志"和"抒情"。《左传》襄公二十七年赵文子对叔向说"诗以言志"，《庄子·天下》说"诗以道志"，《荀子·儒效》说"诗言其志也"，

---

① 《论语·阳货》。
② 《荀子·劝学》。
③ 程廷祚：《青溪集》卷二《诗论十三》，黄山书社2004年版。

《尚书·舜典》说"诗言志,歌永言,声依永,律和声",大体上也是这个时代的产物。所谓"志","在心为志,发言为诗",也就是指人的思想感情。"情"与"志"实为一体。《乐记》说:"凡音者,生人心者也。情动于中,故形于声,声成文,谓之音。"即音乐是内在情感表现于外的结果,艺术是感情的表现。唐代孔颖达在《左传》昭公二十五年的《正义》中也解释说:"在己为情,情动为志,情、志一也。"文学是用来表现人的思想、感情的,一部文学作品如果没有明确的思想、充沛的感情,就不会感动人,不会发挥它的作用。司马迁对先秦时言志抒情的文学思想做了进一步发展,把"一家之言"作为自己的修史目标,也作为他的文学追求。"一家之言"就是言志抒情的最佳表现形式。

三、文学与现实的关系问题

先秦儒家音乐理论的总结性著作《礼记·乐记》提出诗乐创作"感于物而后动"的观点:

> 凡音之起,由人心生也。人心之动,物使之然也。感于物而动,故形于声。……乐者,音之所由生也。其本在人心之感于物也。是故其哀心感者,其声噍以杀;其乐心感者,其声啴以缓;其喜心感者,其声发以散;其怒心感者,其声粗以厉;其敬心感者,其声直以廉;其爱心感者,其声和以柔。六者,非性也,感于物而后动。

这些理论认识到现实是产生音乐(文学)的基础。不仅如此,先秦文论中还认识到文学反映着现实。《左传》襄公二十九年记载季札观乐，通过诗乐所反映的内容情调来观所谓风俗之盛衰，也就是孔子所说"兴观群怨"之"观"。《礼记·乐记》说："治世之音安以乐，其政和；乱世之音怨以怒，其政乖；亡国之音哀以思，其民困。声音之道，与政通矣"，"是故审声以知音，审音以知乐，审乐以知政，而治道备矣。"文学与现实有着密切的联系。可以说，文学来源于现实，又反映现实。这在先秦时期还是一种朴素的认识，到了司马迁，在此基础上又有新的发展，形成了他的现实主义文学创作思想和创作实践。

四、文质关系

孔子关于文质关系的言论有：

> 文犹质也，质犹文也。
> ——《论语·颜渊》
> 辞，达而已矣。
> ——《论语·卫灵公》
> 质胜文则野，文胜质则史。
> ——《论语·雍也》
> 言以足志，文以足言，不言谁知其志，言之无文，行而不远。
> ——《左传》襄公二十五年
> 情欲信，辞欲巧。
> ——《礼记·表记》

综合这些说法，孔子是要求在重视内容的前提下，同时重视文采辞藻。汉代董仲舒在《春秋繁露·玉杯》中对此有进一步阐释："志为质，物为文，文著于志；质不居文，文安施质？质文两备，然后其礼成。……《春秋》之序道也，先质而后文，右志而左物。"《淮南子》一书也主张"必有其质，乃为之文"①，认为质较之于文是根本的东西，这同儒家思想是一致的。当然，《淮南子》是把"质"看作包括物质生产在内的整个社会状态的产物，是事物不假文饰、天然具有的美。司马迁以前的文学观念，总体上是先质后文的观念，这对于司马迁"文史结合"、"文质结合"的文学思想深有影响。如何运用文学手法去展现千变万化的历史、表现丰富多彩的内容，这是史学家、文学家的司马迁遇到的一个实际问题，但他正确地处理了这二者之间的关系，使《史记》成为文史结合的典范，也成为文质结合的典范。

五、发愤抒情

屈原在《九章·惜诵》中说："惜诵以致愍兮，发愤以抒情。"屈原热爱国家，忠于国家，反受党人谗毁，被赶出朝廷，他心中充满了忧愤，忧国家，忧自己，于是把胸中的不平之气吐之于辞，形成了"发愤抒情"的思想，这是文学创作的动力。这对司马迁产生了很大影响，司马迁正是在这种思想基础上，结合自己的创作实践，提出了"发愤著书"理论。

六、知人论世

这是儒家大师孟子的诗论主张。他在《孟子·万章下》中说：

---

① 《淮南子·本经训》，上海古籍出版社1989年版。

"颂其诗，读其书，不知其人，可乎？是以论其世也。"一个作家的作品，总是和他个人以及他所处的时代相联系着的，要真正理解一部作品，就必须"知其人"、"论其世"。孟子的这一批评方法无疑是精辟的。司马迁是这一批评方法的继承者，我们看《史记》中他对屈原、司马相如等人及其作品的评论，都是放在当时时代以及具体环境中论述的。

除以上几点外，像孔子、孟子、屈原等崇高的个体人格，楚辞的浪漫主义特征等，都对司马迁的文学观及审美观产生了一定的影响。

第二节　司马迁的文学观

司马迁的文学观在继承批判前代文学思想基础上有了新发展，形成了自己对文学的看法。

一、文学描写的对象

司马迁写《史记》，是要"究天人之际，通古今之变"，因此，他始终把"人"作为自己描写的对象，由人的变化而去推究社会的变化，去探讨古今之变的规律。尤为可贵的是，司马迁写人，不仅写上层的帝王将相、王侯贵族，而且把笔墨伸向社会下层，写游侠、刺客、商人、俳优等，展现出社会的各个阶层、各个方面。他在《太史公自序》中谈到列传的标准："扶义俶傥，不令己失时，立功名于天下，作七十列传。"在《报任安书》中又说："古者富贵而名摩灭，不可胜记，唯倜傥非常之人称焉。"可见他要给那些非常杰出而能建功立名的人立传。这些人身上，具有明显的特异性，即"奇人"。鲁迅先生在《汉文学史纲要》中也说司马迁"恨为弄臣，寄心楮墨，感身世之戮辱，传畸人于千秋"。"奇人"是司马迁描述的对象，是作者创作目的的体现。关于这一问题，我们在《〈史记〉与中国浪漫主义文学》一章中将进行详述。

二、文学创作的目的

《史记》是以人物传记为主体的文学作品，其创作目的与写作目的是一致的。司马迁在《报任安书》中曾这样表述他的创作目的：

> 仆窃不逊，近自托于无能之辞，网罗天下放失旧闻，考之行事，稽其成败兴坏之理，上记轩辕，下至于兹，为十表，本纪十二，书八章，世家三十，列传七十，凡百三十篇，亦欲以究天人之际，通古今之变，成一家之言。

这就表示，司马迁写历史、写文学，并不是为了写史而写史，也不是为了文学而文学，而是通过创作《史记》，表达自己的思想主张，寄托自己对社会人生的理想。为了表明自己不随流俗的思想，司马迁常采用"寓论断于叙事之中"的方法，把个人思想渗透在作品的字里行间。有时则直接站出来发表议论，采用论赞的形式，评论是非。有时甚至借传记表达自己的思想，如《伯夷列传》等。文学是表现个人思想的一种载体，不是人云亦云的传话筒。

三、文学与现实的关系

司马迁直接继承了先秦文学理论，他在《乐书》中引用了先秦时期音乐产生于现实的观点，说明他在这一问题上的态度。尤为可贵的是，司马迁以自己的文学创作实践证明了这一理论。

不仅如此，司马迁还认为，文学是现实的表现。我们看他在《吴太伯世家》中引《左传》襄公二十九年季札观乐一段：

> 吴使季札聘于鲁，请观周乐。为歌《周南》、《召南》，曰："美哉，始基之矣，犹未也。然勤而不怨。"歌《邶》、《鄘》、《卫》。曰："美哉，渊乎，忧而不困者也。吾闻卫康叔、武公之德如是，是其《卫风》乎？"歌《王》。曰："美哉，思而不惧，其周之东乎？"歌《郑》。曰："其细已甚，民不堪也，是其先亡乎？"歌《齐》。曰："美哉，泱泱乎大风也哉。表东海者，其太公乎？国未可量也。"歌《豳》。曰："美哉，荡荡乎，乐而不淫，其周公之东乎？"歌《秦》。曰："此之谓夏声。夫能夏则大，大之至也，其周之旧乎？"歌《魏》。曰："美哉，沨沨乎，大而宽，俭而易，行以德辅，此则盟主也。"歌《唐》。曰："思深哉，其有陶唐氏之遗风乎？不然，何忧之远也？非令德之后，谁能若是！"歌《陈》。曰："国无主，其能久乎？"自《郐》以下，无讥焉。歌《小雅》。曰："美哉，思而不贰，怨而不言，其周德之衰乎？犹有先王之遗民也。"歌《大雅》。曰："广哉，熙熙乎，曲而有直体，其文王之德乎？"歌《颂》。

司马迁在引述后赞扬说："延陵季子之仁心，慕义无穷，见微而知清浊。呜呼，又何其闳览博物君子也！"聂石樵先生分析说："所谓'见微而知清浊'，即指文学反映社会政治、文学的认识作用而言。司马迁既然称赞这种观点，说明他倾心于季札的文学批评，认为文学与政治是密不可分的。一个国家的兴亡、治乱，一个社会的美恶、清浊，都能通过文学作品反映出来，都能在文学作品中得到分辨和认识。"① 正因为司马迁有这样的认识，所以在他的《史记》中始终以现实为基础，使《史记》成为现实主义文学作品。

四、文学创作的动力

司马迁创作《史记》的动力，既有外部的也有内部的。就外部动力来说，汉武帝时政治统一，经济繁荣，军事强大，外交胜利，文化昌盛，这一切都充满着勃勃生气，给司马迁创作《史记》以很大的感染力。时代的呼唤，促使司马迁去完成这部划时代的巨著。就内部动力来说，主要是发愤著书的内动力。他在《报任安书》中说：

> 西伯拘而演《周易》；仲尼厄而作《春秋》；屈原放逐，乃赋《离骚》；左丘失明，厥有《国语》；孙子髌脚，《兵法》修列；不韦迁蜀，世传《吕览》；韩非囚秦，《说难》、《孤愤》；《诗》三百篇，大氐贤圣发愤之所为作也。此人皆意有所郁结，不得通其道也，故述往事，思来者。

《太史公自序》中也有同样的一段话。这一理论在实质上阐明了文艺与政治、文艺与生活的关系，以及个人的身世遭遇对文学创作的巨大影响。这一理论的提出，具有丰富的思想内涵，在中国古代文艺理论史上具有重要意义。陈子谦先生认为，这一理论包含如下内容：

第一，在封建专制的统治下，忠介之士遭受统治者和谗佞之徒

---

① 聂石樵：《司马迁论稿》，北京师范大学出版社1987年版，第76页。

的残酷迫害，他们走投无路，只好用著书述志来发泄其愤懑，这就是所谓由"穷"而"怨"。

第二，由于进步的作家受迫害，他们更得以接触社会，了解下情，更加深了对统治者昏聩而残暴的面孔的了解和认识，越发感到"意有所郁结，不得通其道"，因此如骨鲠在喉，不吐不快。

第三，作家的忧愁幽思不是为发泄私情，而是为针砭时弊，因此总是有感而发，写作目的是"述往思来"。

第四，作家对黑暗现实的义愤愈强烈，作品的思想性就愈强，这就必然要求对黑暗作无情揭露；但要"拨乱世，反之正"，就要求"采善贬恶"，兼而有之，"非独刺讥而已"。揭露和歌颂是统一的。

第五，发愤著书者往往身处险恶的环境之中，奸佞投井下石，鹰犬虎视眈眈，造成诸种威胁和阻力。这就需要有决心、有信心、有恒心，历尽艰辛，万死不辞，方能成功。"发愤"者，亦是"发奋"也。①

"发愤著书"说继承了屈原"发愤以抒情"的传统，言简意赅，内容丰富，这不仅是司马迁自己的创作动力，而且具有普遍意义。司马迁在《屈原列传》中揭示屈原创作道路是由"穷"而"怨"的"发愤"道路，就是这一理论的具体体现。

五、文学的社会作用

司马迁首先发展了先秦文艺理论的"美"、"刺"原则，强调文学的讽谕作用。他认为屈原的《离骚》，"上称帝喾，下道齐桓，中

---

① 陈子谦：《司马迁的"发愤著书说"及其历史发展》，《厦门大学学报》1981年第1期。

述汤武,以刺世事。明道德之广崇,治乱之条贯,靡不毕见"①,特别强调一个"刺"字,他评价司马相如的辞赋,也强调其讽谏作用。而且,司马迁的"刺",突破了儒家诗教中"中和"的思想,以"非中和"的思想和实践来反映现实,揭露现实,这种"非中和"思想的具体表现就是他的"发愤著书"说,与"温柔敦厚"的诗教大不一样。正如李长之先生所评价的那样:

> 周、鲁式的古典文化所追求的"乐而不淫,哀而不伤"者,到了司马迁手里,便都让他乐就乐,哀就哀了!所以我们在他的书里,可以听到人类心灵真正的呼声。②

当然,司马迁在《太史公自序》里也说:"《春秋》采善贬恶,推三代之德,褒周室,非独刺讥而已也。"对于社会的进步、社会的大一统还是要进行歌颂的。

文学还有借鉴作用。他在《高祖功臣侯者年表》中说:

> 居今之世,志古之道,所以自镜也,未必尽同。帝王者各殊礼而异务,要以成功为统纪,岂可绲乎?观所以得尊宠及所以废辱,亦当世得失之林也,何必旧闻?于是谨其终始,表其文,颇有所不尽本末;著其明,疑者阙之。后有君子,欲推而列之,得以览焉。

---

① 司马迁:《史记·屈原列传》,中华书局 1959 年版。
② 李长之:《司马迁之人格与风格》,生活·读书·新知三联书店 1984 年版,第 18 页。

尽管谈的是历史的借鉴作用，但同样表明了司马迁的文学思想，因为在司马迁的著作中，历史与文学是融为一体的，历史人物是通过文学的艺术手法展现出来的，这些人物既是历史的，又是文学的。人们从他们身上可以观照自己。

司马迁还强调文学的美感作用，通过美感作用达到教育人的目的。他在《乐书序》中说："凡作乐者，所以节乐。以为世异国殊，情习不同，故博采风俗，协比声律，以补短移化，助流政教，"从而使"万民咸荡涤邪秽，斟酌饱满，以饰其性"。要使文学作品具有美感作用，就要有美的语言、美的形式。于是先秦文论中提出的质文关系问题在司马迁这里有了重要发展。他一方面反对那些"虚辞滥说"、华而不实的文章，强调文章的社会内容；另一方面，又要求作品能给人以美感作用。屈原那样的作品，才是真正的质文结合的典范。在《史记》中，他收录了大量的具有文采的作品，像贾谊《过秦论》、《吊屈原赋》，乐毅《报燕惠王书》，邹阳《狱中上梁王书》，等等。更重要的是，司马迁的文学实践把质文关系提到一个新阶段，成为文史结合的作品，既具有丰富的社会内容，又能给人以美感，使人在美的享受中回味历史、陶冶情操、启迪心灵，达到教育的目的。

六、区分"文学"与"学术"的界限

先秦时代，文、史、哲三位一体，百家之说风靡一时，但都是"以立意为宗，不以能文为本"[①]。常说的"文"、"文学"、"文章"都是指学术性的著作。到了汉代，随着时代的发展，文学的观念也有所进步。在《史记》中，"文"、"辞"、"文章"逐渐指向了有文采的

---

① 萧统：《文选·序》，中华书局1977年版，第2页。

作品，"文学"则指一般文化。如：

> 上乡儒，招贤良，赵绾、王臧等以文学为公卿。
> ——《孝武本纪》

> 晁错以文学为太常掌故。
> ——《晁错传》

> 延文学儒者数百人，而公孙弘以《春秋》，白衣为天子三公，封以平津侯。
> ——《儒林列传》

> 能通一艺以上，补文学掌故缺。
> ——《儒林列传》

> 治礼，次治掌故，以文学礼义为官。
> ——《儒林列传》

> 汉兴，萧何次律令，韩信申军法，张苍为章程，叔孙通定礼仪，则文学彬彬稍进。
> ——《太史公自序》

以上几例中的"文学"，或指经学，或指史学，或指一切文化，是非常广泛意义的文学。在司马迁那里，现今意义上的文学是用"辞"、"文辞"或"文章"表示的。如：

> 燕齐之事，无足采者。然封立三王，天子恭让，群臣守义，文辞灿然，甚可观也。
> ——《三王世家》

> 屈原既死之后，楚有宋玉、唐勒、景差之徒者，皆好辞而

以赋见称。

——《屈原列传》

臣谨案诏书律令下者,明天人分际,通古今之义,文章尔雅,训辞深厚,恩施甚美,小吏浅闻,不能究宣。

——《儒林列传》

司马迁把"文学"与"文章"分开,即把学术与文学(今义)划开,这是一个重要的思想,表明了文学正在向独立的、成熟的方向发展,预示了文学的自觉时代即将到来。正由于他对文学有较明确的认识,因此,他对文学家及其作品十分重视,在《史记》中为他们立传,并选录他们的作品,如屈原、贾谊、司马相如等文学家,在《史记》中占有一定地位,像司马相如的《子虚赋》、《上林赋》、《大人赋》、《哀二世赋》、《喻巴蜀檄》等作品都录于司马相如传中,是《史记》中所收作品最多的一位。

七、司马迁的文学批评

司马迁的文学批评,也是他文学思想的一个重要方面。他在评论前代文学家时,表现出卓越见识,主要有:

把作家的人格与作品风格联系起来。他在《屈原列传》中评价屈原时说:

其文约,其辞微,其志洁,其行廉,其称文小而其指极大,举类迩而见义远。其志洁,故其称物芳;其行廉,故死而不容。自疏濯淖污泥之中,蝉蜕于浊秽,以浮游尘埃之外,不获世之滋垢,皭然泥而不滓者也。推此志也,虽与日月争光可也。

在他看来，正是由于屈原"志洁"、"行廉"的伟大人格，才有千秋不朽之《离骚》。

司马迁还提倡"文约"而"指大"、"义远"的文风。他认为："夫《诗》、《书》隐约者，欲遂其志之思也。"①上引《屈原列传》的话中，就称赞屈原作品"称文小而其指极大，举类迩而见义远"。正因此，他强调作品应有现实的内容，批评那些形式主义的东西，如批评司马相如的赋"靡丽多夸"、"虚辞浮说"。他在自己的实践中，也是朝着"文约"而"义远"的方向努力，使作品具有一种含蓄美。

在评价前人作品时，司马迁能深入其内，动之以情。例如：

> 余读《离骚》、《天问》、《招魂》、《哀郢》，悲其志。适长沙，观屈原所自沉渊，未尝不垂涕，想见其为人。②
> 余读《孟子》书，至梁惠王问"何以利吾国"，未尝不废书而叹也。③
> 余读孔氏书，想见其为人。④

由于能入乎其内，所以能深刻体会作品含义，并予以较恰当的评价。

司马迁的文学思想是十分丰富的，有些是从理论上说明的，有些则是自己在实践中所遵循的。总的来说，他的文学思想具有以下几方面的创新意义。

---

① 司马迁：《史记·太史公自序》，中华书局1959年版。
② 司马迁：《史记·屈原列传》，中华书局1959年版。
③ 司马迁：《史记·孟子荀卿列传》，中华书局1959年版。
④ 司马迁：《史记·孔子世家》，中华书局1959年版。

第一,从理论和实践上发展了萌芽于先秦时期的"发愤"理论,提出了"发愤著书"说,强调正直作家与现实的关系、文学与政治的关系。

第二,从理论和实践上突破了儒家诗教的"中和"思想,强调"非中和"之美,对现实进行激烈批判,敢于表现自己的一家之言。

第三,从理论和实践上始终把"人"作为文学的描写对象,而且注意到了下层人的活动,使文学真正成为人的文学。

第四,从理论和实践上重视了文学的特征及其作用,重视了文学家及其作品,与那些把文学看成"雕虫小技"的观点不同,也与那些只重文学的实用性的观点不同,也与那些华而不实的浮夸文风不同,而是在注重内容的前提下,强调文学的艺术美。

第五,从理论和实践上把现实主义文学推向一个新的阶段。

第三节 处在儒学文艺思潮盛行时期的司马迁

为了对司马迁的文学思想做出公允评价,我们有必要把它放到整个汉代文艺思潮中加以考察。

汉帝国建立后,面临着如何巩固和发展大一统社会的问题,文艺思潮既受前代思潮的影响,又与本时代的政治思想、哲学思想紧密联系,其发展大致可分三个阶段:

第一阶段从西汉初年到武帝时期,这是汉代政治思想的转折时期,也是儒家文艺思潮兴起的时期。鉴于亡秦教训以及当时经济的凋敝,汉初统治者实行了与民休息的政策,清静无为的黄老思想成为汉初一段时期的统治思想。尽管儒家思想时有抬头,并与黄老思想进行斗争,但一直处于下风。经过文景之治,到了武帝时期,社会经济得到了恢复发展，政治一统，军事强大，各方面出现繁荣局面。为了适应大一统的需要，思想上的统一也势在必行了。于是，董仲舒向汉武帝提出"罢黜百家，独尊儒术"的建议。他说："今师异道，人异论，百家殊方，指意不同，是以上亡以持一统；法制数变，下不知所守。臣愚以为：诸不在六艺之科孔子之术者，皆绝其道，勿使并进。邪辟之说灭息，然后统纪可一而法度可明，民知所从矣。"① 汉武帝采纳了董仲舒的建议，汉代的统治思想由此发生了历史性的转折，以阴阳五行与天人感应思想为精髓的新儒学成为统治者的主导思想。

在这一历史阶段中，文艺思潮呈现出三种倾向：儒家文艺思潮、道家文艺思潮、融合各家而又自成一家的文艺思潮。

儒家文艺思潮在汉初文学发展中就已出现，像贾谊、陆贾等人的散文创作，虽有战国纵横家余风，但骨子里却是儒家思想。此后，以枚乘《七发》为开端，辞赋盛行，言语侍从之臣司马相如、吾丘寿王、东方朔、枚皋等，公卿大臣兒宽、孔臧、董仲舒等，创作了许多辞赋，歌颂大一统帝国，这是《诗经》雅、颂传统的一大发展。为了与儒家思想结合，制礼作乐必不可少，于是"乐府"也有更大的发展，"至武帝定郊祀之礼……乃立乐府，采诗夜诵，有赵、代、秦、楚之讴。以李延年为协律都尉。多举司马相如等数十人，造为诗赋，略论律吕，以合八音之调，作十九章之歌"②。乐府机关的设立及扩大，也是为制礼作乐服务，至于采集民歌，也是为了观民风、知得失，仍符合儒家的诗教理论。

---

① 班固：《汉书·董仲舒传》，中华书局1962年版。
② 班固：《汉书·礼乐志》，中华书局1962年版。

在理论上，以儒为主的潮流更为明显，《毛诗序》、《乐记》及董仲舒就是这方面的代表。

《毛诗序》的作者及作期有较大的争议。据顾易生、蒋凡先生的意见，"它大约完成于西汉中期以前的学者之手"[①]。它继承发展了先秦儒家诗教理论，以"风化"、"美刺"来强调诗的教化作用。"风，风也，教也，风以动之，教以化之。""故正得失，动天地，感鬼神，莫近于诗。先王是以经夫妇，成孝敬，厚人伦，善教化，移风俗。"诗歌要"美盛德之形容"，"上以风化下，下以讽刺上，主文而谲谏，言之者无罪，闻之者足以戒"，但任何"讽谏"、"讽刺"，又必须"发乎情，止乎礼义"，这是儒家"中庸之道"在文艺上的表现。《毛诗序》还认为诗歌与政治相通："治世之音安以乐，其政和；乱世之音怨以怒，其政乖；亡国之音哀以思，其民困。"《毛诗序》提出的一系列理论，在汉代以及后代，都有不可忽视的意义。

《乐记》的作期，至今也无定论，虽属先秦理论思想，但亦有汉代思想的痕迹。最明显的是把乐（文学）与政治伦理联系在一起，"先王本之情性，稽之度数，制之礼义，合生气之和，道五常之行，使之阳而不散，阴而不密，刚气不怒，柔气不慑，四畅交于中而发作于外，皆安其位而相夺也。然后立之学等，广其节奏，省其文采，以绳德厚。律小大之称，比终始之序，以象事行，使亲疏贵贱长幼男女之理，皆形见于乐"。这是典型的中和思想。

董仲舒又给儒家文艺思潮增添了新的思想，他把文学与"天人感应"的哲学思想联系起来。《春秋繁露·天地之行》中说："人有喜怒哀乐，犹天之有春夏秋冬也。喜怒哀乐之至其时而欲发也，若

[①] 顾易生、蒋凡：《先秦两汉文学批评史》，上海古籍出版社1990年版，第400页。

春夏秋冬之至其时而欲出也,皆天气之然也,其宜直行而无郁滞一也。"把人的情感表现与天的四时结合在一起。他还以天之"谴告"来解释诗的"美刺",《举贤良对策》说:

> 至于(周)宣王,思昔先王之德,兴滞补弊,明文武之功业,周道粲然复兴。诗人美之而作,上天佑之,为生贤佐,后世称诵,至今不绝。……及至周室之衰,其卿大夫缓于谊(义)而急于利,亡推让之风,而有争田之讼。故诗人疾而刺之曰:"节彼南山,惟石岩岩;赫赫师尹,民具尔瞻。"尔好谊,则民乡仁而俗善;尔好利,则民好邪而俗败。

儒家的"美刺"理论中有了"天"的成分,这是一个新发展。董仲舒也强调礼乐的教化作用,"道者,所由适于治之路也,仁义礼乐皆其具也",礼乐是为"天道"而服务的工具。"乐者,所以变民风、化民俗也。其变人也易,其化人也著,故声发于和而本于情,接于肌肤,臧于骨髓。故王道虽微缺,而管弦之声未衰也。"[①] 这是前期礼乐教化理论的再次翻版。

总之,从文学创作以及理论上看,儒家文艺思潮在第一阶段占主导地位。

道家思想虽然在汉初占统治地位,但在文艺思潮方面并不是主流。贾谊《鵩鸟赋》有一定的道家倾向,但更多的是继承楚辞传统。司马谈《论六家要旨》一文全面肯定道家,表明了汉初的思想特征,但属于学术文章。倒是西汉中期淮南王刘安招致宾客集体编纂

---

① 班固:《汉书·董仲舒传》,中华书局 1962 年版。

的《淮南子》颇有些特色。高诱《淮南子叙》说:"其旨近老子,淡泊无为,蹈虚守静,出入经道。言其大也,则焘天载地;说其细也,则沦于无垠,及古今治乱,存亡祸福,世间诡异瑰奇之事。其义也著,其文也富,物事之类,无所不载。然其大较,归之于道。"这部著作的主旨按《淮南子·览冥训》的说法是"持以道德,辅以仁义",以道家思想为主,同时吸收儒家等各派思想。它充分肯定了整个物质世界是按照它自己的规律运动着的,人应当顺应自然,但绝非消极无为,而是积极去掌握利用自然规律,支配自然,占有自然。反映在文艺上,其中有与儒家理论一致的地方,如《泰族训》中提倡雅颂之音,《主术训》中强调"移风易俗"的教化作用等。但在许多地方又突破传统,批判儒家礼乐,《本经训》中有"非乐"思想,《氾论训》中提出"礼乐无常"、随时代而变的理论,把批判矛头指向儒家复古思想。尤为重要的是,认为文学创作是"愤于中而形于外"[1],"愤于志,积于内,盈而发音"[2],这是司马迁"发愤著书"理论的前奏。《淮南子》在创作上具有突出的浪漫主义色彩,文辞富丽,气势不凡,想象丰富,继承了《庄子》的传统而又有新的创造,与儒家文艺潮流迥然不同。

在这一阶段内独树一帜的当是司马迁。他曾师从孔安国学古文《尚书》,师从董仲舒学习《春秋》,加以当时儒学的盛行,因而他的思想中有许多与儒家思想一致的地方,他反复强调自己写《史记》就是继承孔子作《春秋》,并对孔子予以高度礼赞。但司马迁的思想并不限于儒家,而吸收融合了各家思想长处,以"究天人之际,通

---

[1] 《淮南子·齐俗训》,上海古籍出版社1989年版。
[2] 《淮南子·氾论训》,上海古籍出版社1989年版。

古今之变,成一家之言"为己任,融百家成一家,表现出强烈的反传统思想,因而被人视为"异端"人物。何谓"异端"?《论语·为政》曰:"攻乎异端,斯害也已。"朱熹注曰:"异端,非圣人之道,而别为一端,如杨墨是也。"异端与正统相对,而正统往往与政治统治联系在一起。《史记》被视为"异端",是由于它"不与圣人同,是非颇谬于经"①,对封建社会进行激烈批判。司马迁对于文学的看法,已如上文所述,既有儒家文艺思潮的特点,又能冲破束缚,形成"非中和"思想。

汉代文艺思潮发展的第二阶段是武帝以后至东汉中期。武帝以后,儒学一统天下,五经博士的先后设立,许多士大夫都因通一经或以上而做了官。昭帝时的盐铁之争(详见桓宽《盐铁论》一书),宣帝时的石渠阁经学讨论会,都说明儒学的统治地位。儒家经学研究中,今古文两派之争也尖锐起来。西汉后期,一般政论文(如奏疏)都蒙着神秘的今文学说教的外衣,绝少生气,这是汉代散文的低谷时期。西汉覆灭之后,刘秀依靠地方豪族势力,建立东汉王朝。光武帝、明帝、章帝三代,东汉保持着繁荣局面。由于统治者的提倡,东汉经学极为兴盛。今文经学在西汉末已开始谶纬化,东汉则大行,代表着东汉王朝的统治思想。光武因谶记中的天命的预言,崇信非常,曾"宣布图谶于天下",并"多以决定嫌疑",明帝、章帝承之,于是,"儒者争学图谶,兼复附以妖言"②。在第二阶段,文艺思潮仍以儒家文艺思潮为主调,同时有一些变奏曲。

刘向是西汉后期的著名经学家,他的文艺思想没有超出儒家的

---

① 班固:《汉书·扬雄传》,中华书局1962年版。
② 范晔:《后汉书·张衡传》,中华书局1965年版。

范畴。他认为,诗歌的美刺,系乎世道人心,美不为谀,刺不为过,美刺并举,上可讽君,清明政治;下可化民,移风易俗。他在《修灾异封事》中指出:"文武之世,朝臣和于内,万国欢于外,故有颂诗;幽厉之际,朝廷不和,转相非怨,故有刺诗。"肯定诗歌的美刺作用。《说苑·贵德》云:"夫诗,思然后积,积然后满,满然后发,发由其道而致其位焉。"与《毛诗序》"发乎情,止乎礼义"的思想是一致的。

西汉后期的思想家、辞赋家扬雄,也是儒家文艺思潮的代表人物。他创作的《甘泉赋》、《羽猎赋》、《长杨赋》、《河东赋》,极力为汉帝国歌功颂德。为了适应汉代统治阶级"罢黜百家、独尊儒术"的要求,他极力美化儒家的典籍及圣人孔子,在创作上提倡"明道"、"宗经"、"征圣"的原则。"书不经,非书也;言不经,非言也;言、书不经,多多赘矣。""大哉天地之为万物廓,五经之为众说廓。"①"万物纷错,则折诸天;众淆乱,则折诸圣。"②儒家的五经内容丰富,"说天者莫辩乎《易》,说事者莫辩乎《书》,说体者莫辩乎《礼》,说志者莫辩乎《诗》,说理者莫辩乎《春秋》,舍斯,辩亦小矣"③。扬雄的这一套理论,是儒家文艺思想的一大发展,并且对后来的刘勰、韩愈等人产生了深刻的影响。

班固是儒家文艺思潮的又一代表人物。汉章帝时,班固受到很大的信任。章帝是好儒术的皇帝,班固曾多次到宫中陪伴章帝读书。章帝出巡外地,班固往往陪同,还常常"献上赋颂"。尤其是章帝亲自主持白虎观会议,讲论五经异同,班固以史官身份参加,并担任

---

① 扬雄:《法言·问神》。
② 扬雄:《法言·吾子》。
③ 扬雄:《法言·寡见》。

记录。会议之后，他以总编的角色将记录汇总成书，名曰《白虎通义》，将儒家的经学与当时流行的阴阳五行、谶纬迷信混为一体，反映了董仲舒以来今文经学和神学思想的进一步发展。《白虎通义》是班固领会章帝意旨，亲手加工整理而成的，其思想对《汉书》的影响是十分明显的。因此，《汉书》在思想倾向上也属于儒家正统思想，有许多保守的东西，在这方面不能与《史记》同日而语。由于受正统思想的支配，所以，在文艺创作方面，他极力推崇歌功颂德、饰粉太平之作的辞赋。对于具有独特思想和批判精神的作家如屈原、司马迁，评价时表现出很大的落后性。

在第二阶段，与儒家文艺思潮不同的是桓谭、王充。据《后汉书·桓谭传》，桓谭是一位"非圣无法"的人物，富于批判精神，反对神学思想，与儒家"温柔敦厚"的诗教迥然不同。桓谭著有《新论》一书，王充评此书"论世间事，辩明然否，虚妄之言，伪饰之辞，莫不证定"[①]。可以说，桓谭的思想上继司马迁，下启王充。

王充是东汉时期朴素唯物主义哲学家和无神论者。他的《论衡》一书，主旨在于和一切错误的、虚妄的东西进行战斗和辩论："《论衡》篇以十数，亦一言也，曰：疾虚妄。"[②]"《论衡》者，所以铨轻重之言，立真伪之平，非苟调文饰辞，为奇伟之观也。"[③]这既是他的哲学纲领，也是他的文学纲领。他大胆批判神学、迷信，甚至对孔子也有所批评，所以章炳麟在《国故论衡》中予以高度评价："作为《论衡》，趣以正虚妄，审乡背，怀疑之论，分析百尚，有所发摘，不避上圣，汉得一人焉，足以振耻，至今亦鲜有能逮者也。"王充高

---

① 王充：《论衡·奇篇》。
② 王充：《论衡·文篇》。
③ 王充：《论衡·作篇》。

举"疾虚妄"的大旗,强调文学"劝善惩恶、有补于世"的功能,反对模拟、复古,反对华而不实的形式主义。在他身上,我们不难看到司马迁思想的影响。尽管他的主张有儒家经世致用传统思想的成分,但那种强烈的批判精神和战斗勇气在当今学术领域内却是少有的。

汉代文艺思潮发展的第三阶段是东汉中、后期(建安之前)。这个阶段,由于外戚、宦官专权,社会各种矛盾日益尖锐,东汉政权日趋衰亡,儒家的统治地位逐渐动摇。此期的文艺思潮呈现出多种倾向。首先是儒家文艺思潮在文艺发展中仍占有重要地位。郑玄在《诗谱序》中,大力提倡儒家诗教,对《毛诗序》的"风雅正变"和"美刺"之说做了进一步发挥,指出:上起陶唐,乃至文武成周之世,均为太平盛世,颂声兴起,这些时代的诗都是正风正雅,能起"美教化"的作用,是《诗》之正经。而懿厉之后,王政衰崩,故怨刺载道,这些是变风变雅。郑玄的观点可概括为一句话:歌颂性的诗歌属于正风正雅,是正调;讽刺性的诗歌属于变风变雅,是变调。这种理论,是典型的儒家诗教理论。王逸作《楚辞章句》,对屈原及其作品予以高度评价,但出发点仍然是儒家理论。王符虽激烈批判汉赋的虚无华美,但对诗赋的要求仍然是"温雅以广文"① 的温柔敦厚理论。东汉末期文人五言诗的代表作《古诗十九首》,反映了汉末尖锐的阶级矛盾,以比兴的方式,创造了"怨而不怒"的风格,亦是温柔敦厚理论的一种实践。

值得我们注意的是,此期的文艺思潮又有一些新的特征。政论散文方面,出现了王符的《潜夫论》、仲长统的《昌言》、崔寔的

---

① 王符:《潜夫论·务本》。

《政论》等著作，尽管其中也有儒家的色彩，但他们继承了司马迁、桓谭、王充散文的理性精神和批判精神，体现了新的潮流。王符"志意蕴愤，乃隐居著书"，"其指讦时短，讨摘物性，足以观见当时政风"①。仲长统"倜傥，敢直言"，"时人或谓之狂生"，他"每论说古今时俗行事，恒发愤叹息，因著论名曰《昌言》"②。崔寔"论当世便事数十条，名曰《政论》，指切时要，言辩而确，当世称之"③。他们或批判外戚宦官，或批判图谶迷信，或批判门阀制度，或批判社会风气，形成了批判现实主义的潮流。

辞赋方面也有新的倾向。传统的汉大赋如张衡《二京赋》、王延寿《鲁灵光殿赋》等，题材虽无多大变化，但正统思想已经有所减少，抒情和批判的成分有所渗入。尤为重要的是，此期出现了许多抒情小赋，楚辞的传统又一次得到发扬。如张衡《归田赋》、《思玄赋》，赵壹《刺世嫉邪赋》，王逸《九思》，蔡邕《述行赋》，边让《章华台赋》等，完全以抒情为主，表现了与儒家思想不同的情趣，而且带有尖锐的批判性。

第三阶段出现的文艺思潮，在中国文艺思潮史上有重要意义。它上承前期文艺潮流的发展，下启魏晋文学的新潮流，是值得我们重视的。综观汉代文艺思潮的发展，可以看出儒学贯穿始终，这也正是汉代文化思想的体现。同时，在发展过程中，又有许多不同于儒学的潮流，而且，也充满着新旧思想的斗争。我们把司马迁放在这样的思潮当中去认识，才能对他思想的独特性有真正的领悟。

---

① 范晔：《后汉书·王符传》，中华书局1965年版。
② 范晔：《后汉书·仲长统传》，中华书局1965年版。
③ 范晔：《后汉书·崔寔传》，中华书局1965年版。

第四节 司马迁文学思想的影响

司马迁的文学思想继承了前代思想中一些合理的成分，又结合自己的创作实践，提出了一系列具有创新意义的文学思想，这些思想对中国古代文学理论产生了深远影响。

魏晋以后，随着强大的思想解放潮流，中国文学发生了重要变化，人们把这个时期看成是"人的觉醒时期"和"文的自觉时期"。文学开始脱离了经学、哲学等之附庸地位，独立发展。文学自觉的思潮推动了人们对文学的认识，因此，产生了一大批文学理论著作，对文学的特征、作用、地位以及创作规律等问题进行探讨。这股潮流的出现绝非偶然，与前代的文艺思想有密切关系。六朝时的文人有所谓"文"、"笔"之分，实际就是从《史记》"文"或"文章"一词再加区分罢了。刘勰的"蓄愤"说、钟嵘的"怨愤"说也是继承发展了司马迁的"发愤著书"说。

唐代文艺思潮最重要的是以韩愈、柳宗元为代表的古文运动和以白居易为代表的新乐府运动。韩愈在《送孟东野序》一文中说：

> 大凡物不得其平则鸣……人之于言也亦然，有不得已者而后言，其歌也有思，其哭也有怀。凡出乎口而为声者，其皆有不平者乎！

这种"不平则鸣"的理论是对司马迁"发愤著书"理论的进一步发展，它强调了作家的时代环境和身世遭遇对文学的影响。古文运动提倡"文以载道"、"唯陈言之务去"，这些观点也与司马迁文学思想有一定联系。所谓"文以载道"，就是作品要注重内容，不能是空洞的言论,并且要用美的"文"来表现这种思想内容。"陈言务去",既指要去掉文章中的陈词滥调,更主要的是要求文章有新观点,不能人云亦云。这样的要求,与司马迁提倡的"文约义远"的理论是一致的,也与司马迁的文学实践是一致的。

白居易是唐代新乐府运动的领袖,他把现实主义文学理论推向了一个新的阶段。司马迁的文学思想对他影响最大的有两方面:一是作品要敢于面对现实,对现实进行讽谕,二是"发愤"说。这两方面不是分割的,而是有机的融合。可以说,白居易把"写实"与"发愤"融为一体,形成了自己的文学思想,并以此推动了新乐府运动的发展。

宋代文艺思潮中,北宋的诗文革新运动和南宋的爱国主义文学是最为突出的。北宋时期,在欧阳修、梅尧臣等倡导下,掀起了一场诗文革新运动,这场运动是北宋文学的主流。诗文革新的理论是:先道后文、事信言文,既重视作品的内容,也重视作品的形式。尤其重要的是,欧阳修提出的"诗穷而后工"的理论,进一步发展了司马迁的"发愤"说,他在《梅圣俞集序》中说:

> 予闻世谓诗人少达而多穷,夫岂然哉?盖世所传诗者,多出于古穷人之辞也。凡士之蕴其所有,而不得施于世者,多喜自放于山巅水涯,外见虫鱼草木风云鸟兽之状类,往往探其奇怪,内有忧思感愤之郁积,其兴于怨刺,以道羁臣寡妇之所叹,而写人情之难言,盖愈穷则愈工,然则非诗之能穷人,殆穷者而后工也。

欧阳修的理论总结了历代文人由"穷"而"工"的普遍规律。

这些文人之所以"穷",乃是由于他们坚持自己的理想,对现实的黑暗深恶痛绝,或被贬谪,或被流放,处在逆境而情志不移,心有愤闷不吐不快。由于诗文革新运动有明确的主张,因此,在文坛上取得了胜利,扭转了北宋初年华而不实的"西昆体"的绮靡风气。

南宋时期,民族矛盾异常尖锐,半壁河山陷于敌手,许多进步文人满腔热血无处可洒,雄心壮志难以施展,出现了爱国主义文学的主流,陆游、辛弃疾等人就是其中的代表。他们把"发愤著书"说运用于诗歌理论和创作,发爱国主义之义愤,这是对"发愤"说的一大发展。尤其是陆游,他在《澹斋居士诗序》中对"发愤著诗"说进行了集中论述,总结了从诗三百开始到他所处时代"发愤著书"的传统,强调无悲愤就无诗。他在《感兴》诗和《读杜诗》中还总结了司马迁、李白、杜甫"发愤著书"的道路,都是对"发愤"说的进一步发展。

明代文艺思潮在中国文艺思想史上是一个重要的变化和转折时期。明初一段,虚泛平庸的"台阁体"风行一时,并占据着文坛。面对浮靡文风,以李梦阳、何景明为首的"前七子"和以李攀龙、王世贞为首的"后七子"起来抨击"台阁体",他们高举"文必秦汉,诗必盛唐"的大旗,发起了一场轰轰烈烈的文学复古运动。这实际上带有创新的意义,带有反道学的意义,从这个意义上说,它对后来的"性灵说"产生了重要的影响,或者说做了开路先锋。就"前后七子"的旗号来说,"文必秦汉",就是要学习先秦两汉文章,学习司马迁文章。就实质来说,说实话,抒真情,这与司马迁的文学思想也是一脉相承的。此后的"唐宋派",又掀起学习唐宋散文的运动,但从源头上说仍是学习先秦两汉文章,学习司马迁文章,因为唐宋散文大家的源头就在先秦两汉散文。从这个意义上说,"唐宋派"只是走了一个近路,与"前后七子"并无多大差别。明代中叶以后,社会矛盾日益尖锐。另一方面,随着资本主义萌芽的出现,城市经济日益繁荣,此时异端思想极为活跃,以王艮为代表的"王学左派"发展起来,他们猛烈攻击程朱理学,反对束缚个性。哲学思想的活跃,也推动了文学思想的变化。首要的代表人物就是李贽。他在《童心说》一文中,大力提倡"童心说",强调作文应写真情,这种强烈的说真话、写真情的文学思想与司马迁强调的"成一家之言"是一致的。李贽还发展了司马迁的"发愤著书"说,并把它运用到对《水浒传》的评论上。金圣叹也是一位激进的反传统者,他把《史记》与《庄子》、《离骚》、杜甫诗歌、《水浒传》、《西厢记》并称为"六才子书",加以评点,主张用这六部古典名著来代替儒家六经。"六才子书"是具有叛逆精神的书,金圣叹评点它们,表现了进步的民主思想。他继承了司马迁"发愤著书"的理论,并以此评点六才子书,而且能从司马迁的理想追求、情感爱憎上去理解司马迁的怨愤,在当时也是颇有影响的一个人物。

在明代反传统的文艺思潮中,"性情说"也是值得注重的一个方面。焦竑在《雅娱阁集序》中说:"诗非他,人之性灵之所寄也。苟其感不深,则情不深,情不深则无以惊心而动魄,垂世而行远。"强调人的性情对作品的重要作用。汤显祖在明代戏剧中属于言情派,公开反对程朱理学的"存天理,灭人欲",强调人的真情实感。他在《牡丹亭记题词》中说:"天下女子有情宁有杜丽娘者乎?梦其人即病,病即弥连,至画形容传于世而后死。死三年矣,复能溟莫中求得其所梦者而生。如丽娘者,乃可谓之有情人耳。情不知所起,一往而深,生者可以死,死可以生,生而不可与死,死而不可复生者,皆非情之至也。梦中之情,何必非真?"强调一个"情"字。以袁宗道、袁宏道、袁中道为代表的"公安派",打起了"独抒性灵,不拘俗套"的旗帜,远承司马迁,近师"前后七子"和李贽,在明代也产生了深远的影响。

明末清初,是中国历史上民族矛盾异常尖锐的时期,许多文人坚持抗清,不仕清廷。司马迁的"发愤著书"说在这时又注入了新的内容,陈子龙、王夫之、黄宗羲等人,借司马迁的"发愤"说来发民族之义愤,如同南宋陆游借"发愤"说来发爱国之义愤一样。因此,在明末清初这一段时期内,发民族之义愤成为一种文学思潮。

清代文艺思潮中最令人注目的是以方苞、刘大櫆、姚鼐为代表的桐城派。这一派别雄霸清代文坛,压倒一切。他们的论文主张以"义法"为中心,形成一个体系。方苞"义法"的根据,本于《史记·十二诸侯年表序》:

（孔子）兴于鲁而次《春秋》,上记隐,下至哀之获麟,约其辞文,去其烦重,以制义法,王道备,人事浃。

方苞在《古文约选序例》中说:"义法最精者莫如《左传》、《史记》","子长世表、年表、月表序,义法精深变化","序事之文,义法备于《左》、《史》"。对《史记》称赞不已。方苞用"义法"来认识《史记》,来要求散文,虽有一定的局限性,但从理论上说具有一定的积极意义,而且,"义法"结合也可以说是对司马迁文质结合理论的进一步发展。

在清代文学流派中,王士祯倡导"神韵说"、袁枚倡导"性灵说",都强调文学创作要反映社会现实,表现人的个性和情感,这与司马迁的文学思想也有一定关系。

到了晚清的刘鹗，他在《老残游记序》中对于司马迁以来的"发愤著书"说做了总结性的概括：

《离骚》为屈大夫之哭泣，《庄子》为蒙叟之哭泣，《史记》为太史公之哭泣，《草堂诗集》为杜工部之哭泣，李后主以词哭，八大山人以画哭，王实甫寄哭泣于《西厢》，曹雪芹寄哭泣于《红楼梦》。

刘鹗结合自己的创作实践，将《离骚》以来的诗词、散文、传记、绘画、戏曲和小说都说成是"哭泣"之作。尽管他将李后主的"哭泣"与屈原、司马迁、杜甫等人相提并论不够恰当，但总的来看，他对于古代作者愤世嫉俗感情的总结，可以说是很有见地的。

综上所述，司马迁的文学观是在继承前代文艺思想以及总结个人创作经验基础之上产生的，具有深刻的内容，并且对历代文艺思潮产生着或明或暗、或大或小的影响，尤其是他的"发愤著书"说，成为封建社会进步文人的一种理论武器。

第二章 《史记》与中国古典散文

散文是中国文学主流之一。《史记》集先秦散文之大成,代表了汉代散文的最高成就,并被后代散文家推为学习的光辉典范。

第一节 集先秦散文之大成

散文的产生,始于文字记事,是人的思维发展到一定程度时的产物。

殷商时期的甲骨卜辞可以说是中国最早的散文。殷人重视鬼神迷信,做事都要事先占卜。甲骨卜辞既是占卜的记录,也是十分幼稚的散文。如:

> 戊辰卜,及今夕雨?弗及今夕雨?
> 癸卯卜,今日雨。其自西来雨?其自东来雨?其自北来雨?其自南来雨?

——郭沫若《卜辞通纂》

殷商时期还有一些铜器铭文,记事亦十分简短,往往几个字,或几十个字,记作器者之名或族名,有些则记为某人作器。这类铭文与甲骨卜辞一样,也是散文的萌芽。

《尚书·多士》说:"惟殷先人有册有典。"可见在殷商时期也有一定的历史典籍。保存在《尚书》中的几篇商代文章,如《盘庚》等,虽有后代的润色之辞,但基本上还属商代所作。从散文发展角度看,它比甲骨卜辞和铜器铭文要完整得多,也注意到语言的技巧,"若网在纲"、"若火之燎于原"等比喻,加强了说理的形象性。它标志着散文向前发展了一步。

殷末周初,乃至整个西周,散文又有了一定的发展。《易经》中的卦辞、爻辞是一种专为卜筮用的繇辞。内容比较丰富,而且语言颇为生动形象,又多用韵。如《坤·上六》云:"龙战于野,其血玄黄",《渐·九三》云:"鸿渐于陆,夫征不复,妇孕不育,凶,利御寇。"无疑比甲骨卜辞有了新的发展。周代的铜器铭文比殷商时期也有了较大的变化,内容复杂化,文字趋于繁多,像《毛公鼎》铭文长达四百九十余字,而且往往韵散相间,或通篇用韵。

周代的记史散文,主要保存在《尚书》中。如《大诰》、《康诰》、《酒诰》、《洛诰》、《无逸》等篇目,都保存着本来面貌,较少加工的痕迹。从中可以看出,周代散文在记言、记事方面都有新的发展,尤其像《无逸》那样条理清晰的文章,是周代散文的一大进展。

到了春秋战国时代,先秦散文向着成熟的方向发展。随着社会的急剧变化,人们的思想观念产生了很大变化。当时,处士横议,百家争鸣,私人著书成为一种风气,于是就有了"诸子散文",各家学派的议论之文,他们面对社会割据的现实,提出了一系列政治主张。而且,各诸侯国家都有自己的历史记载,于是就有了"历史散文",即所谓的"百国春秋"。还有,原来的甲骨卜辞、易卦爻辞发展到此时，成为有理论系统的《易传》，于是，哲理文随之产生，等等。清人章学诚认为："盖至战国而文章之变尽，至战国而著述之事专，至战国而后世之文体备。故论文于战国，而升降盛衰之故可知也。""后世之文，其体皆备于战国。"① 此话虽有夸大之处，但确实说明此时文章比起前代有了大的发展。

从散文本身来看，此时的散文有多方面之成就：

记事较完整。比起前代的史籍，此时的散文（尤其是历史散文）记载事件已较完整，对于事件的原因、经过、结局等，都有明确的交代。如《左传》中的"郑伯克段于鄢"、"城濮之战"、"殽之战"、"鄢陵之战"、"韩原大战"等等。《战国策》中的"触龙说赵太后"、"邹忌讽齐王纳谏"等等。

记人较鲜明。这时的历史散文与诸子散文中，虽然没有出现专门的记人作品，但有些篇章已经刻画了较为鲜明的人物形象，《左传》、《战国策》中许多人物形象栩栩如生，有些甚至写出了人物性格的复杂性、流动性。诸子散文中也有辩论家自己的形象存在。关于这一问题，我们将在后文中详述。

每部作品都有自己较明确的思想。《左传》通过对春秋时代历史的记载，表达自己的民本思想、爱国思想、尊王攘夷思想；《战国策》通过记载纵横家、策士们的活动，表达了自己对明主贤君的敬慕，对昏君佞臣的批判，也表达了重视人才的思想；《国语》同样表达了作者的民本思想；等等。诸子百家的著作更不用说，都是为了宣传自己的政治主张和思想见解的，有的讲仁义，有的讲自然，有的讲兼爱，有的讲法治，思想明确，毫无拘束。

---

① 章学诚：《文史通义·诗教上》，中华书局1985年版。

作品中的主题较突出。此时的著作，无论是历史散文，还是诸子散文，每篇作品都有相对集中的一个主题。如《曹刿论战》，短短的百余字，就表现了一个突出的主题：战争要取胜，必须取信于民，同时要有正确的战略战术。《邹忌讽齐王纳谏》，通过一个小小的事情，表达国君要善于纳谏的思想。《召公谏厉王弭谤》，通过一次对话，表达了广开言路的思想。这些历史散文，一个事件，一个人物，往往就是一个主题。诸子百家著作中，每篇都有主题，尤其是到后期的《荀子》、《韩非子》更是如此。

散文有一定情感。此期的散文，已经明显地带上了作者的主观感情。他们把自己的爱憎褒贬之情，寄寓在历史人物身上，或寄寓在对话、议论之中。像《左传》写晋文公重耳走亡，以及回国后的城濮大战，明显带有褒扬色彩，而对于郑庄公那样阴险狡诈的性格则寄寓着批判。《战国策》写燕昭王招纳贤才，作者赞扬之情可见，而楚怀王屡次受欺，客死于秦，贬斥之情不言而喻。历史散文还常以别人之评论表明自己的爱憎之情。诸子散文虽以议论为主，但议论中也感情充沛，像《孟子》中孟子宣扬仁政，滔滔不绝，如江河奔腾，富有气势。

战国散文有自己的风格。历史散文中，《左传》以叙事见长，《国语》以记言见长，《战国策》纵横驰骋。它们或委婉，或奔放，颇有特色。而诸子散文中，《论语》语言简约精警，《墨子》逻辑性强，《孟子》犀利，《庄子》恣肆，《荀子》浑厚，《韩非子》峻峭，真是百花齐放，各显其能。

战国散文在艺术上也有明显的发展。为了表达自己的思想，它们运用了许多艺术手法，想象、夸张、寓言、比喻等艺术手法比之前期有一个长足的进步，而且语言丰富多彩，向着通俗的方向发展。

总之，先秦散文发展到春秋战国时代，达到了一个辉煌时期，给中国古典散文的发展奠定了坚实的基础。

"六王毕，四海一"，经过春秋战国的大动荡，社会终于出现了统一局面，这在历史发展中具有重要的进步意义。但由于秦王朝在文化上实行专制措施，人们的思想受到禁锢，文化事业一片荒凉，散文方面也无多大成就，只有李斯一人的作品点缀着散文的世界。

到了西汉初年，散文发展又出现新的变化。汉初社会主要致力于经济的恢复，还不能顾及文化思想方面，因此，各家思想活跃一时。出现了一个小的"百家争鸣"局面，尽管没有战国时代那么热闹，但毕竟给文化的发展带来了生机。尤其是散文方面，面对着时代课题——"秦所以失，汉所以得"，涌现了许多政论文章，陆贾、贾山、贾谊、晁错以及邹阳、枚乘，都表现出共同的思想特点："就是满腔热诚，为汉朝的长治久安出谋划策，反对地方叛乱，维护国家统一"，"报国之诚，简直是前所未有的"。① 这样的散文，在阐述历史发展，暴露封建制度的黑暗，维护国家统一方面，也对司马迁产生了一定的影响。

第二节 《史记》散文的新成就

《史记》是先秦散文之集大成者，而先秦散文的主流有二：一是历史散文，一是诸子散文（包括哲理文）。《史记》散文的成功，也正是这两大方面的进一步发展，它把历史散文发展成以人为中心的纪传体，这是一个飞跃；另一方面，《史记》有明确的写作目的：

---

① 郭预衡：《秦汉文章之变迁》，《北京师大学报》1982 年第 5 期。

"究天人之际，通古今之变，成一家之言。"这使它又带有子书的性质，这是对诸子散文的一个新发展。我们要理解《史记》散文的成就，就必须以此为出发点：《史记》既是史书，又是子书，同时又具有浓厚的文学色彩。

一、从史书角度看《史记》散文

从史书角度看《史记》散文，我们首先看到的是《史记》敢于面对现实、不虚美、不隐恶的实录精神。司马迁曾说到他作《汉兴以来将相名臣年表》的原因："国有贤相良将，民之师表也……贤者，记其治，不贤者彰其事。"[①] 实际上，他的整部《史记》都贯穿着这样一种思想。《史记》之所以被统治者视为"谤书"，就因为他如实记载了上下三千年的历史，对于历史采取实事求是的态度。为了求得真实材料，他深入实地进行考察。他不以个人的爱憎感情而歪曲事实，而是秉笔直书，冲破了"为尊者讳，为亲者讳，为贤者讳"的樊篱，大胆揭露社会问题。司马迁的实录精神主要体现在他的褒贬倾向上。关于司马迁对历史人物的褒贬问题，我们要特别注意以下两点：

第一，应把传、赞、《太史公自序》三者结合起来看。顾炎武说："古人作史，有不待论断而于序事之中即见其指者，唯太史公能之。"[②] 司马迁在记载人物事迹时，一般是善恶必书，自己的态度已在传中体现出来；论赞往往直抒胸臆，表达强烈的感情倾向；《自序》大都撮其要旨，偏重事实分析。把这三方面结合起来，就能把握住

---

① 司马迁：《史记·太史公自序》，中华书局1959年版。
② 顾炎武：《日知录》卷二十六。

司马迁对人物的褒贬态度。孔子是司马迁心目中的第一位人物，司马迁写《史记》就是继孔子作《春秋》，两人在遭遇上也有相似之处，因此，司马迁以崇敬的心情给这位"素王"立传，主要展示孔子那种力图实现自己政治主张的精神，也正是在这样的描写中，流露出了他本人对孔子这种顽强精神的向往之情，于是，他在赞中进一步表明了自己的态度：

> 《诗》有之："高山仰止，景行行止。"虽不能至，然心向往之。余读孔氏书，想见其为人。适鲁，观仲尼庙堂、车服、礼器，诸生以时习礼其家，余祗回留之，不能去云。天下君王、至于贤人，众矣，当时则荣，没则已焉。孔子布衣，传十余世，学者宗之。自天子王侯，中国言六艺者，折中于夫子，可谓至圣矣。

在《自序》中，司马迁谈了作《孔子世家》的原因："周室既衰，诸侯恣行。仲尼悼礼废乐崩，追修经术，以达王道。匡乱世反之于正，见其文辞，为天下制仪法，垂六艺之统纪于后世。"对孔子一生的主要成绩给予较公允的评价。"汉之飞将军"李广，在抵御外族入侵、保卫祖国边疆的战斗中立下了汗马功劳。司马迁在《自序》中说："勇于当敌，仁爱士卒，号令不烦，师徒向之，作李将军列传。"在传文中，司马迁以满腔热情歌颂了这位将领奋身疆场的卓越功绩，也以深厚的同情写出了他的不幸遭遇。在论赞中，司马迁引《论语》"其身正，不令而行；其身不正，虽令不从"和谚语"桃李不言，下自成蹊"来称赞李将军，表现了对李广的无限敬慕与景仰。其他如《魏公子列传》、《廉颇蔺相如列传》、《张释之冯唐列传》、

《游侠列传》等，都应如是观。有时候传中写其恶迹，论赞中也指出其功绩，表现出求实精神。《自序》说："惠之早霣，诸吕不台；崇强禄、产，诸侯谋之；杀隐幽友，大臣洞疑，遂及宗祸，作吕太后本纪。"《吕太后本纪》基本上按这一线索写了吕后蛮横专权、大肆培植吕氏势力、残酷打击刘氏宗室和刘邦元老功臣的恶行，并写了刘氏宗族和刘邦元老功臣联合诛灭吕氏集团的激烈斗争，但在论赞中，司马迁对吕后执政时的政治经济措施以及社会生产的发展状况，仍是肯定的，他说："孝惠皇帝、高后之时，黎民得离战国之苦，君臣俱欲休息乎无为，故惠帝垂拱，高后女主称制。政不出房户，天下晏然。刑罚罕用，罪人是希。民务稼穑，衣食滋殖。"《酷吏列传》对酷吏的种种劣迹做了尽情揭露，但在论赞中又指出：

> 此十人中，其廉者足以为仪表，其污者足以为戒。方略教导，禁奸止邪，一切亦皆彬彬质有文武焉。虽残酷，斯称其位矣。

李景星认为司马迁这样做，"褒贬互见，最为公允"。对于秦始皇、汉武帝、项羽、陈涉、李斯等人，司马迁也都进行了最全面的评价，或在传文，或在论赞，或在《自序》。因此，我们要真正体会司马迁的"不虚美、不隐恶"，就必须把这三者（甚至于《表》序）结合起来看。

第二，在对比中看司马迁的褒贬态度。司马迁在写人物传记时，运用了"互见法"、对比法等，此详彼略，互为补充，因此，要了解司马迁的褒贬态度，也必须采取对比法、互见法。汉高祖刘邦，对中国历史的发展起了一定的积极作用，司马迁在《秦楚之际月表序》、《太史公自序》、《高祖本纪》等篇章中都给予了肯定，对于他善于用人、博采众议等优点也给予了应有的褒扬。同时，对于他身上的一些流氓恶习也给予无情讽刺。除在《高祖本纪》做了记述外，其他传中也时有揭露，《项羽本纪》写刘邦在彭城战败后仓皇逃走，三次把自己的儿女从车子上推下去；当项羽要烹太公时，他竟然说："吾翁即汝翁，必欲烹而翁，则幸分我一杯羹。"《郦生陆贾列传》写刘邦"不好儒，诸客冠儒冠来者，沛公辄解其冠，溲溺其中"。《张丞相列传》中，这位赫赫天子居然"骑周昌项"。另外，《楚元王世家》、《萧相国世家》等篇章，对刘邦的恶习均有记述。综合这些传记，就会看到：司马迁对汉代的开国皇帝并不一味迷信，拜倒在其脚下，而是秉笔直书，美恶并举。卫青、霍去病是汉朝有名的大将军，司马迁对其功绩并不抹杀，对其瑕疵也不隐讳。我们把《卫将军骠骑列传》与《李将军列传》参合起来看，就会对司马迁的用意有所领悟。宋人黄震指出：

> 看《卫霍传》，须合李广看。卫霍深入二千里，声振夷夏，今看其传，不直一钱。李广每战辄北，困踬终身，今看其传，英风如在。史氏抑扬予夺之妙，岂常手可望哉？①

清人王鸣盛也指出：

> 李广传赞，美其死天下知与不知皆尽哀，忠心诚信于士大夫；卫青传赞则著其不肯招士，位尊而天下贤士大夫无称，两

---

① 黄震：《黄氏日抄》卷四七。

两相形,优劣自见。①

他们认为司马迁在"两两相形"中表明"抑扬予夺"是有道理的。其他许多传记也是如此,如我们要了解司马迁对战国四公子的褒贬态度,通过《孟尝君列传》、《平原君虞卿列传》、《魏公子列传》、《春申君列传》四篇传记的比较,方能对此有一个全面的认识。

以上两点,是我们认识司马迁褒贬人物态度的出发点。另外,我们还应注意,司马迁有时对人物是采取"寓贬于褒"的方法。《高祖本纪》写了刘邦这位"真龙天子"的一些神奇故事,只要我们通读《高祖本纪》及其他人物传记中对刘邦一生事迹的记述,就不难发现,司马迁并非在褒扬,而是在讽刺。《万石张叔列传》从文字表面看,好像司马迁在颂扬石奋、石建、石庆一家人的恭敬孝谨,实际上他是用"寓贬于褒"的方法,对他们伪作谨厚的作风进行了犀利的讽刺。清人牛运震《史记纠谬》指出:"太史公叙万石君、张叔等,处处俱带讽刺。"《刘敬叔孙通列传》等篇也具有这种特点。

从史书角度看《史记》,我们还可以看到,《史记》具有整体观念。它是一部通史,改变了过去一时、一地的历史体裁,同时,在体例上也体现出整体系统性,反映社会的整体面貌。五种体例互相配合,构成一个整体系统。"本纪"是这个系统中的最高层次,是全书之纲领。"本纪"、"世家"、"列传"三者构成一个子系统,是从不同的人事层次上反映社会的变化发展,只要对社会的发展有所贡献,不管出身高贵与卑贱,都可进入这个系统。然后,"表"与"本纪"、"世家"、"列传"构成第二个子系统。如果说,"本纪"、"世

---

① 王鸣盛:《十七史商榷》卷六,中华书局1985年版。

家"、"列传"是从纵的方面描绘历史动态的话,那么"表"就是从横的方面描绘历史的断面,把三体描写的内容具体化,从而形成纵横交错的网络化体系。而"书"与"本纪"、"世家"、"列传"又构成第三个子系统。八书是写社会生活中政治、经济、文化、天文、地理等八个方面,它们结合在一起,使整个系统达到立体化的效果。如果缺少这一部分,那么社会的发展就显得平面化、单调化。《史记》的五种体例,堪称体大思精,反映了作者对历史的看法,也反映了作者描绘历史的高超技艺,这对后来的历史散文无疑有重要的启迪意义。

从史书角度看《史记》,我们还可以看到,《史记》一书采用"略古详今"的写史方法,突出现当代历史。对于前代历史,尤其是五帝时代的历史,由于年代渺远,无法详记,因此,司马迁除了采用先秦典籍外,还从民间传说中汲取了许多资料。对于现当代历史,司马迁亦是如此,不仅利用朝廷各种档案资料,而且深入实地来采访,以充实人物的事迹。当然,无论对古代还是现当代历史,司马迁都不是记流水账,而是以自己对历史和现实的敏锐观察与深刻分析,进行人物选择、材料选择。通过各个不同阶层人物的活动,勾勒社会的发展,反映历史的变化。历史犹如一条长河,历史学家司马迁对这个河的源流、宽窄、深浅、流量、流向有一个总体认识,而把笔墨重点投向河的"中下游"——现当代史,这也体现了历史为现实服务的宗旨。

二、从子书角度看《史记》散文

梁启超在《要籍解题及其读法》中曾指出:

迁著书最大目的乃在发表司马氏一家之言,与荀况著《荀子》,董生著《春秋繁露》性质正同,不过其一家之言乃借史的形式以发表耳。故仅以近代史的观念读《史记》,非能知《史记》者也。

在《中国历史研究法》中,梁启超也说道:

旧史官纪事实而无目的,孔子作《春秋》,时或为目的而牺牲事实。其怀抱深远之目的,而又忠勤于事实者,惟迁为兼之。

梁氏对司马迁写《史记》的目的有深刻的认识,其论述亦颇精辟。司马迁本人在《自序》中曾明确地表示:

网罗天下放失旧闻,王迹所兴,原始察终,见盛观衰,论考之行事,略推三代,录秦汉,上记轩辕,下至于兹……以拾遗补艺,成一家之言,厥协六经异传,整齐百家杂语,藏之名山,副在京师,俟后世圣人君子。

在《报任安书》中又说:

网罗天下放失旧闻,考之行事,稽其成败兴坏之理,亦欲以究天人之际,通古今之变,成一家之言。

我们从子书角度看《史记》,应以这两段话为核心,尤其是"究天人之际,通古今之变,成一家之言"三句话,是核心中的核心。

从子书角度看《史记》，首先看他如何"究天人之际"。"究天人之际"就是研究"天"与"人"的关系。这是每个史学家面临的首要问题。殷商时期天支配人的观念到春秋战国时发生了重大变化，人是社会发展的主体的思想逐步形成。但到司马迁时代，董仲舒宣扬天人感应的神学，为统治阶级服务。司马迁向董仲舒学过《公羊春秋》，但反对天人感应的神学思想。在《史记》中，他以人为中心来反映社会历史的变化，形象说明支配历史发展的是人而不是天。我们看《高祖本纪》中刘邦对自己取天下原因的分析：

> 夫运筹策帷帐之中，决胜于千里之外，吾不如子房。镇国家，抚百姓，给馈饷，不绝粮道，吾不如萧何。连百万之军，战必胜，攻必取，吾不如韩信。此三者，皆人杰也，吾能用之，此吾所以取天下也。

刘邦的总结，无疑说明了一个道理，个人的成功、历史的发展不是天意支配，而是靠人的力量来推动。《项羽本纪》中项羽临死前多次称"天亡我，非战之罪也"，司马迁则批评道：

> 自矜功伐，奋其私智而不师古，谓霸王之业，欲以力征经营天下，五年卒亡其国，身死东城，尚不觉悟而不自责，过矣。乃引"天亡我，非用兵之罪也"，岂不谬哉！

显然，司马迁认为项羽的失败并不在天命，而在于他本人。司马迁在《伯夷列传》中，更大胆地对天道提出质疑：

或曰："天道无亲，常与善人。"若伯夷、叔齐，可谓善人者非邪？积仁洁行，如此而饿死！且七十子之徒，仲尼独荐颜渊为好学。然回也屡空，糟糠不厌，而卒蚤夭。天之报施善人，其何如哉？盗跖日杀不辜，肝人之肉，暴戾恣睢，聚党数千人，横行天下，竟以寿终。是遵何德哉？此其尤大彰明较著者也。若至近世，操行不轨，专犯忌讳，而终身逸乐，富厚累世不绝。或择地而蹈之，时然后出言，行不由径，非公正不发愤，而遇祸灾者，不可胜数也。余甚惑焉，倘所谓天道，是邪非邪？

　　司马迁以激愤之情，冲破传统偏见，以无畏的精神向天道质疑，表现出强烈的批判精神。

　　为了向神秘的天道宣战，他还向阴阳学家以及宗教迷信提出了大胆的批判，表现出重人事、重现实的精神。

　　当然，司马迁的天人观也有一定的局限，如论刘邦建立汉朝时说："此乃传之所谓大圣乎？岂非天哉！岂非天哉！非大圣孰能当此受命而帝者乎？"①说明刘邦得天下是天意。在《天官书》中，也记载了一些天人感应的事情，等等。可见，司马迁在天人关系上有一定的矛盾冲突，这也是时代的局限，因为司马迁处在那样的时代，不可能不受一点天人感应思想的影响。但从总体上说，他还是以人事为中心的。

　　从子书角度看《史记》散文，看它如何"通古今之变"。"变"是司马迁朴素唯物主义历史观的核心。他认为历史总是变化的，而且往往朝着相反的方向转化："物盛而衰，天地之常数也。""是以物

---

① 司马迁：《史记·秦楚之际月表序》，中华书局1959年版。

盛则衰,时极而转,一质一文,终始之变也。""物盛而衰,固其变也。"① 在《高祖本纪赞》中说:"周秦之间,可谓文敝矣。秦政不改,反酷刑法,岂不谬乎?故汉兴,承敝易变,使人不倦,得天统矣。"说明汉朝接续秦建立后采取了相应的变革措施,使社会得以进步发展。由于司马迁从"变"的角度来观察古今变化,因此,对许多问题的看法十分精辟。从秦末农民起义到刘邦建国,短短几年,社会急剧变化,但司马迁却看得清楚:

> 初作难,发于陈涉;虐戾灭秦,自项氏;拨乱诛暴,平定海内,卒践帝祚,成于汉家。②

对陈涉、项羽、刘邦三人的历史地位与作用做了高度概括。《史记》十表,最能体现通变思想。《三代世表》起于黄帝,至西周共和;《十二诸侯年表》起于共和,至孔子卒;《六国年表》起于周元王元年,至秦二世灭亡;《秦楚之际月表》起于陈涉发难,至刘邦称帝。其余六表为汉代的诸侯王、功臣侯者、将相名臣等。司马迁用共和、孔子卒、秦亡、陈涉起义、刘邦称帝等作为"表"的分界线,可见他对历史的敏锐观察和深刻认识。白寿彝先生曾指出,司马迁在"通古今之变"问题上有三个贡献,一是不把历史看成一堆杂乱无章的东西,认为其中有成败兴坏的道理,并打算去探求历史发展的规律;二是认为历史有变化、有阶段,这是历史进化的观点;三是《史记》能反映出当时人民群众的某些要求。③ 尽管如此,司马

---

① 司马迁:《史记·平准书》,中华书局1959年版。
② 司马迁:《史记·秦楚之际月表序》,中华书局1959年版。
③ 白寿彝:《史记新论》,求实出版社1981年版,第47页。

迁在"通古今之变"方面也有局限,有些地方还摆脱不了循环论的影响。

从子书角度看《史记》散文,还应看它如何"成一家之言"。"成一家之言"的思想,明显受到先秦诸子百家学术思想的影响。由于当时汉武帝"罢黜百家,独尊儒术",司马迁却要"成一家之言",因此,这是对正统思想的一种抗议。① 他在《史记》中,表达了鲜明的思想,有许多进步的方面,关于这些,我们在本书其他部分中均有涉及,此处不再赘述。

三、从文学角度看《史记》散文

《史记》是史书、子书,同时又是文学散文。司马迁为了使历史形象化,化腐朽为神奇,为了使自己的一家之言能立于当世,他运用了文学的笔法。从文学角度看《史记》散文,我们首先看到的是那些充满个性的人物形象,他们当中,上有帝王将相,下有平民百姓,乃至于游侠、刺客、商人,等等,是一幅五彩缤纷的图画。这一点,我们将在第三章《〈史记〉与中国古典传记》中进行论述。

从文学角度看《史记》散文,我们可以看到《史记》散文多样化的风格。宋代的马存曾结合司马迁的经历对其不同的艺术风格进行了高度概括:

> 子长平生喜游,方少年自负之时,足迹不肯一日休,非直为景物役也,将以尽天下大观,以助吾气,然后吐而为书。今于其书观之,则其生平所爱游者皆在焉。南浮长淮,溯大江,

---

① 白寿彝:《史记新论》,求实出版社1981年版,第52页。

见狂澜惊波，阴风怒号，逆走而横击，故其文奔放而浩漫；望云梦洞庭之险，彭蠡之渚，涵混太虚，呼吸万壑而不见介量，故其文停蓄而渊深；见九疑之芊绵，巫山之嵯峨，阳台朝云，苍梧暮烟，态度无定，靡蔓绰约，春装如浓，秋饰如薄，故其文妍媚而蔚纤；泛沅渡湘，吊大夫之魂，悼妃子之恨，竹上犹有斑斑，而不知鱼腹之骨尚无恙者乎？故其文感愤而伤激；北过大梁之墟，观楚汉之战场，想见项羽之喑噁，高帝之谩骂。龙跳虎跃，千兵万马，大弓长戟，俱游而齐呼，故其文雄勇猛健，使人心悸而胆栗；世家龙门，念神禹之大功，西使巴蜀，跨剑阁之鸟道，上有摩云之崖，不见斧凿之痕，故其文斩绝峻拔而不可攀跻。讲业齐鲁之都，睹夫子遗风，乡射邹峄，彷徨乎汶阳洙泗之上，故其文典重温雅，有似乎正人君子之容貌。（《史记评林》卷首引）

这样的评论是很有见地的。清代刘大櫆在《论文偶记》中以"奇"、"高"、"大"、"远"、"疏"、"变"来概括《史记》文章的风格，他说：

文贵奇，有奇在字句者，有奇在意者，有奇在笔者，有奇在丘壑者，有奇在气者，有奇在神者，奇气最难识，大约忽起忽落，其来无端，其去无迹。读古人文，于起灭转接之间，觉有不可测识处，便是奇气。史公《伯夷传》可谓神奇。

文贵高。昔人谓子长文字峻。震川谓："此言难晓，要当于极真极朴极淡处求之。"

文贵大。古文之大者莫如《史记》。震川论《史》谓为大手笔，曰"起头来得勇猛"，又曰"连山断岭，峰峦参差"，又曰"如画长江万里图",又曰"如大塘上打纤,千船万船不相妨碍"。此气脉洪大,丘壑远大之谓也。

文贵远。远必含蓄。或句上有句,或句下有句,或句中有句,或句外有句。说出者少,不说出者多。昔人谓子长文字,微情妙旨,寄之笔墨蹊径之外,又谓如郭熙画天外数峰,略有笔墨而无笔墨之迹,故子长文并非孟坚所知。意到处言不到,言尽处意不尽,史公后惟韩、欧得其一二。

文贵疏。孟坚文密,子长文疏。凡文力大则疏。气疏则纵,密则拘;神疏则逸,密则劳。疏则生,密则死。子长拿捏大意,行文不妨脱略。

文贵变。上古实字多,虚字少,典、谟、训、诰,何等简略,然文法自是未备。孔子时虚字详备,左氏情韵并美,至先秦战国更加疏纵。汉人敛之,稍归劲质,惟子长集其大成。

他们的评论有助于我们认识《史记》多样化的艺术风格。不难看出,《史记》文章绝不是千篇一律,而是根据不同情况采取不同的艺术手法。

从文学角度看《史记》散文,可以看到:《史记》每一篇作品都有一个主脑,正如明代陈仁锡所说:"子长作一传,必有一主宰"[①],可谓点到要害之处。我们试举几例:

《曹相国世家》:"'清静'、'宁一'四字,一篇之大旨也。"(茅坤《史记钞》卷二八)

---

① 陈仁锡:《陈评史记》卷一百九。

《陈丞相世家》:"太史公通篇以'奇计'两字作案。"(茅坤《史记钞》卷三十)

《万石张叔列传》:"传中凡用'恭敬'、'醇谨'、'孝谨'字皆一篇领袖。"(唐顺之《精选批点史记》卷二)

《酷吏列传》:"'法令者治之具,而非制治清浊之源',一篇大纲。"(唐顺之《精选批点史记》卷五)

《孙子吴起列传》:"通篇以'兵法'二字作骨。"(《史记评林》卷六五)

《商君列传》:"通篇以'法'字作骨……血脉何等贯串!"(《史记评林》卷六八)

《樗里子甘茂列传》:"滑稽多智是一篇骨子。"(《史记评林》卷七一)

《外戚世家》:"总叙中突出一'命'字,作全篇主意,逐节叙事,不必明言命字,而起伏颠倒,隐然有一命字散于一篇之中,而使人自得之。"(录自葛鼎、金幡《史记》卷四九)

《李将军列传》:"以'不遇时'三字为主。"(陈仁锡《陈评史记》卷一百九)

《卫将军骠骑列传》:"以'天幸'二字为主。"(陈仁锡《陈评史记》卷一百九)

由于每篇作品都围绕一个主题来写,因此,《史记》散文既能纵笔挥洒,又能收笔从容,而每一篇主题都是作者思想的体现。

从文学角度看《史记》散文,我们读的是充满现实感情的散文,而不是枯燥无味的僵死的历史。司马迁或把感情渗透在字里行间,像《李将军列传》;或借历史人物抒发自己的强烈感情,像《伯夷列传》；或夹叙夹议，像《屈原列传》；或在论赞中直抒胸臆，淋漓尽致。我们随手录两段：

> 其游诸侯，见尊礼如此，岂与仲尼菜色陈蔡、孟轲困于齐梁同乎哉？故武王以仁义伐纣而王，伯夷饿不食周粟，卫灵公问陈而孔子不答，梁惠王谋欲攻赵，孟轲称大王去邠，此岂有意阿世俗苟合而已哉？持方枘欲内圜凿，其能入乎？
> ——《孟子荀卿列传》

> 晋楚齐卫闻之，皆曰：非独政能也，乃其姐亦烈女也，乡使政诚知其姐无濡忍之志，不重暴骸之难，必绝险千里以列其名，姐弟俱戮于韩市者，亦未必敢以身许严仲子也；严仲子亦可谓知人能得士矣！
> ——《刺客列传》

像这样的文字在《史记》中是很多的。不难看出作者的思想感情。

另外，从文学角度看《史记》散文，还可以看到它高超的叙事技巧、畅达精练的语言、纵横奔放的气势，这些方面在后文论述中都有涉及。

总之，《史记》散文是融历史、哲学、文学为一体的巨著，内容丰富、观点鲜明、艺术性强，是值得深入研究的。

第三节 千秋宗匠 不朽典范

《史记》集先秦散文之大成，形成自己的新特点，这对后代散文产生了巨大影响。这种影响，从总体上看有以下几方面：

第一，现实主义批判精神。中国古典散文在它的萌芽诞生时期，较少批判现实的精神。从春秋战国以后，散文敢于面对现实、揭露现实，富有批判精神。司马迁把这种批判精神发扬光大，后代的古文家基本上都沿着这样的现实主义批判道路向前发展，其中虽有曲折，如粉饰现实、脱离现实的作品在一个时期泛滥，但从散文的主流来看，仍以司马迁的现实批判精神为榜样，从韩愈、柳宗元，直到近代的龚自珍，形成了一条发展的线索，并且给讽谕文学理论提供了可靠的事实根据。

第二，充实的内容。在散文世界里，人们的要求是：无论写人、叙事、抒情，都要有丰富的内容。所谓的"文以载道"、"文以明道"等，就是这种精神的体现。《史记》每篇都有一个主题，全书又有鲜明的思想，这给后代散文家树立了一个好的榜样，正因为此，许多文论家推崇的是具有丰富而深刻内容的散文，反对空洞的调子和无病之呻吟。

第三，灵活的形式，多样的风格。《史记》散文130篇，每篇有每篇的写法和风格，不局限于一种形式、一种风格，这给后来的古文家产生了多方面的影响，有的人学到的是雄健，有的人学到的是飘逸，有的人学到的是奇伟，有的人学到的是叙事，有的人学到的是写人，有的人学到的是抒情，有的人学到的是议论。

第四，简约畅达的语言。《史记》全书52万余字，反映着三千多年的历史变化，无论叙事语言还是人物自身语言，都能做到简约畅达。同时，由于每篇作品都是整部史书的一个部分，篇幅都比较适中，长篇很少，集中刻画人物形象。这种语言上和体制上的特点也影响了后代散文，我国古代散文一向以简约为美，而且篇幅都比较短小，无过分的长篇大论，可以说是受了《史记》的影响。

具体来说，《史记》与每朝每代的散文都有联系。

早在汉代，《史记》就产生了影响。西汉后期文学家刘向对《史记》十分爱好。他的著作如《新序》、《说苑》、《列女传》等，受《史记》的影响较为明显，不仅从《史记》中采用了大量素材，而且还像司马迁那样，借史的形式发展自己的政治见解，以成一家之言。东汉班固写《汉书》，风格虽与《史记》不同，但也是直接继承了《史记》散文的特点，甚至大量转录《史记》文字，同时由于它的成功，也扩大了《史记》的影响。

唐代散文的中心是韩愈、柳宗元倡导的古文运动。他们为了反对六朝以来占文坛统治地位的骈偶文，不断从《史记》中汲取力量。韩愈是唐代学《史记》文章极有成效的古文家。他自己在《进学解》一文中就说自己写文章"上规姚、姒，浑浑无涯，下逮《庄》、《骚》，太史所录"，可见其对《史记》的重视了。柳宗元曾评论韩愈说："退之所敬者，司马迁、扬雄。"①

《史记》对于韩愈的影响，吴汝煜先生以为有两方面，一是句法、章法、笔法有不少直接来自《史记》，二是受到司马迁尚奇审美观的启发。② 这个分析是不错的，我们看前人的评点：

宋人吴子良在《荆溪林下偶谈》卷之一中云：

> 退之《获麟解》云："角者吾知其为牛、鬣者吾知其为马，犬豕豺狼麋鹿，吾知其为犬豕豺狼麋鹿也。惟麟也不可知。"句法盖祖《史记·老子传》云："孔子谓弟子曰：'鸟吾知其能飞，

---

① 柳宗元：《答韦珩示韩愈相推以文墨事》，《柳宗元集》卷三十四，中华书局1979年版。
② 吴汝煜：《史记论稿》，江苏教育出版社1986年版，第158页。

兽吾知其能走，鱼吾知其能游。走者可以为网，游者可以为纶，飞者可以为矰。至于龙，吾不知其乘风云而上天。'"

金代刘壎在《隐居通义》卷十八中说：

韩文世谓其本于经，或谓出于孟子。然其碑铭，妙处实本太史公也。第此老稍能自秘，示人以高，故未尝尊称迁、固。至其平生受用，则实得于此。此亦文章士之私意小智也。公尝自泄其机矣，曰："非三代两汉之书不观。"所谓两汉，非班、马邪？

元代程端礼在《昌黎文式》卷二中云：

《送幽州李端公序》，形容司徒恭顾之状如画。此篇似《史记》文。

明代胡应麟在《少室山房笔丛》卷十三中云：

《毛颖传》是继大史。

明代王鏊在《震泽长语》卷下中云：

尝怪昌黎论文，于汉独取司马迁、相如、扬雄，而贾谊、董仲舒、刘向不之及。盖昌黎为文主于奇，马迁之变怪，相如之闳放，扬雄之刻深，皆善出奇。董、贾、刘向之平正，非其好也。

这些评点，足以说明司马迁散文对韩愈的影响之大了。

柳宗元的散文以峻洁著称。他在《答韦中立书》中说："参之太史公，以著其洁。"所谓"洁"，不只是指文字的简洁，更重要的是指剪裁精审和能把笔墨用到要害处。这一点，方苞曾经指出过，他说：

> 柳子厚称《太史公书》曰"洁"，非谓辞无芜累也。盖明于体要，而所载之事不杂，其气体为最洁耳。①

柳宗元一再说："《太史公》甚峻洁，可以出入。"② "峻如马迁。"③ 由此可以看出他的渊源所在。他学习《史记》主要是在文章的风格方面。柳宗元的叙事文章不仅深得《史记》文章荡漾疏散吞吐之妙，而且在取材上和司马迁一样有爱奇倾向。他笔下所记的人物都有些奇特之处。《宋清传》中的宋清是药商但乐于助人，不计小利；《种树郭橐驼传》中的郭橐驼既善种树，又善言治人之道；《童区寄传》的区寄年仅 11 岁，却能机智勇敢地杀掉掠卖自己的两个豪贼。清孙琮评《童区寄传》云："事奇、人奇、文奇。叙来简洁明快，在柳州集中，又是一种笔墨。即语史法，得龙门之神。"④ 已经看出其中的渊源关系。而且，柳宗元往往借传记发表议论，像《种树郭橐驼传》，就是一篇借传立说的文章，传记是次，而议论为主。这无疑受到《史记·伯夷列传》等作品的影响。柳宗元笔下的山水游记虽

---

① 方苞：《方望溪先生全集》卷二。
② 柳宗元：《报袁君陈秀才避师名书》，《柳宗元集》卷三十四，中华书局 1979 年版。
③ 柳宗元：《与杨京兆凭书》，《柳宗元集》卷三十，中华书局 1979 年版。
④ 孙琮：《山晓阁选唐大家柳柳州全集》卷四。

然没有奇事、奇人，但却颇有奇气，这也可以说是"得龙门之神"。

宋代散文大家欧阳修、苏轼、苏洵、苏辙、曾巩、王安石等也都受到《史记》散文的影响。欧阳修是北宋诗文革新运动的领袖，他酷爱《史记》。他的《新五代史》学习《史记》笔法，不遗余力。其中许多篇的序和论，取则《史记》论赞，尤为明显。吴德旋说："事外远致，《史记》处处有之，能继之者，《五代史》也。"[①] 欧阳修其他方面的散文也得力于《史记》。明人艾南英说："千古文章独一史迁，史迁而后千有余年，能存史迁之神者独一欧公。"[②] 欧阳修得"史迁之神"，而又融入自己的个性，形成委婉含蓄、情韵悠扬、往复百折而条达疏畅的风格，人们称之为"六一风神"，可见他既能继承又能发展。

曾巩文章出自司马迁。《宋史》本传说："上下驰骋，愈出而愈工，本原六经，斟酌于司马迁、韩愈，一时工作文词者，鲜能过也。""三苏"文章雄刚俊伟、疏落豪荡，也是效法司马迁。"三苏"评《史记》、读《史记》、学《史记》，都取得了一定的成就。[③] 由于韩愈、柳宗元、欧阳修、"三苏"等人的努力，古文运动在唐宋时期取得了巨大胜利，古文压倒了骈文，成为散文的主流。在这文体转变的过程中，司马迁的《史记》起了重要作用。

宋代散文中，借记发表议论的散文比比皆是，如王禹偁《待漏院记》、范仲淹《岳阳楼记》、苏轼《石钟山记》、王安石《游褒禅山记》、曾巩《墨池记》等，都是借"记"的形式发表自己的思想。人们常说宋人好发议论，这种议论的源头可以说是从《史记》开始的。

---

① 吴德旋：《初月楼古文绪论》，人民文学出版社 1998 年版，第 25 页。
② 艾南英：《再与周介生论文书》，《明文海》卷一五九。
③ 俞樟华：《史记新探·〈史记〉与三苏》，民族出版社 1994 年版。

明代文坛上势力极大的前后七子掀起了一股复古模拟之风。前七子首领李梦阳倡"文必秦汉,诗必盛唐"说。归有光、唐顺之也提倡学习《史记》,他们主张师法《史记》的"精神命脉骨髓"。归有光是明代评《史记》诸家中的佼佼者。他本人的散文创作"风韵疏淡,是于太史公深有会处"[①]。明代后期作家袁宗道力主效法《史记》的独创精神,并强调不能生搬硬套。他说:"司马迁去左亦不远,然《史记》句字,亦未尝肖左也。""自司马迁不能同于左氏,而今日乃欲兼同左、马,不亦谬乎!"[②]

至清代,桐城派论文讲究"义法"。"义法"一词即本之《史记·十二诸侯年表序》。桐城派创始人方苞及该派的后起之秀吴汝纶都曾评点《史记》,对《史记》的文学价值多有发现。他们自己的文章风格也颇得力于《史记》,足见《史记》文章的深远影响了。

综上所述,《史记》散文无论从内容还是从形式,都对我国古典散文产生了不小的影响,它是散文的千秋宗匠,不朽典范,在中国古典散文史上起了承前启后的重要作用。最后,我们用清人李景星《史记评议·自序》中的话来结束本篇:

> 由《史记》以上,为经为传诸子百家,流传虽多,要皆于《史记》括之;由《史记》以下,无论官私记载,其体例之常变,文法之正奇,千变万化,难以悉述,要皆于《史记》启之。

---

① 吴德旋:《初月楼古文绪论》,人民文学出版社1998年版,第29页。
② 袁宗道:《白苏斋类集》卷二十,第65页注③。

第三章 《史记》与中国古典传记

《史记》的出现，开辟了中国古典传记文学的新纪元，并对中国古典传记的发展产生了深远的影响。

第一节 《史记》以前传记的发展

传记文学是人类生命的一种载体，它真实地记录了人类的社会实践，记录了人类生命的存在与发展，记录了人类生命的伟大与渺小、可贵与可恶、真善美与假恶丑。传记文学最大的特点是写人，写人一生的事迹或一生中最主要的经历。在《史记》以前，虽然没有以写人为中心的传记著作，但有许多典籍如《左传》、《战国策》等，对于《史记》写人起了积极的作用。因此，我们要认识《史记》人物传记的成就与贡献，就必须对它以前的传记情况进行一番回顾。《史记》以前的传记发展，可以说经过了三个阶段，即由神到人、由上层人到下层人、由人的外部行动深入到人的内心世界。

一、艰难的起步：由神殿迈入人间

恩格斯指出："有了人，我们就开始有了历史。"[①] 有历史并不

---

① 《马克思恩格斯选集》第3卷，第457页。

等于有传记、有史学。在很长一段时间里,人类还不能用文字来记录历史、记载人物。对于历史的认识,是处于混沌状态;对于自身价值的认识,几乎等于零。"野蛮人由于没有力量同大自然搏斗,而产生对上帝、魔鬼、奇迹等的信仰。"① 他们把一切归之于神通广大的主宰整个宇宙的上帝,使神人化,神话就是历史,神话就是口头传记。"神话即历史",这是一种有过广泛影响的神话学说,它是公元前四世纪希腊无神论哲学家尤赫墨洛斯命的观点。这种观点认为,诸神是神化了的历史人物,古代君王或者自封为神,或者被尊奉为神,并因此而建立宗教仪式。所以,神话中必然会有史迹,甚至就是某些历史事件的反映。虽然它的唯理主义对大多数神话都未能完满地做出解释,尤其是对各种宗教仪式更未能提供说明,但作为对前人精神的一种理解,仍是值得肯定的。马克思揭示了神话的本质,指出神话"都是用想象和借助想象以征服自然力,支配自然力,把自然力加以形象化"。"通过人民的幻想用一种不自觉的艺术方式加工过的自然和社会形式本身。"② 每个民族在自己的童年时代,都产生过许多优美的神话。如中国的"女娲补天"、"夸父追日"、"黄帝战蚩尤"等都具有一定的故事性,神是作为被描述的对象。我们的传记文学正是孕育在这些既有故事性又有描述对象的神话之中。

传说是神话的演进,随着人类认识能力的提高,人们相传、叙述的事迹逐渐接近现实生活,相传、叙述的人物逐渐接近现实的人。鲁迅曾说:"迨神话演进,则为中枢者,渐近于人性,凡所叙述,今

---

① 《列宁全集》第10卷,第62页。
② 《马克思恩格斯选集》第2卷,第113页。

谓之传说。传说之所道，或为神性之人，或为古英雄。"① 许多传说都有历史上的人物和事件的缘由，却又并非历史的实情。像中国古代传说的大禹治水、尧舜禅让等，人们把自己的生命的美好愿望寄托在这些神性之人或古英雄身上，以求得他们的保护。而作为传记文学来说，已经跃跃欲试，即将诞生了。

文字的产生，表明人类进入了文明社会。中国最早的文字是殷商时期的甲骨文。刻甲骨的贞人就是最初的史官，也是最初的传记家。其职责是沟通神与王的意志，这是一种宗教活动。甲骨卜辞仅是历史记载的萌芽，其中迷信成分相当浓厚，人是神的附庸，神支配着人的一切行动。在人的生命意识中，神是自己生命的主宰，生死祸福全由至高无上的神掌握。甲骨卜辞还不能算是传记文，它只是作为求神问卦的工具而已，还没有成为历史和传记。

诞生在周代的几首民族史诗，才是中国传记文学的真正的源头。《诗经·大雅》中的《生民》、《公刘》、《绵》、《皇矣》、《大明》五首诗歌，反映了周族历史的发展进程，它们所记的人物基本上是真实的，而且程度不等地具有传记的某些特征。《生民》记述了周族始祖后稷的事迹，虽有一些神奇色彩，如诞生之奇、弃而不死之奇，但重点还是描述他发明农业的功绩，是当时的现实生活。《公刘》一诗主要写公刘带领周人由邰迁豳的壮举，神话色彩已经消失了，代之以真实的人的生活。至于《绵》、《皇矣》、《大明》三篇写古公亶父迁岐、文王代崇伐密、武王伐纣等事件，更具有历史的真实性。因此，陆侃如、冯沅君在《中国诗史》中称之为"后稷传"、"公刘传"、"文王传"、"武王传"；白寿彝先生在《史记新论》中也说《生

---

① 鲁迅：《中国小说史略》，《鲁迅全集》第 8 卷，人民文学出版社 1957 年版。

民》、《公刘》"这两篇是歌颂古代英雄的传说,是传记体"。这五首诗歌虽是文学作品,但却具有历史的价值,是中国古典传记的源头所在。当然,这个源头的出现不只是一种体裁的诞生,更重要的是它体现了周人思想的一个转变,即生命意识的转变。因为它是把人作为描绘的对象,已经从神秘的空气中游离出来,带有一种"革命"的意义。这种转变,我们还可以从其他文献中找到例证。在西周初年,人们对天命的认识已经由殷商时的"敬天信神"发展到"敬天保民",进而发展到怀疑天命,正因为此,他们把人间的祸乱皆归之于人事之不善,并非上天作祸。《诗经·大雅·瞻卬》:"乱匪(非)降自天,生自妇人";《小雅·十月之交》:"下民之孽,非降之天"。尽管对于人的观念突破是在战国时代,但周代出现的这种变化也是不可忽视的。

春秋时代,在历史记载方面具有划时代意义的著作是编年体史书《春秋》。它记载了从鲁隐公元年到鲁哀公十四年两百多年间各国的历史。诚然,它记事十分简单,属大事年表性质,但在史书记载方面有不可忽视的重要意义:一方面它记载了一些灾异迷信之事,另一方面则把人放到了一定的位置,人事占主要成分;虽然它是"断烂朝报",看不出事件发生、发展的必然联系,但它毕竟写出了事件中的人。在人的心目中,事情的发生是由人而不是由神支配的,这是一个了不起的变化。虽然《春秋》不是传记,但它在传记发展史上却有重要意义。它的出现,把神与人的位置打了一个颠倒,把人放在了主导地位,这给后来的《国语》、《左传》以人为主奠定了坚实的基础,而像《左传》这样的著作在史传发展史上颇有重要意义,应该说是受惠于《春秋》的沾溉。这就是传记文学历史轨迹中的第一个重要步骤。如果不把人作为主导的因素去描述,那么,传记文学永远不会有新突破。

二、可喜的进程：人的群体的增大

传记文学刚刚迈出的第一步是值得肯定的，但是，我们不难看出，这些史传中所出现的人物，都是上层人物，人的范围还相当狭小，有待于进一步的发展。传记文学中人的群体的增大，不仅仅是传记文学本身的问题，它与社会历史的发展亦有密切关系。随着人在社会历史中价值的被认识、肯定，越来越多的不同阶层的人逐渐进入传记行列。

春秋战国时代，是人们价值观念发生重大变化的时代，最突出的就是人的价值被逐渐认识，人的生命意识逐步改观，我们可以从工艺品中找到极好的例证，如春秋晚期的"莲鹤方壶"，郭沫若先生在《殷周青铜器铭文研究》中对此有段精彩的论述：

> 此壶全身均浓重奇诡之传统花纹，予人以无名之压迫，几可窒息。乃于壶盖之周骈列莲瓣二层，以植物为图案，器在秦汉以前者，已为余所仅见之一例。而于莲花瓣之中央复立一清新俊逸之白鹤，翔其双翅，单其一足，微隙其喙作欲鸣之状，余谓此乃时代精神之一象征也。此鹤初突破上古时代之鸿蒙，正踌躇满志，睥睨一切，践踏传统于其脚下，而欲作更高更远之飞翔。此正春秋初年由殷周半神话时代脱出时，一切社会情形及精神文化之一如实表现。

当时，郑子产道出了"天道远，人道迩"[①]的时代强音，孔子也有

---

① 左丘明：《左传》昭公十八年。

"问人不问马"①的大胆举动，这些与殷商时期天支配人、马比人贵（"匹马束丝"可以换取五名奴隶）形成鲜明的对比。同时，孔子的"三军可夺帅也，匹夫不可夺志也"②的对个体人格的追求，也体现出人的尊严。到孟子，更是追求一种"大丈夫"式的崇高人格，以致升华到最高阶段——"舍生取义"。孟子还提倡人们之间应该互相尊重，"老吾老，以及人之老；幼吾幼，以及人之幼"③。对残民的君主大加指斥，称桀纣为"一夫"。庄子也追求人格的独立，"无君于上，无臣于下"④是他的理想，他要跳出各种樊篱，摆脱各种束缚，展开双翅，自由飞翔。荀子在当时提出"制天命而用之"⑤的思想更具有进步意义，把人突出到相当重要的地位。以上所举，旨在说明春秋战国时代人的地位明显提高。正因为此，随之而起的史传文学，也已注意到了人的力量、人的活动。继《春秋》后，《左传》首先在写人方面取得成就，这是一个值得重视的贡献。梁启超在《中国历史研究法》中给予了很高评价："左丘可谓商周以来史界之革命也，又秦汉以降史界不祧之大宗也。"虽然"国之大事，在祀与戎"⑥，但从整个《左传》看，主要记载是"戎"，也就是人。不难发现，即使像占卜迷信之类的成分在《左传》中依然存在，有时甚至对于事件的发展、人物的活动有一定的影响作用，但人的成分始终占主导地位，这在写人方面是一个很大的进步，体现了从神到人的一个重要转变。在人的类型方面，它大大超过了前代的历史记载，《左传》中

---

① 孔子：《论语·乡党》。
② 孔子：《论语·子罕》。
③ 孟子：《孟子·梁惠王上》。
④ 庄子：《庄子·至乐》。
⑤ 荀子：《荀子·天论》。
⑥ 左丘明：《左传》成公十三年。

出现的人物，不只是前代历史记载中仅有的那些天子诸侯，众多的小人物也登上了政治历史舞台，从周天子到诸侯王，从诸侯王到公卿大人、外交家、商人，甚至于妇人，形成了一幅波澜壮阔的历史画卷，在这里可以看到大千世界的缩影。而且《左传》已经刻画了许多形象鲜明的人物，如晋文公、秦穆公、楚灵王、郑子产、晏婴等，这在以前史籍中不曾有过。《左传》的出现，给史传文学带来了生机。

战国时代是一个巨变的时代，出现了一个新的社会阶层——士。这个阶层特别活跃，成分也比较复杂，范文澜先生在《中国通史》中把他们划分为四种类型：学士、策士、方士或术士、食客。最能体现这些人（尤其是策士、食客）纷繁活动的史传是《战国策》。它的产生，又把史传文学向前推进了一步。人物的类型更丰富，小人物也更多。在这些人物画廊中，上有"年九十余"的白发老人唐且，下有"年方十二"的髫令稚子甘罗。有朝秦暮楚、到处游说的政客（苏秦、张仪之流），也有不畏强暴的高义之士（鲁仲连等人），既有以养士出名的贵族公子，也有鸡鸣狗盗、引车卖浆之徒，还有那些嬖臣宠姬，充分体现了战国时代的特征。而且，《战国策》已经向以人为主、以人明史方面过渡，有些篇章明显地是在写人，尤其是《燕策三》写荆轲刺秦王之事，激昂悲壮，淋漓酣畅，是一篇出色的传记文学作品，荆轲的"就车而去，终已不顾"，"倚柱而笑，箕踞以骂"，田光的自刎而死，樊於期的慨然自杀，都给人留下了深刻的印象。《战国策》的写人是由编年体写人到纪传体写人的一个桥梁，在史传文学发展中有不可忽视的作用。

战国时代的诸子散文，属哲学著作，虽然"以立意为宗，不以能文为本"①，但总要记载该学派奠基人的言行事迹，并旁及其弟子或辩论对象的言和行，因此，诸子著作也具有一定的传记因素，而且扩大了传记中人物的类型。《论语》是孔子的言行集，有些篇章已经写出了人物的音容笑貌，如《微子》篇中的"侍坐"章，通过孔子和他弟子的谈话，刻画出他们各自的性格特征，尤其是孔子循循善诱的神态深深印在人的脑海里。《孟子》也是语录体，但它刻画的孟子形象比《论语》中的孔子鲜明多了。同时，孟子为了说明问题，也创造了一些寓言故事，故事中的人物形象分明可见。其他子书，如《庄子》、《韩非子》、《吕氏春秋》中的寓言故事，《管子》写管仲事迹，《商君书》写商鞅事迹，等等，都对丰富传记人物类型做出了贡献，尤其是《晏子春秋》一书，它是中国古代第一部集中刻画一位人物的传记性著作，刻画出一位有思想有性格的卓越政治家形象，给传记文学拓开了新路。

从以上中国古典传记发展线索可以看出，传记文学在摆脱了神人杂糅的状态之后，不断地向人靠拢，又不断地向各个方面伸展，传记文学中人的群体不断地增大，表现了人类生命活动中各种人的各种生命现象。传记，不再是神话和传说，也不再是神与人交织的网络，而且，也不只是帝王将相的家谱，它成为整个人类所拥有的一个生命的载体。这个载体与每个时代的社会历史有密切的关系，与每个时代的人对自身价值的认识也有密切的关系。反过来，我们可以从传记这个生命的载体上看到每个时代的社会土壤和人对自身价值的认识。

---

① 萧统：《文选·序》，中华书局1977年版，第2页。

三、有益的探索：心灵深处的揭示

传记文学在人的群体增大的同时，在写法上也有新的进展：探索人的心灵。《大英百科全书》在谈传记文学时指出：

> 作为一个传记艺术家的成就，在很大程度上将取决于：他是否能够在表现出年代的范围和岁月的跨度的同时，又能够着重突出表现一个人的外貌和内心的主要行为形式。

一部成功的传记，不仅要展现人的生命过程，更重要的是要揭示出这个过程的内动力。黑格尔说过："艺术美的职责就在于它须把生命的现象，特别是把心灵的生气灌注现象，按照它的自由性，表现于外在的事物。"[①] 人的内心里有一种活生生的东西在躁动、在激荡、在冲突，要表现出来，这就是生命、生命力。人与自然的矛盾，人与社会的矛盾，人的自我矛盾，人与人之间的矛盾，首先在人的心灵上引起震荡，人的心灵活动乃是一个人生命活动的动力和基础。

就中国古典传记而言，对于传主内心世界的探索从《左传》就已经开始了。不过，这种探索是很独特的，由于《左传》以叙事为主，所以，往往通过对历史人物言行的描述，使读者能够窥见人物的心理。桓公元年，宋华父督见孔父之妻于路，"目逆（迎）而送之，曰：'美而艳！'"作者通过"目逆而送之"的动作和"美而艳"的赞叹，就揭示出了华父督的好色心理。过了不久，他就"杀孔父而取其妻"。可以说，好色心理是华父督杀人夺妻的一种内驱力，正是在这种心理的驱使之下，他干出了伤天害理之事。宣公四年，楚

---

① 〔德〕黑格尔：《美学》第 1 卷，朱光潜译，商务印书馆 1979 年版，第 195 页。

国人向郑灵公进献了一只鼋。公子宋和公子家两人将要上朝拜见郑灵公，这时，公子宋的食指跳动，于是就向公子家说，平时我的食指一动，一定有好吃的。等上朝后，宰夫正在解鼋，两人"相视而笑"。这四个字传神绝伦，含蓄地表达了两人的内心活动：一个得意，一个佩服。因为有言在先，预言又得到了应验，目光相接，两人都明白其中的事由，安有不笑之理？襄公二十六年，卫献公返国。"大夫逆（迎）于竞（境）者，执其手而与之言；道逆者，自车揖之；逆于门者，颔之而已。"握手谈话、从车上作揖、点头示意，三种不同的态度，把卫献公返国时复杂的心理状态刻画了出来。总的来说，《左传》在描写人物内心方面开了一个先河，但这种描写不是直接就让读者能够看到的，而是通过人物的言行去摸索人物的内心，如卫献公当时的心情到底怎样，就要读者根据生活内容去补充、去理解。

《战国策》中，则出现了许多人物独白，以此来表现人物的内心世界，这比《左传》进了一步。独白，这是作者设身处地为历史人物补写的言辞，代替了《左传》中让读者补充人物心理这一工作，读者可以直接看到人物是如何想、如何做的。《秦策一》"苏秦始将连横"章，塑造了苏秦这个具有复杂性格的策士形象，其中几次独白，真实地展示了苏秦的内心世界。游说秦王没有成功，回家遭冷遇后，他的内心是这样想的："妻不以我为夫，嫂不以我为叔，父母不以我为子，是皆秦之罪也！"他不满意家人对他的态度，但又不敢言语，只好把罪过归之于自己，因此，他就更决心要取得卿相富贵。当他刻苦学习、引锥刺股和睡魔做斗争时，他想："安有说人主不能出其金玉锦绣，取卿相之尊者乎？"最后，当他听嫂子说他"位尊而多金"时，又深深地发出感叹："贫穷则父母不子，富贵则亲戚畏惧",所以人生世上,势位富贵是绝不可忽视的。这几处独白,有力地揭示了苏秦追求富贵的思想性格。这种思想性格,促使他克服重重困难,不达目的不罢休。追求富贵成为苏秦行动的动力和指针。《齐策一》"邹忌讽齐王纳谏"章写邹忌的思想活动也很精彩:

> 暮,寝而思之,曰:"吾妻之美我者,私我也;妾之美我者,畏我也;客之美我者,欲有求于我也。"

妻、妾、客异口同声肯定邹忌比徐公美,邹忌见了徐公,仔细观察,再照镜子做比较,感到自己远不如徐公,这就不能不引起他的深思:自己明明不如徐公,可妻、妾、客为什么要那样回答?答案找到后,他就以自己的实例去讽谏齐威王。作者写出邹忌的内心活动,对于刻画他明智、精细的性格具有重要的作用。《韩策三》写聂政刺杀韩傀前也有一大段心理活动,他之所以勇敢地去行刺,正是出于"士为知己者死"这样一个信条。自己身处下层,而严仲子竟以厚礼待之,可谓知己,岂能不报恩呢?像这样的独白在《战国策》中是很多的。人处在矛盾的漩涡时,常常要经过心灵的激烈斗争而选择一种解决矛盾的办法。心灵的搏斗,别人是看不见、听不着的,传记作者能够深入其内心,揣摩其动态,替人物说话,也是一种以心换心、以心铸心的艰苦过程。

第二节 《史记》对中国古典传记的贡献

《史记》继承并发展了先秦史传的传统,使中国古典传记以崭新的面貌展现在世人面前。《史记》对中国古典传记的贡献是多方面的，主要有：

一、开创了以人物为中心的纪传体形式

《史记》以前的著作在写人方面取得了一定的成就，但仍有相当的局限。《左传》属编年体史书，人物活动受时间的严格限制，虽然某些片断具有纪传体雏形，写人比较完整，但从总体上说，人物事迹易被隔断，不能一气呵成。某年某事与某人有关，某人就登台表演，匆匆而来，匆匆而下，一般不做较长时间逗留。因此，《左传》中的人物形象是由一个个片断组合而成。郑子产为卿11年，为相21年，如将襄公八年到昭公二十年子产所有事迹的片断加以整理，就可写出一部较完整的"子产传"。其他如晏婴、叔向等人也是当时有名的政治家，甚至连事几君，活动频繁，其事迹分散在各年来写，形成人物形象的片断。从人物形象建立来看，有待于新的发展。《战国策》中的人物活动，相对而言不受时间限制，但受到一定的空间限制。它按国编写，人物在哪国活动，就分属在哪国舞台上。赵武灵王胡服骑射是战国史上的一件大事，《赵策二》中《武灵王平昼闲居》、《王立周绍为傅》、《赵燕后胡服》、《王破原阳》四章连在一起，刻画了赵武灵王这个有远见的政治家的形象，这与《左传》把子产的事迹分散数年显然不同。《战国策》中还有些篇章如《齐策四·齐人有冯谖者》、《楚策四·楚考烈王无子》、《燕策三·燕太子丹质于秦亡归》等，已打破时空限制，使人物形象较完整地出现在读者面前。当然，战国时代"处士横议"，游说之士的活动就有可能出现在两个舞台上，演秦国历史有之，演韩、赵、魏历史也有之，甚至在舞台上同演一事，如乐羊为魏将攻中山，《魏策一》与《中山策》俱出，此其弊也。《左传》、《战国策》写人，一受时间限制，一

受空间限制，《史记》的出现使人物活动在时、空方面都大大扩展，可以跨越年代，也可以超越空间（国别），给人物形象的建立创造了有利的条件：

其一，不受时空限制，可以从容不迫地写一些细节，做到粗细结合。《左传》已有细节描写，僖公二十三年"重耳别隗"、"醉遣重耳"等刻画一个贵族公子贪于享乐的性格。僖公三十三年写先轸在国君面前"不顾而唾"，对于表现人物性格具有重要作用。还有一些细节如鞍之战中辟司徒之妻的关心君父，邲之战插进乐伯射麋等，饶有兴味，但这类细节仅是大事件的小插曲，不是在表现人物性格。总之，《左传》写人还是粗笔勾勒。《战国策》中也有细节描写，《秦策一》写苏秦一家前后态度的变化，《赵策一》写豫让漆身吞炭报知己，无不具有生活气息，表现了人物的性格特征。《史记》中的细节不仅多，而且直接为刻画人物形象服务。提起李斯，人们就会想到"官仓鼠"；谈到韩信，人们忘不了他所受的"胯下之辱"；论及酷吏，"张汤治鼠"人们记忆犹新；还有刘邦的"骑周昌项"，陈平的"社中分肉"，等等。由于纪传体比编年体、国别体在时空上相对自由，给细节描写创造了广阔的天地，而细节的多而妙，更充实了人物形象。

其二，由于时间的连续和空间的拓宽，可以多侧面写人，使人物由平面化转向立体化。《淮阴侯列传》写韩信一生的主要事迹，除正面写他辅佐汉王的功绩外，还多次从侧面写其才智谋略。传记开始写萧何追韩信和刘邦设坛拜将，已说明韩信的非同凡响。还多次写刘邦在韩信胜利后"辄使人收其精兵"之事，一方面表现了汉王的猜忌，另一方面也说明韩信的无心顾忌。即使被诬告反汉，降为淮阴侯，他仍与刘邦从容言诸将能否。最后写烹蒯通一事，也是从一个侧面写了韩信。整个传文空间位置的不断变更，使人物的活动交错进行，避免了一般化和平面化。《魏公子列传》写信陵君自迎夷门监者侯生一事时，注意从侧面描写各种人的反应，从阴阳向背四面来写，其艺术效果正如清人吴见思《史记论文》所说："将相宾客、市人、从骑，四面照耀，遂令一时神采，千古如生。"多侧面写人的方法各式各样，因人而异。从传主本身来说，既可写他多方面的才能、功绩，也可以写其思想的变化发展；从传主与其他人的关系来说，既可以主带宾，也可以宾衬主，"近山浓抹"与"远树轻描"都能收到很好的艺术效果。

其三，以人为中心，形成曲折生动的故事情节。"当此时"、"当是时"、"既而"、"久之"等词语作为连贯事件的纽带而出现，使那些隔年出现的事件犹如肝胆相结，不再分离，也使人物活动的几个舞台合而为一，相对集中。由于不受时间的严格限制，在写人时，既可按时间顺序写，也可插写、倒写、补写，不受空间严格限制，可以人为中心，在一个舞台上多次变换活动场所。这样，传文波涛汹涌，跌宕起伏。《项羽本纪》以项羽为中心集中重大事件，随着时间的不断推移，场所的不断变更，故事情节也随之起伏发展。中心人物悲壮地死了，传文仍余波荡漾，时间继续延长，空间继续扩展，给人留下无限韵味。《廉颇蔺相如列传》场所时而在秦，时而在赵，但人物穿插其间，不显其乱；矛盾一会儿是外部，一会儿是内部，但万变不离其宗，人物是主要的。外部矛盾的解决，引起内部矛盾（廉颇和蔺相如）；内部矛盾和解了，外部矛盾又随之产生。由此，时间延续，空间拓宽，引出赵括、赵母等人，而这些人物的出场又与廉颇有着千丝万缕的联系，使其命运发生了悲剧性的变化。所有这些，都是编年体或者国别体难以达到的。正因为纪传体写人有这么多的好处，所以，它就成为历代正史效法的榜样，也成为后代传记文学的基本形式。

二、扩大了人物类型

如果说《左传》、《国语》、《战国策》等史传作品在扩大人物类型方面具有首创之功的话，那么，《史记》则后来居上，超越前代。《史记》完成了由编年到纪传的转变，形成以人物为中心的纪传体例。历代的帝王、贵族，各种大小官僚、政治家、军事家、文学家、经学家、说客、策士、刺客、游侠、商贾、卜者、俳优，都涌现在司马迁的笔下。《史记》描绘出推动历史巨轮的人的形象以及他们的思想与行动。从纵的方面看，是一幅由人物集体组合成的历史画页，客观地说明了历史是在不断发展变化着的，并非处于凝固状态；从横的方面说，这些出场人物都有自己的特点，客观地表明，历史是复杂的，它不只是那些帝王将相、公子王孙的历史，而且是包含着下层小人物的历史。

我们更应看到，司马迁把眼光投射到社会的各个阶层，尤其是给下层人物立传，这是一种大胆的做法，体现了他的进步思想。司马迁给历史人物立传，有明确的标准。他在《太史公自序》中说："扶义倜傥，不令己失时，立功名于天下，作七十列传。"他不只着眼于社会地位，更重要的是看其社会作用，正因为此，那些虽有高官厚禄但对社会毫无贡献的人也就不能入传。《张丞相列传》后面，作者附列了陶青、刘舍、许昌、薛泽、庄青翟、赵周等好几位丞相的名字，这些丞相虽然"列侯继嗣"，但他们"娖娖廉谨，为丞相备员而已，无所能发明功名有著于当世者"，因此，未被列入传记之中。相反，一些社会地位低下，但有一技之长或对社会有突出贡献,或在当时有某种代表性的人物,如医生、商人、刺客、游侠等,却被载入史册,并对这类人的精神、品质进行称赞。《游侠列传序》说:

> 今游侠,其行虽不轨于正义,然其言必信,其行必果,已诺必诚,不爱其躯,赴士之厄困。既已存亡死生矣,而不矜其能,羞伐其德,盖亦有足多者焉……今拘学或抱咫尺之义,久孤于世,岂若卑论侪俗,与世沉浮而取荣名哉!而布衣之徒,设取予然诺,千里涌义,为死不顾世,此亦有所长,非苟而已也。故士穷窘而得委命,此岂非人之所谓贤豪间者邪?诚使乡曲之侠,与季次、原宪比权量力,效功于当世,不同日而论矣;要以功见言信,侠客之义又曷可少哉!

司马迁对"布衣之侠"的侠义精神进行了热情洋溢的歌颂,表现出卓越的见识,他在《太史公自序》中说得更明确:"救人于厄,振人不赡,仁者有乎;不既信,不倍言,义者有取焉。作《游侠列传》六十四。"扶危救难,言行必果,这就是游侠的精神,也是游侠的道德。司马迁大胆肯定这种精神,也正体现了《史记》的进步性。再如陈胜、吴广农民起义,司马迁在《太史公自序》中说:

> 桀纣失其道而汤武作,周失其道而《春秋》作,秦失其政而陈涉发迹,诸侯作难,风起云蒸,卒亡秦族。天下之端,自涉发难。

把陈涉与汤、武、孔子那样的大圣人并列。在《陈涉世家》中,完整记述了陈胜、吴广农民起义灭秦的全过程，高度评价和热情歌颂了陈涉在灭秦过程中的历史作用，这样的识见也是非凡的。唐代的司马贞就认为陈涉"时因扰攘，起自匹夫，假托妖祥，一朝称楚，岁历不永，勋业蔑如，继之齐鲁，曾何等级，可降为列传也"[①]。唐代刘知幾也说："至如陈胜，起自群盗，称王六月而死，王孙不嗣，社稷靡闻，无世可传，无家可宅，而以世家为称，岂当然乎？"[②]足见司马迁的思想在当时是独树一帜的。

总之，《史记》扩大了传记文学中人物的类型，我们不仅要看到它描绘了各种人的形象，而且要透过这些形象，看到司马迁非凡的史学思想。司马迁以后的传记作品，像韩愈、柳宗元等人的作品，写了不少下层人物，正是继承了《史记》这一优秀传统。

三、丰富了人物性格

描绘人物性格是传记文学的主要目的。史传文学起步阶段的人物性格往往有概括化的倾向，尤其是同类人物的思想、性格小异大同。在发展的过程中，人物性格逐渐从无到有，且由概括化向个性化迈进。

《左传》在人物性格个性化方面首先取得成功。它善于用人物自己的言行突出其性格特征。提起晋文公、郑庄公、宋襄公、郑子产、烛之武、弦高、先轸、庆郑、逢丑夫、齐高固、王孙满等人，人们自然会想到他们一些很有个性的言和行。

《战国策》中形象较为鲜明者不下百人。皆为昏君，楚怀王与齐

---

① 司马贞：《史记索隐·陈涉世家》，中华书局1985年版。
② 刘知幾：《史通·世家》，中华书局1961年版。

闵王相异；均为刺客，聂政与荆轲不类；同是说客，苏秦显得坚韧、倔强，张仪则狡诈、诡谲，陈轸机智圆滑，公孙衍则持重深算。《左传》、《战国策》中出现如此众多的个性化人物，这在以前的史书中是少有的。它说明历史记载向生活真实靠近了一步，同时也向文学迈进了一步。现实生活中的人各式各样，不可能千人一面。作为史书，能够真实地写出这些不同性情的人，尤其是同类人的性格差别，说明作者对历史人物有一定的认识、一定的把握。另一方面，一般史书可以不写人物的言行，只用叙述语言介绍事实即可，而史传文学则不仅用叙述语言，而且用人物自己的言行表现其个性，使人如闻其声，如见其人，可以说是后代小说、戏剧中拟言、代言的草创。

继《左传》、《战国策》之后，《史记》在个性化方面又迈出了一大步。日本学者斋藤正谦在《拙堂文话》中说：

> 子长同叙智者，子房有子房风姿，陈平有陈平风姿。同叙勇者，廉颇有廉颇面目，樊哙有樊哙面目。同叙刺客，豫让之与专诸，聂政之于荆轲，才出一语，乃觉口气各不相同。高祖本纪，见宽仁之气动于纸上；项羽本纪，觉喑噁叱咤来薄人。

《史记》之所以产生如此效果，在于它尽量用人物自己的言行表现其个性。叙述语言在肖像描写、环境描写、背景介绍、连贯情节等方面具有不可低估的作用，但用于表露人物的性格、思想就不如人物自身的语言得力。因为它是客观性的叙述，是静的语言；人物自己的语言是自我表现，具有动态。如能化静为动，动静结合，让人物个性在动态中表现出来，就能增加真实感和形象感。张仪的"吾舌尚在不"、吕不韦的"奇货可居"等语言，都鲜明地表现了各自的性格特征。人物形象由概括化向个性化迈进，个性化的语言是第一步，也是关键的一步。在史传文学发展的过程中，司马迁跨出的这一步具有重要意义，他继承了《左传》、《战国策》的长处并大胆创新，使个性化的人物首先以语言取胜，这个贡献值得重视。

人物性格的流动性和复杂性是衡量人物形象是否丰满的重要依据。如果说个性化是在众多的同类人物中表现某一个人的性格，那么性格的流动性和复杂性则主要表现一个人性格的多方面。前者的比较是传主与他人的比较，在比较中显出个性，后者则是传主性格各个侧面的比较，是更高层次的比较。《左传》、《战国策》受体例限制，人物在时空中的活动受到一定约束，性格的流动性不太自由，但写出了一些形象鲜明、性格丰满的人物。晋文公从贵族公子到称雄天下的霸主，前后性格不大一样，在19年流亡生活的磨炼中，不谙世事、贪于享乐的贵族公子性格慢慢减少，代之而起的是有志气有度量的国君形象。楚灵王是有名的暴君，以篡弑夺取王位，用杀戮夺占土地财物，但与其他暴君又有不同之处，听了子革的讽谏后，竟然"馈不食，寝不寐，数日不能自克"，直到临死时，道出了"余杀人子多矣，能无及此乎"的悔恨，决然自缢而死。《战国策》中苏秦、赵威后、邹忌等人性格都比较复杂。赵威后既是个明智的妇人，又有不识时务的一面，但又是诚于纳谏的执政者，性格矛盾而又统一，伟大和渺小集于一身。作者这样写，使历史人物更具有真实性。因为社会生活丰富多彩，人与人的关系复杂多变，时光转逝、场所变更、地位升降都是加速思想性格变化的催化剂，人的性格不会是铁板一块。《史记》中人物性格的丰满性，比之《左传》、《战国策》又有长足发展。它以写人为中心，时间上可顺可倒，空间上可纵可横，给人物性格的流动创造了广阔的天地。同时，由于《史记》在写人时运用互见法，本传中详写其主要性格，在其他人物传记中也补写该人物性格的某些侧面。钱锺书先生在《管锥编》中历举《项羽本纪》、《高祖本纪》、《淮阴侯列传》等篇章，对项羽的性格做了精辟的概括，指出：

> "言语呕呕"与"喑噁叱咤"，"恭敬慈爱"与"剽悍滑贼"，"爱人礼士"与"妒贤嫉能"，"妇人之仁"与"屠坑残灭"，"分食推饮"与"玩印不予"，皆若相反相违，而既具在羽一人之身，有似两手分书，一喉异曲，则又莫不同条共贯，科以心学性理，犁然有当。《史记》写人物性格，无复综如此者。①

另外，廉颇的负气好胜与爽直服善，陈胜的勇于反抗与沾沾自喜等，都为史传文学中人物形象的建立树起了不朽的典型。这里有两种情况应注意：第一，人物性格的流动性、复杂性并不是各种性格的简单相加，而是由人物的生活实践、性格的发展逻辑、社会环境的影响等内在联系构成的统一体。不符合人物性格逻辑的表面现象，不能说是人物性格的流动性。第二，正确区别人物性格的流动性与两面派人物。有些人物为了达到一定的目的，在不同的时间、空间，会有不同的表现，这不能说是人物性格的流动性，因为这些言行都是假象，人物的本质并没变。

从审美角度看，史传文学中写出一些复杂性格的人物，能使人对审美对象有较完整的印象，不显得单一死板。普希金说：

---

① 钱锺书：《管锥编》第1册，中华书局1979年版，第275页。

> 莎士比亚创造的人物，不像莫里哀的那样，是一种热情或某一种恶行的典型，而是活生生的、具有多种热情、多种恶行的人物……莫里哀的悭吝人只是悭吝而已；莎士比亚的夏洛克却是悭吝、机灵、复仇心重、热爱子女而且锐敏多智。①

性格的多样性、丰富性，正是"莎士比亚化"的一个重要方面。如果以此衡量史传文学中具有复杂性格的人物，就能从他们身上发现很有价值的美学意义。当然，人的性格是一个统一体，具有一定的稳定性，有一个定向性格统摄其他性格。项羽性格固然复杂，但其主旋律仍是"力拔山兮气盖世"的英雄魄力。如果各种性格杂糅一起而显不出定向性格，就会给人以散乱的印象，而不是完整丰满的人物形象。总之，我们说《史记》丰富了人物性格，是指它在人物性格的个性化、复杂化方面做出了可贵的贡献。

四、创造了各种艺术手法

司马迁在写历史人物时，一方面继承了前代秉笔直书的优良传统，另一方面也发展了文学的成分，运用了更多的文学手法。因此，《史记》文学味也更浓，成为记述真人真事的传记文学作品，充分体现了司马迁非凡的史学和文学才能。

他善于选择典型事例突出人物性格，而不是把人物传记写成一本流水账。大者可从决定人物一生成败的关键时刻选择，如项羽的乌江自刎、越王句践的卧薪尝胆，或从人物最难忘的经历选取，如伍子胥的矢志复仇，直不疑的"盗金"、"盗嫂"；小者可从生活小

---

① 〔俄〕普希金：《茶余饭后的漫谈》，《文艺理论译丛》1958 年第 3 期。

事下笔，如张汤儿时的整治老鼠、陈平的社中分肉。如此一来，人物豁然明朗，历历在目。韩信的形象之所以比曹参清晰，原因之一就是作者在写韩信时，尤其写其武功时，都很具体地一一写出，其中几场关系韩信成就事业的关键战斗写得极有声色。而写曹参时多是概括性的叙述，很少选取典型场面。心理活动是人物行为的基础，恩格斯说过："一个人的性格不仅表现在他做什么而且表现在他怎样做。"① 这"怎样做"被描绘得是否清楚和对人物的心理活动把握得牢不牢有极大的关系。《史记》的心理描写继承了前代史书的长处，并有发展创新。作者能准确地把握住人物性格，为人物安排一些言辞，让其内心自我暴露，如写骊姬的阴险狠毒；有时则通过人物的神态举止表现其心理活动，如《司马相如列传》写卓文君偷听相如弹琴时，"心悦而好之，恐不得当也"，仅用"悦"、"好"、"恐"三字，就把她的心理发展过程表露无遗。与前代史书不同之处还在于司马迁以抒情诗歌展示人物的内心世界。《左传》赋诗言志，大都是引用而不是本人创作，《战国策》中最精彩的是《易水歌》，可惜数量太少。《史记》广泛运用诗歌，项羽的《垓下歌》，刘邦的《大风歌》、《鸿鹄歌》，赵王刘友的《赵王歌》，朱虚侯刘章的《耕田歌》等，都准确地揭示出人物的内心活动。在言之不足、嗟叹之不足的情况下，才会"咏歌之"，因此应该说它比一般的心理描写高出一筹。

司马迁还善于在相互比较中显出人物个性。《魏其武安侯列传》中"东朝廷辩"一场，是写人物个性的精彩片断之一。

> 魏其之东朝，盛推灌夫之善，言其醉饱得过，乃丞相以他

---

① 《马克思恩格斯选集》第4卷，第334页。

事诬罪之。武安又盛毁灌夫所为横恣，罪逆不道。魏其度不可奈何，因言丞相短。武安曰："天下幸而安乐无事，蚡得为肺腑，所好音乐狗马田宅。蚡所爱倡优巧匠之属，不如魏其、灌夫日夜招聚天下豪杰壮士与论议，腹诽而心谤，不仰视天而俯画地，辟倪两宫间，幸天下有变，而欲有大功。臣乃不知魏其等所为。"于是上问朝臣："两人孰是？"御史大夫韩安国曰："魏其言灌夫父死事，身荷戟驰入不测之吴军，身被数十创，名冠三军，此天下壮士，非有大恶，争杯酒，不足引他过以诛也。魏其言是也。丞相亦言灌夫通奸猾，侵细民，家累巨万，横恣颍川，凌轹宗室，侵犯骨肉，此所谓'枝大于本，胫大于股，不折必披'，丞相言亦是。唯明主裁之。"主爵都尉汲黯是魏其，内史郑当时是魏其，后不敢坚对。余皆莫敢对。上怒内史曰："公平生数言魏其、武安长短，今日廷论，局趣效辕下驹，吾并斩若属矣。"即罢起入，上食太后。太后亦已使人候伺，具以告太后。太后怒，不食，曰："今我在也，而人皆藉吾弟，令我百岁后，皆鱼肉之矣。且帝宁能为石人邪！此特帝在，即录录，设百岁后，是属宁有可信者乎？"

在这场涉及整个封建统治阶级上层内部矛盾总暴露的斗争中，田蚡血口喷人，窦婴以理相辩，韩安国老于世故，郑当时首鼠两端，汉武帝左右为难，王太后仗势压人。司马迁以"东朝廷辩"这一块石头激起了千层浪花，使每个人出场亮相，增加了对比度，显示了人物的个性特征。同是战国四公子，养士三千，名震一时，但他们或以士兴，或以士亡，性格各异，结局不一。孟尝君是个骄肆、任性的贵公子，司马迁认为"世之传孟尝君好客自喜，名不虚矣"，"自喜"是其养士本质。平原君养士是为装门面，摆阔气，因此像毛遂那样有才能的人处门下三年而不识，但他有时也听取别人的意见，并不一意孤行。信陵君为人谦恭，养士是尊重人才的一种表现，司马迁称赞说："天下诸公子亦有喜士者矣；然信陵君之接岩穴隐者，不耻下交，有以也。名冠诸侯，不虚耳！"春申君养士的目的在于抬高自己的身份，甚至把他们作为争取名利、夸耀富贵的工具，最后身败名裂，无人问津。《史记》能够把同类人的不同情趣清晰地展现出来，千载而下，犹如目前，其艺术手段不能不令人钦佩。

《史记》还善于把人物放在一定的环境背景上去刻画。同《左传》、《战国策》相比，《史记》不仅有人物活动的大背景，而且有人物活动的具体环境场所。《项羽本纪》写项羽，从大的历史背景上看，陈胜、吴广农民起义的火焰被扑灭，楚军的主力被击破，主将项梁战死，秦军声势复振。时代需要巨人，"如果没有这样的人物，它就要创造出这样的人物来"[①]。正是在这种紧要关头，项羽勇敢地站了出来，表现出惊人的魄力。从具体环境看，鸿门宴上剑拔弩张，垓下之围四面楚歌，都是极有气势、极有色彩的画面。由于《史记》是纪传体写人，因此，在写环境时有许多自由，也有许多长处。第一，纪传体写人一般都是选择几个典型事例来突出人物性格，这些典型事例实际上都是在典型环境中发生的，因此，每一典型事例都离不开环境描写，这样，才能更好地突出人物性格。《廉颇蔺相如列传》写了蔺相如的三件事：完璧归赵、渑池相会、将相和，三件事如同三场连台好戏，每一场都有一个典型环境。传文一开始写到："赵惠文王时，得楚和氏璧。秦昭王闻之，使人遗赵王

---

① 《马克思恩格斯选集》第1卷，第450页。

书,愿以十五城请易璧。赵王与大将军廉颇诸大臣谋:欲予秦,秦城恐不可得,徒见欺;欲勿予,即患秦兵之来。计未定,求人可使报秦者,未得。"正是在赵王和大臣不知所措的情况下,蔺相如承担起出使秦国的重任。到了秦国,又是一个险恶环境,因此,我们看传文,仿佛是在观赏连续剧。第二,纪传体写人基本上写出了人物一生的主要经历,有时候还与其他人合传,这样,就能从更广阔的背景和复杂的人事关系中看出人物性格的发展情况。马克思恩格斯指出:"一个人的发展取决于和他直接或间接进行交往的其他一切人的发展。""单个人的历史不能脱离他以前的或同时代的个人的历史,而是由这种历史决定的。"① 《魏其武安侯列传》就是突出的一例,这篇传记实际上是窦婴、田蚡、灌夫三人的合传,中间加以窦太后、王太后,盘根错节,异常复杂。窦婴经过了文帝、景帝、武帝三个时期,政治活动的时间早于田蚡、灌夫二人。窦婴、田蚡又分别以窦太后、王太后为靠山,作者正是通过这种复杂的背景和环境,给我们描绘了一幅统治阶级内部互相倾轧的斗争画面,展示出在这种环境中每个人的性格特征。第三,可以集中笔力,写一些大的场面,尤其是战争场面。荆轲行刺,没有咸阳宫殿不行;李广作战,少不了广漠的沙场。一个场面的形成,总先应有一种环境。战争,是矛盾双方力量的拼搏,环境更为重要。司马迁以如椽之笔,给我们描绘了古代战争的壮丽画卷,许多场面惊天动地,夺人心魄。项羽的巨鹿之战、垓下之战,韩信的背水一战等,场面之宏大,声势之浩荡,在战争描写篇章中出类拔萃,有力地展示出人物的风貌。

《史记》中的环境,有时是与"时势"紧密相连的。司马迁在评

---

① 《马克思恩格斯选集》第3卷,第515页。

萧何时指出:"萧相国何于秦时为刀笔吏,录录未有奇节。及汉兴,依日月之末光,何谨守管籥,因民之疾秦法,顺流与之更始。""位冠群臣,声施后世,与闳夭、散宜生等争列矣。"① 评周勃时指出:"绛侯周勃始为布衣时,鄙朴人也,才能不过凡庸。及从高祖定天下,在将相位,诸吕欲作乱,勃匡国家难,复之乎正。虽伊尹、周公,何以加哉!"② 评樊哙、夏侯婴、灌婴等人,也是如此,认为这些出身贱微的人之所以能成就一番事业,与时势有很大关系。也正因此,司马迁在写历史人物时(尤其是汉代人物),很注意从总体上勾画出时代的特色,以展示人物在这种背景下的活动。当然,并非每个人都能在政治环境中顺意生存。由于种种原因,某些人不可避免地与之发生冲突,甚至被吞没,成为悲剧人物,如李广、周亚夫等人即是。黑格尔曾说:"环境的互相冲突愈众多、愈艰巨,矛盾的破坏力愈大而心灵仍能坚持自己的性格,也就愈显出主体性格的深厚和坚强。"③ 环境描写对于突出人物的性格特征,具有不可忽视的意义。要把历史人物写得符合历史的真实性,就要描写出人物活动的背景或场所,因此,环境描写成了史传文学写人中一个不可缺少的环节。

《史记》还善于安排传记的结构形式,为刻画人物服务。清人李渔曾把结构比作"工师之建宅","基址初平,间架未立,先筹何处建厅,何处开户,栋需何木,梁用何才,必俟成局了然,始可挥斤运斧"。④ 结构安排的好与坏,直接关系到文章的骨力问题。就史传

---

① 司马迁:《史记·萧相国世家赞》,中华书局1959年版。
② 司马迁:《史记·绛侯周勃世家赞》,中华书局1959年版。
③ 〔德〕黑格尔:《美学》第1卷,朱光潜译,商务印书馆1979年版,第228页。
④ 李渔:《闲情偶记》卷之一。

文学而言，能否把众多的材料统摄一起，合理安排，是影响人物形象建立的一个重要因素。《左传》以记事为主，人随着事件的出现而出现、发展而发展。从写人角度看，有些篇章可以相对独立，自成一章，如隐公元年"郑伯克段于鄢"，僖公二十三年、二十四年写晋公子重耳走亡等，但是从总体上说，这种以人物为主的传记式结构，在《左传》中还不很多，《战国策》中有些篇章已明显地以写人为主，向纪传体形式过渡。从结构上说，大都是单线发展，如《秦策一·苏秦始将连横》、《齐策四·齐人有冯谖者》、《赵策四·赵太后新用事》等。有些篇章在单线发展中又有起伏。《燕策三·燕太子丹质于秦亡归》等章在结构安排上很有特色，比《左传》进了一步。《史记》从纵的方面看，有它的总体结构。十二本纪是记事的大纲；三十世家、七十列传围绕十二本纪，纳入于"通古今之变"的"科条"，融为一个整体；十表是历史大事记，表序概括叙述各时期的历史特点；八书论典章制度的变化，可谓体大思精。从横的方面看，每篇传记都是独立的篇章，在结构安排上灵活多样，"在每一篇文章里有着建筑上的美"[①]。正如吴见思《史记论文》所说："史公遇一种题，便成一种文字，所以独雄千古。"有学者把《史记》人物传记结构分成这样几类：单线发展和冈峦起伏式，如《项羽本纪》；两线交错式，如《魏其武安侯列传》；不断上升式，如《刺客列传》；网式结构，如《酷吏列传》[②]。这种分法符合《史记》实际。从另一角度看，不管什么形式的作品，都可以分为开头、中间、结尾三部分。这使我们想起元代乔吉关于结构的精辟见解。他说："作乐府亦

---

① 李长之：《司马迁之人格与风格》，生活·读书·新知三联书店1984年版，第270页。
② 冯其庸：《司马迁的人物特写》，《新闻战线》1959年第9期。

有法，曰凤头、猪肚、豹尾六字是也。大概起要美丽，中要浩荡，结要响亮，尤贵在首尾贯穿，意思清新。苟能若是，斯可以言乐府矣。"① 这里虽然谈的是乐府结构（陶宗仪解释说："此所谓乐府，乃今乐府，如［折桂令］、［水仙子］之类。"），但说结构要"凤头"、"猪肚"、"豹尾"却具有普遍意义。司马迁的许多人物传记结构正是如此。"凤头"，即要美丽，不同一般，不落俗套。《李将军列传》、《太史公自序》等，犹如潺潺流水，缓缓而来，从传主的祖先说起。"李将军广者，陇西成纪人也。其先曰李信，秦时为将，逐得燕太子丹者也。故槐里，徙成纪。广家世世受射。"读来自然流畅，亲切感人。《酷吏列传》、《游侠列传》等，却似江河奔腾，劈头发一通议论，读来气势凛凛，震人心魄。《吕不韦列传》、《鲁仲连列传》等，开笔介绍人物职业、性格，先给人留下总体印象。"吕不韦者，阳翟大贾人也。往来贩贱卖贵，家累千金。""鲁仲连者，齐人也，好奇伟俶傥之画策，而不肯仕宦任职，好持高节。"《李斯列传》、《张汤列传》等，从小事入手，见微知著。李斯见到厕所之鼠和官仓之鼠后，叹曰："人之贤不肖譬如鼠矣，在所自处耳。"他的结局也正如此。这些传文的"凤头"，五彩缤纷，绚丽多彩。所谓"猪肚"，即要浩荡、要充实，犹如江河日下，一泻千里，既汹涌澎湃，又顺畅自然，让人们宏观其一派落九天的壮景。这里面就包括上面所说的各种形式，或单线发展，或双线并行、交错、融合，千姿百态，各显其长。"豹尾"，即要结得响亮，振起历史的灰尘。《田儋列传》的结尾，山穷水尽之处突起波澜，田横500弟子集体自杀，骇人听闻。《魏公子列传》大浪过后，余波荡漾，"高祖始微少时，数闻公子贤。

---

① 陶宗仪：《南村辍耕录》卷八，中华书局1959年版。

及即天子位，每过大梁，常祠公子。高祖二十年，从击黥布还，为公子置守冢五家，世世岁以四时奉祠公子。"进一步衬托出信陵君的可敬可慕。《屈原列传》后面说："屈原既死之后，楚有宋玉、唐勒、景差之徒者，皆好辞而以赋见称，然皆祖屈原之从容辞令，终莫敢直谏。其后楚日以削，数十年，竟为秦所灭。自屈原沉汨罗后百有余年，汉有贾生……投书吊屈原。"这一段含不尽之意于言外，令人回味无穷。"终莫敢直谏"，反衬屈原的人格；"竟为秦所灭"，说明屈原在楚国的重要；百有余年始有贾生吊屈原，可见屈原在一段时间内的寂寞。司马迁传文的"豹尾"，更妙在以议论振起全文，淋漓尽致，笔墨酣畅。林纾在《春觉斋论文》中对《史记》文章结尾之妙有详细论述，他认为：

> 大家之文，于文之去路不惟能发异光，而且长留余味。其最擅长者无若《史记》。《史记》于收束之笔不名一格：如本文饱叙妄诞之事，及到结束必有悔悟之言；偏复掉转，还他到底妄诞，却用一冷隽之笔闲闲点醒，如《封禅书》之收笔是也。有痛叙奸谗误国，令读者愤懑填胸，达到收局，人人必欲观其伏诛，此似行文之定例；乃不叙进谗者之应伏其罪，偏叙听谗者之悔用其言；不叙用谗者之以间成功，偏叙诛谗者以不忠垂诚，如《吴太伯世家》之收笔是也。有叙开国之勋臣，定霸之巨子，功高不赏，幸免弓、狗之祸，却把其退隐之轶事尽情一述，竟似以国史为其家传，虽描摹琐屑，愈见其人能全身而远祸，寓其微旨，如《越王句践世家》之收笔是也。有同等之隐事，同恶之阴谋，同时之败露，是天然陪客，文中且不说明，直到结穴之处，大书特书彼人之罪状，与本文两不关涉，然句

中用一"亦"字,见得同恶之人亦同抵于族,不加议论,其义见焉,如《春申君列传》之收笔是也。有三传联为一气,事一而人三,则每传不能不划清界限;顾三人终局,必待第三传之末始能分晓,在每传中又宜有收笔,此应如何分界者?乃史公各于本传之末,各用似了非了之笔,读之雅有余味,则《魏其武安侯列传》之收笔是也。三传中惟武安得保首领以没,不就刑诛,故收束处用淮南王馈金事,上曰:"使武安在者,族矣!"余味盎然。而《平津侯传》末亦用此意。独《荆轲列传》终写荆轲之勇,行刺之难,秦王之惊骇,廷臣之慌乱,五光十色,使读者太息,以为一刺一掷,秦王之死,其间不能容发,只能归诸天意,而史公冷眼直看出荆轲剑术之疏,又不便将荆轲之勇抹杀,故于传末用鲁句践一言,闲闲回顾篇首,说到荆轲若能虚心竟学,则亦不致失此好机会矣。似断非断,却用叙事作结穴。此等收笔,直入神化。

这个评论是符合《史记》实际的,可见《史记》在结构安排方面的独特之处。前人评点古典小说时曾谈到结构的魅力,如"寒冰破热、凉风扫尘"、"笙箫夹鼓,琴瑟间钟"等,实际上,这些在《史记》中已经存在。传记结构在逐一展开历史画卷,凸显历史人物的过程中,必然随历史生活而呈现出冷峻、寒心、战栗、热烈、温暖、喜庆的多层次气氛,呈现出激烈、短促、闳阔、轻缓、舒畅、细腻的多方面音响。《吕太后本纪》在结构上可说是具有冷热相济的特点。前人对此多有论述。李景星在《史记评议》中评道:

  《吕后本纪》叙各项复杂事迹,而笔端却极有条理。写一时

> 匆忙情形而神气却尔安闲。大旨以吕后为主，而附叙者为惠帝、为两少帝、为高祖诸子、为诸吕，此所谓复杂也。看他抬起一头，即放倒一头；放倒一头，即另起一头。任他四面而来，偏能四面而应，此所谓条理也。……谋诛诸吕，又分多少层次，几令人口述不暇，此所谓匆忙也。曰太后哭泣不下，曰其哭乃哀，曰太后风大臣，曰取美人子名之。而又载《赵王歌》，载郦寄给吕禄语，载太尉入军门令，此所谓安闲也。

把《吕太后本纪》复杂的线索及冷热相济的特色都概括了出来。《项羽本纪》、《高祖本纪》、《留侯世家》、《淮阴侯列传》等，在结构上都具有这样的艺术魅力。当然，任何结构都是为内容服务的，不能为结构而结构。否则，结构就会变成一副毫无意义的空架子。黑格尔说过："艺术作品应该具有意蕴……它不只是用了某种线条，曲线，面，齿纹，石头浮雕，颜色，音调，文字乃至于其他媒介，就算尽了它的能事，而是要显现出一种内在的生气、情感、风骨和精神。"① 史传文学的结构也是如此，不管采取什么结构，都是为了把历史活动中人物的形象展示出来，并使这个形象具有"意蕴"，具有一种时代的精神。

五、表达了鲜明的思想倾向

传记文学给人立传，并不是随心所欲、无动于衷的。它必须有一定的思想、一定的感情。司马迁爱憎分明，整部《史记》渗透着他强烈的思想感情。他本着不虚美、不隐恶的原则，歌颂正义，向

---

① 〔德〕黑格尔：《美学》第 1 卷，朱光潜译，商务印书馆 1979 年版，第 24—55 页。

往光明，追求真理，鞭挞邪恶。这种进步的思想倾向正是他"成一家之言"的基础。一方面，他以自己非凡的眼光，选择入传的人物；另一方面，又借入传的人物，表达自己的思想。而且，在写每一位人物时，他都非常动情，因此，他也是发愤以抒情。思想性、抒情性的紧密结合，构成了《史记》独特的思想成就，也成为中国古典传记的一个优良传统。关于这一问题，我们拟在《〈史记〉与中国抒情文学》一章中进行较详细的论述，兹不赘述。

第三节 《史记》对中国古典传记的影响

《新大英百科全书》"传记文学"条目中说：

> 虽然传记在搜集事实、对真实负责这方面与历史有关，但它实际上是文学的一个部门。它试图通过选材、构思，从事实中得出生活形象，在给定的材料范围内，传记作者努力把素材加工成闪光的东西。如果他捏造事实，那么他在真实性方面就是失败的；如果他仅满足列举事实，那么他在艺术方面就是失败的。既要真实可靠，又要求富有想象的安排材料，以达到栩栩如生的效果，这是传记作品的一组矛盾。[①]

司马迁的传记作品，很好地处理了历史与文学这一组矛盾，因此，既具有历史的真实性、可靠性，又具有文学的艺术性、形象性，达到二者的完美结合，对中国古典传记产生了深远的影响。

---

① 引自《传记文学》杂志创刊号1984年第1期，第183页。

一、《史记》以后传记的发展

《史记》以后,中国古典传记文学沿着两条道路发展,一条是史传文学,一条是杂传文学。

《史记》开创了以人为中心的纪传体形式,"后之作史者递相祖述,莫能出其范围"[①],"史官不能易其法,学者不能舍其书"[②]。在中国,以《史记》为母体,便产生了包含它本身在内的数千卷的二十四史,它们都是史传作品。从传记发展的角度看,二十四史中,"前四史"艺术成就最高。《汉书》"究西都之始末,穷刘氏之废兴","言皆精练,事甚该密"[③],尽管班固批判精神赶不上司马迁,但他以信实的态度著史,对汉武帝以前的人物,凡是《史记》有传的,《汉书》基本上照录,或加以剪裁取舍,使之更为简明,有时甚至还能补叙《史记》之不足。如《李陵传》,《史记》所载过于简略,而《汉书》记叙描写李陵苦战一段就有声有色,十分曲折动人。《霍光传》、《苏武传》,人物形象鲜明,性格突出,结构严密,足可与《史记》媲美。语言方面,《汉书》富丽工致,颇有严整之致,因此,人们常以《史》、《汉》并称。《三国志》全书分纪、传两大体例,所以全部是以人物为中心的传记文章。《三国志》比较真实地记载了风云变幻的三国时代的英雄人物的事迹,并做出较为公允的评价,它以善于叙事、简洁有力著称于世,有时也能从发展的角度写出人物的性格变化。但由于《三国志》叙事有时太略,也影响了人物性格的展开。《后汉书》在体例上创立了《列女传》、《文苑传》、《逸民传》、《党锢传》、《宦者传》等,说明作者对东汉历史有较深刻的认

---

① 王鸣盛:《十七史商榷》,中华书局1985年版。
② 郑樵:《通志·总序》,中华书局1987年版。
③ 刘知幾:《史通·六家》,中华书局1961年版。

识。《后汉书》体大而思精，尤其是序论，善于抓住问题进行深刻分析，议论纵横，作者自己也颇为自负地说："至于《循吏》以下，及六夷诸序论，笔势纵放，实天下之奇作；其中合者，往往不减于'过秦篇'，尝共比方班氏所作，非但不愧之而已。"[①] 作者爱憎分明，抓住人物的主要事迹作为叙写的重点，风格朴实，颇受好评。"前四史"之后，从总的趋势说，史传文学逐步走下坡路，文采赶不上"前四史"。之所以出现这种局面，主要原因有：

1. 文史分家。我国文化从先秦至两汉，一直处于文史不分的状态。魏晋以后，史学独尊，文学也进入自觉时代，文学与史学分道扬镳。作为史学著作来说，注重的是历史事实的叙述，人物形象描绘相对弱化。史传沿着纯历史的方面发展，文学色彩不像"前四史"那么浓厚了。

2. 官方控制。魏晋以后，随着史学的繁荣与独尊，统治者对编纂历史愈来愈重视，专门设置史馆，编纂前代历史，一般都由宰相亲自监修，而且对史馆人员待遇优厚。统治者要严格按照自己的意愿编纂历史，不允许有个人的思想与感情。入选人物、评论标准、是非界限，都要以官方意见来办。因此，史传中的思想倾向也不像"前四史"那么鲜明了。

3. 由于这些著作大多出于众人之手，参加编纂人员的文学水平参差不齐，风格也不一致，因此，从总体上看，文学成就赶不上"前四史"。

当史传文学逐步走下坡路的时候，杂传、散传作品却后来居上，成为古典传记文学的重心。这类作品是在史传文学影响下产生

---

① 沈约：《宋书·范晔传》。

的，在汉代时就已不少，如刘向的《列女传》，《四库全书总目》引王回序说："传如《太史公记》。"杂传到魏晋南北朝时繁荣。据《隋书·经籍志》所收包括亡书计219种，另清人章宗源补该期杂传书目184种，姚振宗补35种，仅以上数字相加，杂传共438种。这类杂传范围十分广泛，有表现三国时代英烈人物的传记《赵云别传》、《陈登行状》等，有表现魏晋高士人物的《高士传》等，有集中写一地区先贤人物的地方性传记《汝南先贤传》、《陈留耆旧传》等，有以僧侣事迹为主的传记如《法显传》、《高僧传》，还有大量志怪之作《列异传》、《搜神记》等。这类杂传已不是历史著作的附庸，而是自立体系，在艺术上也有相当的成就。到了唐代，韩愈、柳宗元掀起了一场声势浩大的古文运动，要学习先秦两汉文章，这场运动给传记文学的发展开辟了一条新的道路。既能在史传衰微时勇敢地站出来，继承它的优良传统，又能在杂传兴盛时顺应潮流的发展，发扬它的新传统，这两方面的有机结合，使他们在传记发展的历程中找到了自己的突破口，开创脱离史书、精练生动的单独的人物传记的创作传统。这条道路的开辟，使原来传记文学的两条线索在重心上发生了重大转折，杂传一跃而成为唐以后传记文学发展的重心，史传则降到次要的位置。韩愈、柳宗元以自己的创作实践，给传记文学带来新的生机，他们把笔墨伸向广阔的社会，进一步扩大了传记文学的人物类型（尤其是下层人物），在传记中表现出不随流俗的批判精神，并提高发展了传记的艺术手法，"太史公文，韩得其雄"[①]，柳宗元"文笔酷似子长"[②]，他们都对传记发展做出了重要贡献。

---

① 刘熙载：《艺概·文概》，上海古籍出版社1978年版。
② 蔡世远：《古文雅正》卷九。

韩愈、柳宗元的传记给后代传记发展奠定了坚实的基础。宋元明清的杂传文学，就是沿着韩柳所开创的道路不断发展的。宋代王禹偁《唐河店妪传》、苏轼《方山子传》、陆游《姚平仲小传》，元代刘岳申《文丞相传》，明代宋濂《杜环小传》、高启《南宫生传》、袁宏道《徐文长传》，清代侯方域《李姬传》、邵长蘅《阎典史传》、戴名世《左光斗传》、方苞《左忠毅公逸事》等，都是杂传典型的代表作。这类传记选取人物的范围十分广泛，上自朝廷重臣，下至平民百姓，都可在传记中得到反映，写法上也较灵活，体制短小，独立成文。以上我们简略勾勒了《史记》以后传记文学的发展概貌，不难看出，《史记》无论是对史传还是杂传，都产生了深远的影响，这种影响，既有思想方面的，也有艺术手法方面的。明代的复古运动，清代的桐城派，都是以先秦两汉文章，尤其是《史记》作为自己的学习目标，足见它的魅力与影响了。

二、《史记》对传记文学的启示

《史记》对中国古典传记的发展做出了重要贡献，并且对中国古典传记留下了许多深刻的启示。

首先，传记文学要始终面对现实，要以人为中心，展现历史进程中各个阶层人的活动，体现社会的整体性。这就要求作者要有敏锐的洞察力，对社会进行深入分析。"古者富贵而名摩灭，不可胜记，唯俶傥非常之人称焉"[①]，"俶傥非常之人"就是指生命有价值的人、对社会有所贡献的人。有些人官职高贵，但碌碌无为，无生命价值，就不能进入传记中来；有些人虽处在社会下层，像游侠、刺

---

① 班固：《汉书·司马迁传》，中华书局1962年版。

客，但他们的行为给人以生命的启迪。传记是人类生命的一种载体，要把人类生命中最有价值的东西记录下来。所谓有价值，一是指人的追求，为实现崇高的目标，进行不懈的努力，顽强的追求，即使处在逆境，也绝不后退。二是指人的创造，即人的活力的释放。有政治家、改革家变革现实的创造，有文学家、艺术家、科学家、探险家等的创造。三是指奉献，有智慧、才能的奉献，也有生命的奉献。四是指德的表率，那些具有崇高的理想、博大胸怀、坚贞节操、高风亮节的人，永远是人们心中的太阳。

其次，要把真实作为传记文学的生命。司马迁以"不虚美、不隐恶"的实录精神，去展现上下三千年历史，尤其是对最高统治者，敢于剔去他们头上的神圣光圈，敢于撕下他们的假面具，揭露其丑行，这是难能可贵的。"真实"有三个层次的要求：一是所写人物必须是真实的人物，不仅是现实存在，更重要的是要写出他们的丰富性格和生命指向，揭示出生命的真谛来。二是所写的重要事件乃至于细节都是真实的。三是人物活动的环境是真实的，大到时代背景，小到活动的具体场所，都必须是真实可信的。不真实的、夸大事实的传记是没有生命力的。当然，要做到真实也很不容易，这就要求传记作者具有非凡的胆识，善于观察、分析社会，分析人物，把真实的人物展现在读者面前。

再次，在求真基础上求深。传记首先要做到真实，但它又不是生活的简单复制，因此，要在真的基础上求深。要能抓住人物的本质进行描绘，要对材料进行筛选，对生活进行升华。作为人来说，不可能是单一的性格，往往是集各种性格于一身，有时伟大，有时渺小；有时进步，有时消极；有时仁慈，有时残忍；等等。而且，他所处的时代总对他有这样那样的影响，或积极的，或消极的；或明显的，或隐蔽的。加之每个人的活动总要与其他人物发生一定的联系，其中盘根错节之处需要仔细辨认。就人来说，还要对社会产生一定的反作用，或大或小，或正面，或反面，如此等等。因此，传记作者一定要把握时代的脉搏，把握人的主导性的性格，把人放在一定的背景环境中去描绘，善于挖掘人物身上最有生命力的东西。这样，才能使传记具有一定的深度，给读者留下深刻印象。

最后，在求真、求深的基础上求美。传记文学是历史，同时又是文学。它不仅要求有真实的内容、深刻的思想，还要有美的形式，给读者以美的享受。明代茅坤评《史记》时说：

> 读游侠传即欲轻生，读屈原、贾谊传即欲流涕，读庄周、鲁仲连传即欲遗世，读李广传即欲力斗，读石建传即欲俯躬，读信陵、平原君传即欲好士也。①

由此可见司马迁传记给人以深刻的感染力。作为以心传心、以心感心的文学作品，要达到具有感染作用，就必须注意美的因素。要化腐朽为神奇，"生死而肉骨"，使历史人物变成活生生的艺术形象。从语言技巧到结构安排，从材料选择到形象描绘，都要在求真、求深基础上求美。有时可以在真、深基础上进行合理想象，做到形神兼备，历史真实与艺术真实达到完美的统一。

---

① 茅坤：《茅鹿门先生文集》卷一。

第四章 《史记》与中国古典小说

《史记》属于史传文学,虽然与小说是两个不同的艺术门类,但它们之间却有着千丝万缕的联系。仔细研究它们之间的关系,既有助于我们认识《史记》的价值,也有助于认识中国古典小说的民族特色。

第一节 《史记》与古代小说的渊源关系

提起中国古典小说,大多数学者把神话作为它的渊源。从中国古典小说的实际来看,这种观点是不够全面的。中西方小说的发展有不同的源头。在西方,小说发展的线索是:神话—史诗—戏剧—小说。中国小说的发展则不然。如果我们把唐传奇作为中国古典小说的成熟标志的话,那么,它的发展线索似可表示为:

$$\left.\begin{array}{l}神话\\历史\end{array}\right\} \rightarrow 史传文学 \rightarrow \left\{\begin{array}{l}杂传文学\\志怪小说\\志人小说\end{array}\right\} \rightarrow 唐传奇$$

现解释、分析如下:

1. 神话是"通过人民幻想用一种不自觉的艺术方式加工过的自

然和社会形式本身"①。古希腊实行的是城邦制，奴隶制经济高度发达，是开放型海洋民族，因此，有特别发达的神话系统。之后，荷马史诗、希腊悲剧直到小说，无不与希腊神话有关，正如马克思所说："希腊神话不仅是希腊艺术的宝库，而且是希腊艺术的土壤。"但在中国，情况却大不一样。由于处于半封闭的大陆性地理环境，长期的农业社会、自然经济，影响着人们的性格和心理，重实际而轻幻想，因此，神话产生的也较少。而且，由于儒家"不语怪力乱神"思想的影响，有些神话散失，有些神话则被历史学家历史化。神话历史化对中国文学产生了重要影响，正如当代学者指出的那样：

> 神话历史化进程不但直接地导致了中国神话原始材料的短缺，而且间接地阻抑了艺术想象力在叙事文学中的发展，而受到压抑的艺术想象力则一方面向诗的领域撤退，从而造成中国古代抒情诗的大发达，另一方面又向历史写作活动中渗透，结果便造成中国古史著作异常浓郁的文学色彩，造成了众所周知的"文史不分"现象。中国的古史是我们古代叙事文学的真正渊薮，中国古代的叙事艺术才能最集中地表现于古史之中。②

因此，中国古代神话难以成为后代小说的渊源，而历史著作则显示出它雄厚的实力。

2. 在中国，先秦文化是以史官文化为主线索。而史官文化又渊源于原始时代的巫术文化。章太炎《訄书·清儒》说"上古以史为

---

① 《马克思恩格斯选集》第 2 卷，第 113 页。
② 董乃斌：《论中国叙事文学的演变轨迹》，《文学遗产》1987 年第 5 期。

天官，其记录有近于神话"，"古史多出神官"。直到春秋时代，史官依然身兼巫官的职事，他们"司天"、"司鬼神"、"司灾祥"、"司卜筮"，① 范围十分广泛，因此，《隋书·经籍志》史部总序说："夫史官者，必求博闻强识，疏通知远之士，使居其位。百官众职，咸所贰焉。是故前言往行，无不识也；天文地理，无不察也；人事之纪，无不达也。""史"成为古代的学术总汇，一切著述都属于史，正如章学诚在《文史通义·易教上》所说："六经皆史也。古人不著书，古人未尝离事而言理。六经皆先王之政典也。"不特如此，近人刘师培《左盦外集》卷八《古学出于史官论》云：

> 《汉书·艺文志》叙列九流，谓道家出于史官，吾谓九流学术皆源于史，匪仅道德一家。儒家出于司徒，然周史六弢以及周制周法皆入儒家，则儒家出于史官。阴阳家出羲和，然羲和苗裔为司马氏，作史于周，则阴阳家出于史官。墨家出于清庙之守，然考之周官之制，大史掌祭祀，小史辨昭穆，有事于庙，非史即巫，即墨家出于史官。纵横家出于行人，然会同朝觐以书协礼事亦太史之职，则纵横家出于史官。法家出于理官，名家出于礼官，然德刑礼义，史之所记，则法名两家亦出于史官。杂家出于议官，而孔甲盘盂亦与其列；农家出于农稷，而孔安国书册参列其中；小说家出于稗官，而虞初周说杂伺其间，则杂家、农家、小说家亦莫不出于史官，岂道家云乎哉？

这是说，战国时代的百家之学也是从史官文化发展而来，史官

---

① 汪中：《述学·左氏春秋释疑》。

文化覆盖了一切。

　　由此说来，历史著作成为后代各种文化的渊源。它本身也记载着一些神话，再加上神话历史化所造成的文史不分的情况，就使得历史著作既具有历史的记载，也具有一定的神话色彩，特别是文学的叙事才能，这也就产生了像《左传》、《国语》等一类的史传文学。我们图式中神话与历史的结合产生了史传文学，指的就是这个意思。

　　3. 作为史传文学，从先秦到两汉，成就最大的是《左传》、《战国策》、《史记》，尤其是《史记》，它开创了以人为中心的传记体形式，成为先秦文化之集大成者。关于它的写人成就，我们在《〈史记〉与中国古典传记》一章中有详述。在《史记》的影响下，汉魏六朝时期产生了大量的杂传作品和志怪、志人小说，它们是史传文学到唐传奇的桥梁。程千帆先生指出："西汉之末，杂传渐兴，魏晋以来，斯风尤甚，方于正史，若骖随靳。其体实上承史公列传之法，下启唐人小说之风，乃传记之重要发展也。"① 实际上，志怪、志人小说亦属于杂传作品，是受史传影响而产生的。刘知幾的《史通·杂述篇》云：

> 　　国史之任，记事记言，视听不该，必有遗逸。于是好奇之士，补其所亡，若和峤《汲冢纪年》、葛洪《西京杂记》、顾协《琐语》、谢绰《拾遗》，此之谓逸事者也。街谈巷议，时有可观，小说卮言，犹贤于己。故好事君子，无所弃诸，若刘义庆《世说》、裴荣期《语林》、孔思尚《语录》、阳阶松《谈薮》，此之谓琐言者也。……阴阳为炭，造化为工，流形赋象，于何

---

① 程千帆：《先唐文学源流论略（之四）》，《武汉师范学院学报》1981年第4期。

不育。求其怪物，有广异闻，若祖台《志怪》、干宝《搜神》、刘义庆《幽明》、刘敬叔《异范》，此之谓杂记者也。

刘知幾虽把历史与小说混为一谈，但他的看法有助于我们认识杂传以及志怪、志人作品的特征，这类作品无疑是从史传中分流出来的，既受史传影响，又独立成篇，兴盛一时，为唐传奇的成熟奠定了坚实的基础。由前文图式可以看出，离唐传奇最近的是杂传及志怪、志人作品，但它们却不是唐传奇的源头，唐传奇的源头应在史传文学那里。马端临在《文献通考》中说："传记之作……而通之于小说"，并把《越绝书》等杂史称为"实杂史而以为小说者"。①明代笑花主人在《今古奇观序》中说："小说，正史之余也。"绿天馆主人在《古今小说序》里说："史统散而小说兴。"由于小说历来被视为"史之余"，因此，一部分所谓"志怪小说"，在《隋书·经籍志》和《旧唐书·经籍志》中被归入史部，只是到《新唐书·艺文志》才被归入"小说家"类。李剑国先生在《唐前志怪小说史》一书中列举大量事实证明了"志怪小说是从史书中分化出来的"。②而像《世说新语》这样的志人小说，据余嘉锡《世说新语笺疏》考证，其中有不少名人轶事属可信事实。

4. 从唐前小说的实际来看，大都与史有密切关系。就《汉书·艺文志》所列"小说十五家一千三百八十篇"来看，也足以看出其中的渊源关系：

---

① 马端临：《文献通考》卷一五九，中华书局 1986 年版。
② 李剑国：《唐前志怪小说史》，南开大学出版社 1984 年版。

《伊尹说》二十七篇,其语浅薄,似依托也。

《子说》十九篇,后世所加。

《周考》七十六篇。考周事也。

《青史子》五十七篇。古史官记事也。

《师旷》六篇。见《春秋》,其言浅薄,本与此同,似因托之。

《务成子》十一篇。称"尧问",非古语。

《宋子》十八篇。孙卿道:"《宋子》,其言黄老意。"

《天乙》三篇。天乙谓汤,其言非殷时,皆依托也。

《黄帝说》四十篇。迂诞依托。

《封禅方说》十八篇。武帝时。

《待诏臣饶心术》二十五篇。武帝时。

《待诏臣安成未央术》一篇。

《臣寿周纪》七篇。项国圉人,宣帝时。

《虞初周说》九百四十三篇。河南人,武帝时以方士侍郎号黄车使者。

《百家》百三十九卷。

班固说:"小说家者流,盖出于稗官,街谈巷语,道听途说者之所造也。"尽管他所说的"小说"与现代小说概念相去甚远,但也反映了小说的最初状态,由他所列的十五种小说,大部分是以历史命名的。章太炎云:"周秦西汉之小说,似与近世不同,如《周考》七十六篇,《青史子》五十七篇……与近世杂史相类。"① 我们上引刘

---

① 章太炎:《诸子学略说》,《国粹学报》1906 年第 21 期。

知幾《史通·杂述篇》所列魏晋时代的志怪、志人等小说，基本上也都与史有密切联系。

再从人们的审美观念看，一般人总是喜欢以"史"的标准来衡量、评论小说。夏志清先生在《中国古典小说导论》中认为：

> 中国的明清时代，作者与读者对小说里的事实都比小说本身更感兴趣。最简略的故事，只要里面的事实吸引人，读者也愿接受。……他们不信任虚构的故事，表示他们相信小说不能仅当作艺术品而存在：不论怎样伪装上寓言的外衣，它们只可当作真情实事，才有存在的价值。它们得负起像史书一样化民成俗的责任。①

正由于这种审美观念的影响，人们评论小说时动辄以"班、马史法"来相许，"盲左腐迁"也成为小说评论家常用的术语了。那么，之所以有这样的审美观念，也正说明小说与史有一种密切的关系。史是基础，对小说及小说评论产生了深远影响。

5. 唐代传奇是继承前代史传传统及杂传（包括志怪志人小说）成就基础上发展成熟的。在它之后的小说，如话本、讲史等，与史的关系也十分密切，即使到长篇章回小说《水浒传》、《西游记》等，也未脱离传记的影响。

如果把史传到小说的发展过程做一简要归纳的话，可以说，走过了一个由实到虚的过程。历史重真实，史传则是在真实的基础上加进了文学的色彩，即以真为生命，以虚为衬托。到了传奇小说后

---

① 刘世德编：《中国古代小说研究》，上海古籍出版社1983年版。

（包括历史演义小说等），则是"三分事实七分虚构"，以虚带实。直到最后，成为纯粹的小说，即完全以虚构为手段描绘人物。把这个线索用图式表示，即为：

实（历史）——实·虚（史传）——虚·实（传奇及讲史、历史演义）——虚（纯小说）。

第二节 形象化的人生

《史记》与小说，都以刻画富有个性的人物形象为主要目的。《史记》虽是历史，但又与文学有缘；小说虽属虚构，但又面对现实。"人"是传记与小说描绘的对象，是它们创作的纲。正因此，二者在写人方面有许多相通之处：

首先，所写人物富有个性，富有典型意义。中国古典传记，从《左传》开始就已注意刻画个性化的人物。在传记文学这个人物画廊中，无论是帝王将相还是平民百姓，无论是忠臣义士还是奸贼逆臣，大部分是极有个性的。比如《史记》，"子长同叙智者，子房有子房风姿，陈平有陈平风姿。同叙勇者，廉颇有廉颇面目，樊哙有樊哙面目。同叙刺客，豫让之与专诸，聂政之与荆轲，才出一语，乃觉口气各不同。《高祖本纪》，见宽仁之气于纸上；《项羽本纪》，觉喑噁叱咤来薄人"[①]。为了写出个性化的人物，传记作者就必须注意传主自己的言行，选择那些最有典型意义的事件。我们仅看《史记·张仪列传》一段：

[①] 〔日〕泷川资言：《史记会注考证》引斋藤正谦语，上海古籍出版社1986年版，第2112页。

> 张仪已学而游说诸侯。尝从楚相饮，已而楚相亡璧，门下意张仪，曰："仪贫无行，必此盗相君之璧。"共执张仪，掠笞数百，不服，酸（释）之。其妻曰："嘻！子毋读书游说，安得此辱乎？"张仪谓其妻曰："视吾舌尚在不？"其妻笑曰："舌在也。"仪曰："足矣。"

纵横家的本领就在于三寸不烂之舌，只要舌在，一切足矣，这样的语言，只有张仪这类的人才能道出。像这样富有个性的语言，在传记作品中俯拾皆是。传记文学中的杂传类作品，虽然不注重写人物的整个一生，但也往往选取传记生活中最有个性特征的事件为描述的重点，一个片断、一个侧面，就能把人物活现在读者面前。传记文学给人立传，如果缺乏个性特征，就会成为一般的历史著作；如果缺乏典型意义，就会成为生活的流水账。把人作为描绘的对象，且是有个性、有典型意义的活生生的人，这才是传记所追求的目标。而作为小说来说，要反映现实生活，要表达作者的思想倾向，就必须以作品中的主人公作为描述的对象。小说在刻画个性化人物方面有更大的优势，所写人物既可以是历史上实有的人物，也可以是虚拟的人物。一部成功的小说，无非是由于它刻画了鲜明个性的人物形象。金圣叹评《水浒传》说："《水浒传》写一百八个人性格，真是一百八样。若别一部书，任他写一千个人，也只是一样，便只写得两人，也只是一样。"[1]"《水浒》所叙，叙一百八人，人有其性情，人有其气质，人有其形状，人有其声口。"[2]古典小说要起到惩恶劝善

---

① 金圣叹：《读第五才子书法》，《第五才子书施耐庵水浒传》卷之三，中华书局1975年版。
② 金圣叹：《水浒传序三》，《第五才子书施耐庵水浒传》卷之一，中华书局1975年版。

的作用，主要是通过富有个性，又富有典型意义的人物形象来完成，小说中那些侠客、义士、忠臣等，都具有普遍的教育意义。如果缺乏个性，不仅失去美感作用，也失去教育意义，因此，小说更为注重人物形象的个性。

其次，由于刻画人物的需要，《史记》与古典小说都要进行拟言代言，合理想象。也就是说，都有艺术真实的一面。一般来说，传记文学所记述的是真人真事，真实是它的基础，这是一种"真"。还有一种"真"，即艺术的真实。传记作家根据历史事实，在符合生活逻辑、符合人物性格的前提下，对所写事件进行合情合理的艺术发挥，使历史的"真"显得更为形象、生动。为此，作者设身处地，替人物拟言代言，使读者如闻其声，如临其境。钱锺书先生对此有精辟的分析："史家追叙真人实事，每须遥体人情，悬想事势，设身局中，潜心腔内，忖之度之，以揣以摩，庶几入情合理。盖与小说、院本之臆造人物、虚构境地，不尽同而可相通，记言特其一端。""《左传》记言而实乃拟言、代言，谓是后世小说、院本中对话、宾白之椎轮草创，未遽过也。"① 《史记》在刻画人物形象时，往往采用以虚补实、以艺术之真补充历史之真的方法，写出人物该说的话、该做的事，甚至写出他们的心理活动，这给古典小说虚实相生、寓实于虚的方法创造了良好的基础。当然，在这一点上，传记与小说只是"相通"而不是"相同"。小说的特点，如金圣叹所说是"因文生事"②，可以进行虚构，具有更大的想象自由，不像传记那样是"以文运事"③，要受到历史事实的限制。传记与小说在想象上

---

① 钱锺书：《管锥编》第1册，中华书局1979年版，第166页。
② 金圣叹：《读第五才子书法》，《第五才子书施耐庵水浒传》卷之三，中华书局1975年版。
③ 金圣叹：《读第五才子书法》，《第五才子书施耐庵水浒传》卷之三，中华书局1975年版。

的"相通",目的都是为了避免人物形象的概念化、公式化,以达到生动传神的目的。金丰的《说岳全传序》说:"从来创说者,不宜尽出于虚,而亦不必尽由于实。若事事皆虚,则过于妄诞,而无以服考古之心;事事皆实,则失于平庸而无以动一时之听。"这话有一定道理,以史传文学而言,由于所写人物是过去之人,他说过什么话,作者不一定知道,他做过什么事,作者可根据资料得知其一。但要把人物写"活",就不能只叙述他做了什么,这样太枯燥,如果借助想象,替他说话,替他进行心理活动,那么,历史资料也活了,人物也活了,给人以生动之感。《史记》之所以在艺术上有较大成功,原因之一就是艺术真实手法之运用。

第三,由于《史记》与小说都以人作为描述的对象,所以,在体裁上大都采用纪传体形式,从篇名到整个艺术结构,都有相通乃至于相同之处。自从司马迁开创传记体写人的形式后,历代正史沿袭不易,杂传作品也继之不绝。这种形式的特点在于:它以人为中心来组织材料,不受时间、空间的严格限制。故事性很强,而且有曲折、有波澜,引人入胜。《项羽本纪》将项羽叱咤风云的一生真实而又形象地呈现出来;《陈涉世家》将一幅轰轰烈烈的农民起义的画卷展现在人们面前,由发生到发展、到胜利、到失败,犹如小说一般动人。《史记》在这方面的成就我们在后面的专题中有一定论述,不用赘言。就小说而言,从篇名到结构,都与《史记》相仿。唐传奇是古典小说的成熟期,我们看它的篇名:《柳毅传》、《霍小玉传》、《南柯太守传》、《李娃传》、《莺莺传》、《长恨歌传》、《古镜记》、《枕中记》、《秦梦记》等,离不开"传"、"记"二字,而且都以人作为主要对象(个别夹杂着志怪),故事曲折动人。唐以后的小说如《水浒传》、《好逑传》、《石头记》(《红楼梦》)、《儿女英雄传》一类的小说,还要与"史"沾个边。这些小说在形式上与《史记》确实有相同之处,只不过篇幅比《史记》增大而已。即使像《聊斋志异》这样的志怪小说,也"以传记体叙小说之事,仿《史》、《汉》遗法。"① 当然,比起《史记》,小说在情节安排上更曲折生动,人物线索也更为复杂。金圣叹在《读第五才子书法》中说:

> 《水浒传》一个人出来,分明便是一篇列传,至于中间事迹,又逐段逐段自成文字。亦有两三卷成一篇者,亦有五六句成一篇者。

《水浒传》就是一百零八人的列传。张竹坡《批评第一奇书金瓶梅读法》也说:

> 《金瓶梅》是一部《史记》。然而《史记》有独传,有合传,却是分开做的,《金瓶梅》却是一百回共成一传,而千百人总合一传,内却有断断续续、各人自有一传。固知做《金瓶梅》者,必能做《史记》也。

他们这些评论,对于我们认识传记与小说的关系,确有重要的借鉴意义。

总之,《史记》与小说都以人作为自己的描述对象,都以刻画个性化的人为主要目标,这是它们相通的第一个方面。

---

① 冯镇峦:《读聊斋杂说》,朱一玄编《聊斋志异资料汇编》,南开大学出版社2002年版,第479页。

第三节 立体化的叙法

从叙述方法上看，《史记》与小说也有相通之处，它们一般都采用第一或第三人称，作者本人时而幕前，时而幕后，无处不在，无所不知，无所不评，这是一种立体化的叙述方法。

所谓无处不在，是说作者在刻画人物形象时，能够全面掌握所写人物的活动，人物活动在什么地方，作者的笔墨就跟在什么地方，空间位置的变化并不影响作者的叙述视线。《史记》写重耳走亡，作者的笔墨跟着重耳走过了狄、卫、曹、宋、郑、楚、齐、秦八个国家，最后回到了晋国，重耳所经历的每件事作者都了如指掌，这样，就写出了重耳的性格发展史。《史记·魏其武安侯列传》写窦婴、田蚡、灌夫三人的矛盾纠葛，先写窦婴一段历史，然后暂停；接着写田蚡一段经历，再暂停；又写灌夫一段事迹，再暂停。这样，作者在传记的前半部分就引出了三条线索。此后，三条线索交织一起，时而窦婴、灌夫相结，时而田蚡、窦婴摩擦，时而灌夫、田蚡结怨，最后，交织在一起的线索又分成三条，三人各有归宿。像这样的写法，作者处在矛盾漩涡之中，对每一种矛盾都极为清楚，因此，也就无处不在。也正是这样，复杂的矛盾斗争和复杂的人物性格才能得到全面的展现。

与《史记》相比，小说的容量更大，因此，空间变换也更频繁，但作者也能站在最高点，鸟瞰一切，时而在此，时而在彼，知彼知此，全方位介绍。小说中常用"树开两枝，话分两头"、"且按下这头不表，单说……"这样的话作为空间转换、人物转换的重要枢纽，使读者的视线也跟着他不断地变化，清晰地了解各方情况。

所谓无所不知，是说作者全方位地了解人物所处时代环境，人物的家世,所写人物与其他人物的关系,人物一生的命运,等等。要做到无所不知,需具备多种条件,乃至于像回忆、想象、联想等方法都可以运用到这方面来。《史记》给刘邦立传,作者不仅知道他是一个雄才大略的国君,也知道他是一个极为渺小的无赖小人,不仅知道他"人"的一面,而且知道他"神"的一面。所以作者笔下的刘邦,是一个极有个性的人物形象。传记如果达不到无所不知的程度,那么,所写的人物就不一定丰满,显不出人物的全貌。无所不知,也包括知道人物的内心世界,这就要求作者有丰富的想象力,能够深入到人物的内心世界,与他同呼吸、共命运。

小说作者的无所不知,除了与《史记》有相同之处外,更重要的是在内心刻画方面比《史记》要有长足发展。尽管《史记》有独特的刻画人物心理的方法,但它毕竟有限,是在忠于事实的前提下进行的合理想象。小说由于不受这个限制,就可以从容地挖掘人物的内心世界。因此,小说中有大量的心理描写,在长篇小说中更是如此。想象、联想,乃至于幻想,在小说中普遍使用,看起来是虚构,但对作者来说,是无所不知的一个重要方面。

所谓无所不评,是说《史记》与小说都带有明显的感情色彩,作者常常站出来,对人进行批评,对事进行评论,帮助读者认识所写人物。这些评论,有时插在作品中间,有时放在作品结尾。《左传》、《战国策》中常用"君子曰"来评价人物,这个"君子"实际就是作者自己。司马迁的《史记》,有时把自己的议论插入叙事之中,如《屈原列传》等,在每篇的最后还用"太史公曰"对所写人物直接进行评论。这种边叙事、边评论的方法也被小说家所继承。像唐传奇,在结尾时也往往加一段评论。如《李娃传》:"嗟乎!倡荡之姬,节行如是,虽古先烈女,不能逾也。焉得不为之叹息哉!"

蒲松龄《聊斋志异》每篇结尾也用"异史氏曰"来对人或妖（实际乃人之化身）进行评论。至于在中间插入一段议论的方法，在古代的说书艺术中最为普遍。说书人说到要紧处时，往往暂停一下，加入自己的评论，这样作者与所写的人物距离疏远了，但作者与听者（读者）的距离却缩短了，与读者交流感情，共同评判所写的人物。如果把说书人的评论集中起来，也就是一部评点小说了。

从以上所述可以看出，《史记》与小说在叙述方法上有许多相通之处。由于无所不知，无处不在，无所不评，因此，形成一种立体化的叙述方法，使所写人物完整而又丰满，给人留下深刻印象。

第四节　戏剧化的场面

戏剧化的场面，是指作品中所表现的矛盾冲突。矛盾冲突愈激烈，场面就愈宏大，作品的节奏也随之愈快。戏剧化的场面在《史记》中是极为常见的，在小说中表现得更为明显。

《史记》中的许多场面都是人们所熟知的，《项羽本纪》中的"巨鹿之战"、"鸿门宴"、"垓下之围"，《廉颇蔺相如列传》中的"完璧归赵"、"渑池会"、"将相和"，《魏其武安侯列传》中的"廷辩"、"骂座"，《淮阴侯列传》中的"背水一战"，等等，从这些例子我们可以看出，场面往往是各种矛盾的集合点，战场上、朝廷里、宴会上，矛盾无处不存在，无时不冲突。由于矛盾冲突的出现，文章一下子就起了波澜；当矛盾冲突解决后，文章又趋平缓。如果一篇作品中矛盾冲突循环出现，就使整个作品显得跌宕起伏，扣人心弦，具有极强的艺术感染力。矛盾冲突的循环出现，也体现了社会发展的辩证规律。因此，全面了解人物的经历，了解人物的各方联系，是写好戏剧化场面的首要条件。《项羽本纪》之所以对人有那么大的吸引力，就在于作者写出了一系列重大的场面。比如，巨鹿之战的出现，乃是各种矛盾的总爆发。在陈胜、吴广农民起义失败、秦军势力复振、楚军主将项梁战死的情况下，秦国与楚国的矛盾，秦国与赵国的矛盾，楚国内部项羽与楚王的矛盾、项羽与宋义的矛盾等都十分尖锐。正是由于这多种因素，才使矛盾冲突达到白热化程度，一场生死大战终于爆发了。巨鹿之战的胜利，使上述各种矛盾都得以解决，项羽由此名震天下，并为诸侯上将军。随着矛盾的解决，故事情节又向前推进一步。此后又出现各种矛盾，于是，"鸿门宴"的场面不可避免地出现了。这场矛盾解决后，情节稍稍平缓，但各种矛盾还在逐渐蕴集，导致了"垓下之围"，这个场面，成为全传的高潮，主人公在这个矛盾冲突中悲壮地死去。如《淮阴侯列传》中"背水一战"的场面：

> 韩信使人间视，知其不用（广武君策），还报，则大喜，乃敢引兵进下。未至井陉口三十里，止舍。夜半传发，选轻骑二千人，人持一赤帜，从间道萆山而望赵军，诫曰："赵见我走，必空壁逐我，若疾入赵壁，拔赵帜，立汉赤帜。"令其裨将传飧，曰："今日破赵会食！"诸将皆莫信，详应曰："诺。"谓军吏曰："赵已先据便地为壁，且彼未见吾大将旗鼓，未肯击前行，恐吾至阻险而还。"信乃使万人先行，出，背水陈。赵军望见而大笑。平旦，信建大将之旗鼓，鼓行出井陉口，赵开壁击之，大战良久。于是信、张耳佯弃鼓旗，走水上军。水上军开入之，复疾战。赵果空壁争汉鼓旗，逐韩信、张耳。韩信、张耳已入水上军，军皆殊死战，不可败。信所出奇兵二千骑，共

> 候赵空壁逐利，则驰入赵壁，皆拔赵旗，立汉赤帜二千。赵军已不胜，不能得信等，欲还归壁，壁皆汉赤帜，而大惊，以为汉皆已得赵王将矣，兵遂乱，遁走，赵将虽斩之，不能禁也。于是汉兵夹击，大破虏赵军，斩成安君泜水上，禽赵王歇。

这个场面，集中了汉赵矛盾、赵军内部矛盾、韩信与诸将之间的矛盾（诸将不相信韩信的作战方法）等。经过背水一战，汉军大胜，各种矛盾得以解决。这样的战争场面，在《史记》中是很多的。我们从《项羽本纪》和《淮阴侯列传》的场面描写中可以看到，《史记》中戏剧化的场面都是表现传主性格特征的主要手段。

《史记》作品一般都是单线发展（也有两条线索、三条线索，但不多），像《项羽本纪》就是以项羽为中心，单线发展却又冈峦起伏。小说（尤其是长篇）往往是多线发展，头绪繁杂，矛盾百出，戏剧化的场面更是少不了的。好的传记作品，单线发展尚且曲折动人，那么小说是多线发展，写好矛盾冲突，就更有艺术魅力了。《三国演义》、《水浒传》、《红楼梦》等长篇小说之所以吸引人，与这种戏剧化的场面是分不开的。三国时代，战争频繁，英雄辈出，《三国演义》中写了大量的场面来展示这个动乱的年代，表现这个时代的英雄。我们仅看第五回中一个场面：

> 忽探子来报，"华雄引铁骑下关，用长杆挑着孙太守赤帻，来寨前大骂搦战。"绍曰："谁敢去战？"袁术背后转出骁将俞涉曰："小将愿往。"绍喜，便着俞涉出马。即时来报："俞涉与华雄战不三合，被华雄斩了。"众大惊。太守韩馥曰："吾有上将潘凤，可斩华雄。"绍急令出战。潘凤手提大斧上马。去不多

时，飞马来报："潘凤又被华雄斩了。"众皆失色。绍曰："可惜吾上将颜良、文丑未至！得一人在此，何惧华雄！"言未毕，阶下一人大呼出曰："小将愿往斩华雄头，献于帐下！"众观之，见其人……立于帐前。绍问何人。瓒曰："跟随刘玄德充马弓手。"帐上袁术大喝曰："汝欺吾众诸侯无大将耶？量一弓手，安敢乱言，与我打出！"曹操急止之曰："公路息怒。此人既出大言，必有勇略；试教出马，如其不胜，责之未迟。"袁绍曰："使一弓手出战，必被华雄所笑。"操曰："此人仪表不俗，华雄安知他是弓手？！"关公曰："如不胜，请斩某头。"操教酾热酒一杯，与关公饮了上马。关公曰："酒且斟下，某去便来！"出帐提刀，飞身上马。众诸侯听得关外鼓声大振，喊声大举，如天摧地塌，岳撼山崩，众皆失惊。正欲探听，鸾铃响处，马到中军，云长提华雄之头，掷于地上。——其酒尚温。

为了表现关公的才能，作者精心描绘了这个紧张激烈的战斗场面。尤其是运用虚笔，大肆渲染，衬托出关公的壮士风度。《三国演义》中的许多场面，如"诸葛亮舌战群儒"、"火烧赤壁"、"煮酒论英雄"等，都是极有声势的场面，对于表现人物性格起了很好的作用。

小说由于容量大，所以在戏剧化的场面方面比《史记》也有长处，可以尽情地渲染气氛。把人物放在矛盾的冲突中去表现。《史记》由于受体制的限制，渲染的程度毕竟不如小说。但我们也应看到，小说中的许多场面，都是借鉴了《史记》写场面的方法，有些甚至在《史记》中可以找到原型，这不能不说是《史记》的一个贡献。

第五节　小说对《史记》艺术的发展

小说与《史记》有不解之缘。中国古典小说中的许多题材都是由《史记》提供的，因此，《史记》是小说的土壤和武库。长篇小说如《东周列国志》、《孙膑演义》、《西汉演义》等，都是以《史记》材料作为自己的出发点的。另一方面，这些小说又反过来扩大了传记中人物的影响。

不仅如此，《史记》的审美观念、艺术手法也对小说产生了深刻的影响。在中国古代，无论哪一种文体，都带有强烈的时代意识，有褒善贬恶的功利目的。在《史记》中，有"循吏"、"酷吏"，在后代小说中就有"忠臣"、"奸臣"，乃至于出现了大量的公案小说。这实际上就是一种观念的继承。尽管每个时代都有自己的道德标准，但人们对于善与恶、美与丑总有一个较为公允的标准。再如传记中有《游侠列传》，后代小说《水浒传》何尝不是一部"游侠传"呢？大量反映侠客形象作品的出现，也是继承了《史记》优良传统。至于在艺术方面的继承发展，更使小说与《史记》成为"亲朋好友"了。

小说来源之一是六朝志怪，无疑具有怪异色彩。传记中也有这样的作品。清人冯镇峦在《读聊斋杂说》中有云："千古文字之妙，无过《左传》，最喜叙怪异事，予尝以之作小说看。"《史记》中也不乏神话怪异之说。应该承认，传记中的传奇色彩也对小说产生了一定的影响。传记中的传奇志怪倾向的出现有多种原因，如社会的局限、人们观念的认识等，如果从积极方面看，那么可以说是传记作家所进行的艺术创造。这种艺术创造，从总体上并不影响传记的真实性，只不过给严肃的内容上增添了一点浪漫色彩罢了。至于小说的志怪传奇,则是一种更大的艺术创造,它们发展了传记中志怪的一面,并使之成为小说中的一个门类,成为真正的浪漫主义作品,如《西游记》、《聊斋志异》等,这就与传记有了本质的区别。

金圣叹曾说:

> 《水浒传》方法,都从《史记》出来,却有许多胜似《史记》处。若《史记》妙处,《水浒》已是件件有。①

这段话对于我们认识小说对传记手法的继承与发展有重要意义。不仅《水浒传》,其他小说对传记的手法都有继承与发展,如在夸张性、趣味性、细节性等方面。

夸张,在传记作品中常常用于刻画人物形象、描绘重要场面等,但它必须是在历史真实前提下进行。我们看《史记·项羽本纪》中"垓下之围"一段:

> 汉军围之数重。项王谓其骑曰:"吾为公取彼一将。"令四面骑驰下,期山东为三处。于是项王大呼驰下,汉军皆披靡,遂斩汉一将。是时,赤泉侯为骑将,追项王,项王瞋目而叱之,赤泉侯人马俱惊,辟易数里。

项羽的英雄本色于此可见。这样的手法在后代小说中被继承和发展。如《三国演义》第四十二回"张翼德大闹长板桥"一段:

---

① 金圣叹:《读第五才子书法》,《第五才子书施耐庵水浒传》卷之三,中华书局1975年版。

却说文聘引军追赵云至长板桥,只见张飞倒竖虎须,圆睁环眼,手绰蛇矛,立马桥上;又见桥东树林之后,尘头大起,疑有伏兵,便勒住马,不敢近前。俄而,曹仁……等都至。见飞怒目横矛,立马于桥上,又恐是诸葛孔明之计,都不敢近前。……操闻知,急上马,从阵后来。张飞睁圆环眼,隐隐见后军青罗伞盖,旄钺旌旗来到,料得是曹操心疑,亲自来看。飞乃厉声大喝曰:"我乃燕人张翼德也!谁敢与我决一死战?"声如巨雷,曹军闻之,尽皆股栗。曹操急令去其伞盖,回顾左右曰:"……"言未已,张飞睁目又喝曰:"燕人张翼德在此!谁敢来决死战?"曹操见张飞如此气概,颇有退心。飞望见曹操后军阵脚移动,乃挺矛又喝曰:"战又不战,退又不退,却是何故?"喊声未绝,曹操身边夏侯杰惊得肝胆碎裂,倒撞于马下。操便回马而走,于是诸军众将一齐望西奔走。

一个传记,一个小说,表现手法何其相似!无怪乎毛宗岗评点说:

予尝读《史记》,至项羽垓下一战,写项羽,写虞姬,写楚歌,写九里山,写八千子弟,写韩信调兵,写众将十面埋伏,写乌江自刎,以为文章纪事之妙莫有奇于此者,及见《三国》当阳长坡之文,不觉叹龙门之复生也。①

夸张与虚构不同,虚构是无中生有,夸张则是在"有"的基础上进一步渲染,无论传记与小说,都必须遵循这个要求。在这一点

---

① 毛宗岗:《三国演义》第四十一回回评。

上，小说与传记是相同的。但是，小说的夸张手法用得更广泛，渲染得更生动。

《史记》为了写出人物的个性，还常常写一些有趣的故事，甚至专门给俳优之人立传，如《史记》就有《滑稽列传》，趣味性的东西更多，使传记作品变得生动活泼。《史记》写刘邦骑周昌的脖子，拿儒生的帽子撒尿等情节，看起来不适合于正史，但司马迁却真实地记载下来，在滑稽之中带有强烈的讽刺意味。这种方法也被小说继承发展，给小说增加了生动性。

《史记》中的细节描写也被小说继承发展。《史记》在描写人物时，不只是写重大事件，还通过生活小事、生活细节来表现人物个性。《史记》中的细节像孙武斩美人头、韩信胯下之辱、陈平社中分肉、张良圯上进履等，这些细节已成为刻画人物性格的重要手段。小说也常用细节表现人物个性，甚至于把日常生活作为主要内容来写，如《金瓶梅》，这是对传记细节描写的进一步发展。

另外，《史记》的对比手法、衬托手法、白描手法等都对小说产生了一定的影响。这些手法到小说创作时都有了新的发展。

第六节 《史记》与古代戏曲

《史记》不仅与小说有密切关系，而且与戏曲也有一定关系。由于小说与戏曲有许多相通之处，因此，前述的形象化的人生、戏剧化的场面等也都与戏剧相通。戏剧也是以塑造人物形象为主，也离不开戏剧化的场面、矛盾的冲突。这里，我们从总的方面来认识《史记》对戏曲的影响。

首先，《史记》精神影响了后代戏曲。《史记》是一部现实主义作品，它的许多精神对后代戏曲产生了影响。主要有：

第一，敢于面对现实、敢于批判现实的现实主义精神。《史记》"不虚美，不隐恶"，这种精神极大地鼓舞了后世的戏剧家。像元代杂剧作品大都具有深刻的思想内容和强烈的生活气息，明人韩邦奇把元代大戏剧家关汉卿比作司马迁，着眼点就在于关汉卿能像司马迁那样敢于面对现实，尤其是敢于揭露社会的黑暗与残酷。明清戏剧中也不乏这样的作品。

第二，爱国主义精神。《史记》中刻画了许多爱国者的形象，像屈原、蔺相如、田单、李广等，这些形象本身对后代产生了很大影响，许多戏曲作品就以这些人物为题材进行改编。另一方面，司马迁作品中的这种爱国精神，也影响着后代戏曲作家的创作，出现了大量的以爱国者为主角的戏曲。

第三，悲剧精神。《史记》中写了大量的悲剧人物，表现出强烈的悲剧精神。其中有些人物被搬上了戏曲舞台，如屈原、荆轲、项羽、韩信等，尤其是《赵氏孤儿》这样的大悲剧，更是突出的例子。《史记》中的悲剧人物，大都具有一种坚忍不拔、顽强不息的斗争精神和毅力，他们不达目的不罢休，给人以奋发向上的力量，这种精神也影响了后代悲剧。尤为可贵的是，《史记》中的悲剧注意写下层人物。这对后代悲剧写下层人物也具有深刻的影响。关于这一问题，我们在《〈史记〉与中国古典悲剧》一节中将进行详述。

其次，《史记》给后代戏曲提供了大量素材。《史记》是一部纪传体通史，上下三千年，各种人物汇为一体，演出了一幕幕惊心动魄的活剧。从元代开始，《史记》中的一些人物和事件就被改编为戏曲。据今人傅惜华《元代杂剧全目》所载，元杂剧中取材于《史记》的就有180多种。明清以后剧目也不少，而且，地方戏中编演

《史记》故事的剧目更多,仅京剧就有100多个。像《文昭君》、《马陵道》、《完璧归赵》、《将相和》、《萧何月下追韩信》、《霸王别姬》等几十种戏,都已成为地方戏中长期保留的传统剧目。即使到了现当代,以《史记》人物故事为素材进行再创作的也不乏其人。像郭沫若先生的《屈原》、《虎符》、《卓文君》、《高渐离》、《棠棣之花》等,都是极有名的历史剧。可见《史记》影响之大。

最后,艺术上的影响。《史记》在写人方面有很高的艺术成就,很多篇章本身就是很好的戏剧,它们描绘了许多重大的历史事件和场面,矛盾冲突激烈,戏剧性强,历来为人们所称道,像《项羽本纪》中的"巨鹿之战"、"鸿门宴"、"垓下之围",《田单列传》中的"火牛阵",《魏其武安侯列传》中的"骂座"、"廷辩",《刺客列传》中的"刺秦王"等,就是突出的例子。具体而言,《史记》在艺术上对戏曲的影响有以下几个方面:

其一,传奇色彩。《史记》要"传畸人于千秋",因此,许多篇章写的是奇人、奇事,带有明显的传奇色彩。如伍子胥报仇、孙武训练"娘子军"、越王句践卧薪尝胆、韩信背水一战等等。戏剧本身往往也带有传奇色彩,因此,明清时就把戏曲称之为"传奇"。传奇色彩使作品更具有故事性、戏剧性,更容易吸引读者。

其二,个性语言。《史记》艺术上的成功之一,是它写出了个性化的语言,这是拟言代言,与戏剧有相通之处。这些个性化语言,到了戏曲里就变成了演员的台词。

其三,环境描写。《史记》写人时注意写出人物活动的政治环境与具体场所,在一定的空间中展示人物的活动。这也对戏曲产生了影响。戏曲中演员的活动,总是在一定的背景之下,一定的场合中发生的,离开了空间就无从演戏。从这个角度看,《史记》的环境描写确是对戏曲产生了深远影响。

　　另外，心理描写、细节描写等艺术手法都对戏剧作品有一定影响。《史记》中的心理描写，可以成为戏剧作品中的唱词或独白，《史记》的细节可以成为戏剧舞台上的一个动作乃至一折戏。此处不再赘述。

第五章 《史记》与中国抒情文学

《史记》作为文学著作来说，属于叙事文学范畴，在叙事写人方面达到了很高的程度。同时，《史记》又是抒情味很浓的文学作品，与中国的抒情文学有着密切关系。

第一节 《史记》是一部宏伟的史诗

说起史诗，人们总是感叹中国古代没有民族史诗，没有像古希腊《荷马史诗》那样的鸿篇巨制。因为，人们对史诗有一个比较严格的规范："史诗是长篇叙事诗的一种，与其他叙事诗相比，有相对的独立性和特点。这类作品，题材重大，一般取材于人类起源或民族形成过程中的重要阶段的重大事件；主题严肃，歌颂的是人类祖先对自然力所作的百折不挠的探索与斗争的精神，或民族形成过程中为部落、部族、民族的集体利益而英勇献身的英雄。"[①] 这是一种普遍的看法，即狭义的"史诗"，这种史诗形式上以韵文为主，也有韵文和散文交错的。

我们认为，史诗还应有广义的史诗，这种史诗不只是人类童年

---

① 潜明兹：《史诗探幽》，中国民间文艺出版社 1986 年版，第 28 页。

的产物,不只是神话故事,也是人类进入文明社会以后的产物,它写的是人类现实生活的真实事件,反映人类社会的巨大变化,形式上不只是韵文,也可是散文。我国古代许多史书,都是极为精彩的史诗,正如唐代史学家刘知幾所说:"夫读古史者,明其章句,皆可咏歌。"①

实际上,在我国少数民族的史诗中,也有一种散文体的史诗。"据云南省孙敏在1981年9月于昆明举行的傣族文学学术讨论会和1983年8月于西宁举行的民族史诗讨论会上撰文介绍,傣族有一个《厘俸》,又译为《俸改的故事》,是散文体的、描写战争的、规模宏大的、古老的作品,共三部,仅其中第三部的汉译文就有七万多字。从内容到风格,很像一部散文体的英雄史诗。"②李长之先生早就肯定"《史记》是中国的史诗",从形式上看,司马迁没有采取荷马式的叙事诗,但以精神论,他实在发挥了史诗性的文艺之本质,这个本质首先是"全体性",其中有一种包罗万象的欲求;第二点是"客观性",作者要处于次要的隐藏的地位;第三点是"发展性",那就是一个人物的性格发展,或者一件事情的逐渐形成;第四点是"造型性",对事物要加以具体把握,同时还善于造成一种情调,一种氛围。③李长之先生的分析是有道理的。我们认识一部史诗,不只是看它形式上是否为韵文,更应看它内在精神和情韵。

我们说《史记》是一部宏伟的史诗,是基于以下的认识:

---

① 刘知幾:《史通·叙事》,中华书局1961年版。
② 潜明兹:《史诗探幽》,中国民间文艺出版社1986年版,第28页。
③ 李长之:《司马迁之人格与风格》,生活·读书·新知三联书店1984年版,第300—302页。

一、展现宏伟的历史画卷,表现深刻的思想内容

《史记》一书,上起黄帝,下迄汉武帝,述史三千年,贯穿古今,包罗万象,是一部百科全书式的巨著,诸如政治、经济、文化、民族社会以及自然界的星象、历法、地理、水利等无所不备。《史记》对汉王朝周边民族的记载远及西亚,具有世界史的意义。为了最大限度地展现历史的画卷,司马迁阅读和搜集了大量的历史素材,据张大可先生统计,仅《史记》书中司马迁所见书总计102种,其中六经及训解书23种,诸子百家书52种,古今历史书及汉室档案20种,文学书7种[①],而未加评论和征引的书也不在少数。《史记》以前,还没有一部囊括中外、贯穿古今的历史著作,司马迁第一次"厥协六经异传,整齐百家杂语",以纪传体通史的形式,把三千年历史有条不紊地展现在世人面前。《史记》中的人物,上至帝王将相,下至游侠刺客,凡在历史上起过作用或有某种影响的人物都叙入史中,这在史学发展史上是空前绝后的,因此,鲁迅先生称之为"史家之绝唱"。施章在《史记新论》中分析说:

> 只要人间有特殊的生活现象,他(司马迁)都把他叙述出来,描写出来,而且分类地叙述或描写。如《刺客列传》、《游侠列传》、《滑稽列传》、《货殖列传》、《扁鹊仓公列传》等,即与帝王无关,司马迁特别以长篇大文表章之,这都是处处表现着司马迁不偏重帝王的精神,可以表示《史记》不是帝王的家谱,只是伟人的记载;而是以社会的整个生活为对象,用平等的眼光来叙述。他以整个的社会人生为对象,给以平等的眼光

---

① 张大可:《史记研究》,"论史记取材",甘肃人民出版社1985年版。

> 而作价值的叙述和描写。所以《史记》一书可谓是具有社会性的大众生活的历史。虽然他的本纪、世家、列传，往往是以描写个人为中心，而由个人上面，即可把当时的社会背景表现出来，若以现代文化以大众生活为主的眼光观之，则《史记》在文化史上的地位更为重要。①

这个分析是符合《史记》实际的。可以说，《史记》画面的广阔性，不仅体现在它描绘了社会各个阶层的人物，而且体现在它描绘了社会的各个方面、各个角落，因为在纪传之外，还有八书——礼、乐、律、历、天官、封禅、河渠、平准。再进一步，从世界文化的更高层次来看，《史记》作为巨幅画卷，也是当之无愧的。齐思和先生是这样评价的："正如苏联学者图曼所说：'司马迁真正应当在大家公认的世界科学和文学泰斗中占有重要的地位。'当《史记》出现的时候，在全世界范围内，以中国和古希腊罗马的史学最为发达。……和希腊史学名著比起来，《史记》的特点在于它的全面性，尤其是对于生产活动、学术思想和普通人在历史上的地位的重视。希腊历史学家的著作，往往集中到一个战争，重视政治、军事。普鲁塔克的传记汇编所收的人物也限于政治家和军事家，即使是最著名的希腊思想家、科学家如亚里士多德，在他的著作中也没有一字提到。更没有一个关于从事生产活动者的传记了。"②这说明，《史记》确是一幅宏伟的历史画卷，在世界文化史上也占有重要的地位。

《史记》以通史的形式展现宏伟的历史画面，不仅画面广阔，而

---

① 转引自杨燕起等编：《历代名家评史记》，北京师范大学出版社 1986 年版，第 89 页。
② 齐思和：《〈史记〉产生的历史条件和它在世界史学上的地位》，《光明日报》1956 年 1 月 19 日。

且内容深刻。司马迁要"究天人之际,通古今之变,成一家之言",对历史有独到的见解,在许多方面突破了传统的旧观念、旧思想。班彪、班固父子指责司马迁"是非颇谬于圣人","论大道则先黄老而后六经,序游侠则退处士而进奸雄,述货殖则崇势利而羞贱贫"①,这正说明了司马迁的思想比他的同时代许多人站得更高。就以"述货殖"来说,司马迁是第一个在历史著作中写入经济问题的史学家,他以过人的胆识,在《史记》中创立《货殖列传》,给各种各样从事经济活动的人物立传,构建了一个丰富而独特的商贾人物体系。这些人物,有名有姓的达32人之多,从春秋战国到西汉王朝,居处四面八方,经营项目五花八门,赚钱手段令人眼花缭乱,拍案称奇。尤为可贵的是,司马迁肯定追求物质利益、追求财富是人的本性:"待农而食之,虞而出之,工而成之,商而通之。此宁有政教发征期会哉?人各任其能,竭其力,以得所欲。故物贱之征贵,贵之征贱,各劝其业,乐其事,若水之趋下,日夜无休时,不召而自来,不求而民出之。岂非道之所符,而自然之验邪?""天下熙熙,皆为利来;天下攘攘,皆为利往。千乘之王,万家之侯,百室之君,尚犹患贫,而况匹夫编户之民乎?"上至统治阶级,下到平民百姓,都有求利的本性。如若不信,请看:

> 贤人深谋于廊庙,论议朝廷,守信死节隐居岩穴之士设为名高者安归乎?归于富厚也。是以廉吏久,久更富,廉贾归富。富者,人之情性,所不学而俱欲者也。故壮士在军,攻城先登,陷阵却敌,斩将搴旗,前蒙矢石,不避汤火之难者,为重赏使

---

① 班固:《汉书·司马迁传赞》,中华书局1962年版。

> 也。其在闾巷少年，攻剽椎埋，劫人作奸，掘冢铸币，任侠并兼，借交报仇，篡逐幽隐，不避法禁，走死地如骛者，其实皆为财用耳。今夫赵女郑姬，设形容，揳鸣琴，揄长袂，蹑利屣，目挑心招，出不远千里，不择老少者，奔富厚也。游闲公子，饰冠剑，连车骑，亦为富贵容也。弋射渔猎，犯晨夜，冒霜雪，驰阬谷，不避猛兽之害，为得味也。博戏驰逐，斗鸡走狗，作色相矜，必争胜者，重失负也。医方诸食技术之人，焦神极能，为重糈也。吏士舞文弄法，刻章伪书，不避刀锯之诛者，没于赂遗也。农工商贾畜长，因求富益货也。此有知尽能索耳，终不余力而让财矣。

这是多么生动的一幅画面！人类的一切活动，就从吃饭穿衣开始。尽管这种思想有一定的局限性，但在世俗之人耻言"利"的时代，它却有着冲破传统观念的积极意义，是一种闪光的思想。司马迁还强调农工商虞四者并重，注意到了商品经济的一些规律性问题，总结了致富的一些经验，崇尚"本富"，反对"奸富"，反对官府与民争利。由此可见，司马迁的经济思想中确实有许多超前的成分，无怪乎引起了正统思想家的批评和指责。我们从他们的指责中看到了司马迁进步思想的重要方面。因此，广阔性、深刻性，是这幅画卷的总特点，在这幅画卷上，画出了三千年历史长河的变迁，画出了一系列可歌可泣的英雄人物和侠义之士，画出了统治阶级及其爪牙之真实嘴脸。同时，在这幅画面上，还寄托着作者的思想感情、寄托着人们对真善美的追求和对假恶丑的憎恶。翦伯赞先生对此有高度评价："司马迁不朽，不仅由于他开创了这种历史学的方法，而且在于他具有远大的历史见识。他的见识之远大，首先表现在他的眼光能够投射到中国以外的世界,即以世界规模研究中国历史。……其次表现于他的眼光能够投射到历史上的社会的每一个侧面。……最后而又是最重要的,是表现在他能把眼光投射到社会的每一个阶段。……司马迁的不朽,不仅由于他具有远大的历史见识,而且又在于他具有大胆的批判精神。他的《史记》,不是一部死板的记述的历史,而是一部富有灵魂的批判的历史。从《史记》中,我们到处可以看到司马迁在大胆地进行他的历史批判。他用锐敏的眼光,正义的观察,怀疑的精神,生动的笔致,沉重而动人的言语,纵横古今,褒贬百代。"① 两千多年来,人们对《史记》赞誉有加,也说明了这幅画卷的不朽价值。

二、展现民族的发展历史和民族精神,表现历史进程中的英雄人物

《史记》一书记载上下三千年历史,它所展现的是中华民族如何由原始社会、奴隶社会向封建社会发展,中华民族如何由野蛮社会向文明社会进化,如何由统一走向分裂,又由分裂走向统一的,中华民族又是如何由微弱走到强盛的。

中国是一个多民族国家,《史记》一书,创立了民族史传如《匈奴列传》、《南越列传》、《东越列传》、《朝鲜列传》、《西南夷列传》、《大宛列传》等,写出各民族的发展历史及生活习俗。在司马迁之前,人们的民族观中一直是歧视少数民族,如《诗经》称"戎狄是膺,荆舒是惩",《左传》宣扬"尊王攘夷",《公羊传》强调"内诸夏而外夷狄"。司马迁的民族思想有两点值得我们重视:

---

① 翦伯赞:《中国历史学的开创者司马迁》,《中国青年》1951年总57期。

第一,强调大一统,把四周少数民族纳入华夏民族的版图之内,他们也是汉天子的臣民。《太史公自序》说:

> 汉既平中国,而佗能集杨越以保南藩,纳贡职。作《南越列传》第五十三。
> 吴之叛逆,瓯人斩濞,葆守封禺为臣。作《东越列传》第五十四。
> 自三代以来,匈奴常为中国患害;欲知彊弱之时,设备征讨,作《匈奴列传》第五十。
> 燕丹散乱辽间,满收其亡民,厥聚海东,以集真藩,葆塞为外臣。作《朝鲜列传》第五十五。
> 唐蒙使略通夜郎,而邛笮之君请为内臣受吏。作《西南夷列传》第五十六。
> 汉既通使大夏,而西极远蛮,引领内乡,欲观中国。作《大宛列传》第六十三。

司马迁的自述有一个共同的思想,即各民族的发展是走向统一,统一到汉天子的版图之内。其中《大宛列传》叙述外国史事远至中亚、西亚,所以,司马迁用"通使大夏……欲观中国"与其他几传进行区别。用这样的眼光看待历史,如翦伯赞先生所说:"即以世界规模研究中国历史。"① 表现了司马迁非凡的识见。而他所强调的民族大一统思想,尽管有"用夏变夷"的成分,但从当时的社会背景和历史发展情况来看,无疑是进步的、积极的。司马迁在《吴太伯世

---

① 《中国历史学的开创者司马迁》,《中国青年》1951 年总 57 期。

家》中还说:"余读《春秋》古文,乃知中国之虞,与荆蛮句吴,兄弟也。"亦可见出司马迁思想的进步性。

第二,各民族都是黄帝的子孙。司马迁在《五帝本纪》中记述了传说中"五帝"的事迹,他们是黄帝、颛顼、帝喾、唐尧、虞舜,并且说颛顼、帝喾、唐尧、虞舜都是黄帝的子孙。中华民族的历史就从黄帝这里发源,绵绵不断。如:

《夏本纪》:"禹者,黄帝之玄孙而帝颛顼之孙也。"
《殷本纪》:"殷契,母曰简狄,有娀氏之女,为帝喾次妃。"
《周本纪》:"周后稷,名弃。其母有邰氏女,曰姜原。姜原为帝喾元妃。"
《秦本纪》:"秦之先,帝颛顼之苗裔。"
《楚世家》:"楚之先祖出自帝颛顼高阳。高阳者,黄帝之孙,昌意之子也。"
《越王句践世家》:"越王句践,其先禹之苗裔,而夏后帝少康之庶子也。"
《东越列传》:"闽越王无诸及越东海摇者,其先皆越王句践之后也。"
《匈奴列传》:"匈奴,其先祖夏后氏之苗裔也,曰淳维。唐虞以上有山戎、猃狁、荤粥,居于北蛮,随畜牧而转移。"

中原与四周民族的祖先,都可以上推到黄帝身上。这种溯源,固然有传说的色彩,甚至说是荒唐的,缺乏科学依据,但是,从中华民族的思想观念上说,各民族都是黄帝子孙,具有强大的凝聚力和向心力,有利于多民族国家的统一,这是值得称赞的。

由于司马迁对民族问题有独特的看法,所以,《史记》一书能够在广阔的历史背景上描绘各民族的历史,对少数民族没有偏见,把各民族放在平等位置上看待,这是难能可贵的。

中华民族是由多民族组成,在长期的发展过程中形成了自己的民族精神。《史记》一书借历史人物来显示民族的发展历史和民族精神。《史记》中的民族精神主要体现在以下几个方面:

1. 积极进取,建功立业。《史记》展现了中华民族三千年的奋斗历史。尽管这个历程极为曲折艰难,但统一始终是人心所向。从黄帝开始,就为一统天下而征战。此后,"虞、夏之兴,积善累功数十年,德洽百姓,摄行政事,考之于天,然后在位。汤、武之王,乃由契、后稷修仁行义十余世,不期而会孟津八百诸侯,犹以为未可,其后乃放弒。秦起襄公,章于文、穆、献、孝之后,稍以蚕食六国,百有余载,至始皇乃能并冠带之伦。以德若彼,用力如此,盖一统若斯之难也。"[①] 这是司马迁对秦统一天下艰难历程的概括。也正由于艰辛,才更能体现出中华民族百折不挠的进取精神。作为传记,体现这个艰难过程和进取精神的首先是史传中所记载的帝王。中华民族的奋斗不能没有理想和目标,帝王就是这种理想和目标的代表,王迹兴衰变化体现着民族的奋斗历程。史传以帝王为中心,这是时代的必然,我们不必苛求司马迁。因为率领民众进行统一斗争,代表民族统一意志的,不就是那些帝王吗?尽管像三代圣君、秦皇汉武等不可避免地带有个人的野心,但当他们在结束分裂、统一天下时,或高举义旗向残暴王朝夺权时,在巩固自己新兴政权时,表现出非凡气魄和力量,采取了适应民心的措施,顺应了时代发展的潮

---

① 司马迁:《史记·秦楚之际月表序》,中华书局1959年版。

流，因而受到人们的歌颂和称赞。即使像未做皇帝却主宰天下的项羽，也都无所畏惧，叱咤风云，表现出强烈的进取精神。当然，那些残暴荒淫、昏庸无能的国君，违背民众意愿，引起世人反对，他们不能代表中华民族奋发有力、积极进取的精神。

社会发展是由各个阶层的人物共同推动的结果，天子毕竟是少数，因此，最能体现我们民族奋发进取精神的当是社会各阶层的人物。以将相名臣而言，有的忠心耿耿，辅佐国君成就大业，如周公辅成王、管仲辅桓公、萧何辅汉王等；有的大臣敢于进谏，为国着想，如触龙说赵太后，张释之、冯唐面折汉文帝，汲黯直言汉武帝等；有的正直廉洁，奉公守法，如《循吏传》所记的"循吏"等；有的为民请愿，除暴安良，如西门豹治邺等；有的出使四方，不辱使命，如张骞"凿空"，开通西域等。这些臣子，难免有忠于一君一朝的忠君思想，但就其个体生命而言，为了自己的理想而积极进取，建立功勋，其价值应当予以肯定。

三千年历史，战火不息。春秋连年征伐，战争愈演愈烈，接着秦灭六国、楚汉风云等，因而传记中出现了许多军事家，有的运筹帷幄，如张良等，有的驰骋疆场，如孙武、孙膑、司马穰苴、田单、廉颇、白起、王翦、韩信、卫青、霍去病、李广等，像霍去病"匈奴未灭，何以家为"的豪言壮语，代表了这类人物的进取精神，他们以磅礴的气势，写出了威武雄壮的篇章，奏响了生命中动人的乐章。尽管有些人血洒疆场，但他们冲锋陷阵、奋勇杀敌的精神，永远留在传记之中。

《史记》人物中，值得我们注意的还有那些思想家。他们为了建构自己的理论体系，积极开拓，表现出强烈的历史责任感和创新精神。如春秋战国时代，百家争鸣，产生了一大批思想家，孔子、老子、墨子、孟子、荀子、庄子、韩非子等，都有"当今之世，如欲平治天下，舍我其谁也"的雄心壮志，经过他们的努力，各种统一天下的理论才被创造出来。秦汉以后，仍有许多思想家，如陆贾、董仲舒乃至司马迁本人，或建构自己的思想体系，或向神权思想宣战，表现出大胆的探索精神。尽管他们的理论有不全面乃至消极之处，但他们的理论创造本身，却使人感受到一种奋发向上的精神力量。

还有文学家、科学家的创造。屈原、贾谊、司马相如等，都在文学史上写下了光辉的一页。他们中的许多人还是思想家、政治家。他们以生花之笔，或诗或文，或辞或赋，给中华民族精神宝库创造了许多动人的篇章。文学用形象思维表现人的思想情感，反映社会生活。文学家的创造，体现了我们民族在精神领域中的探索精神。那些科学家，为社会的进步、民族的昌盛贡献聪明才智，如扁鹊、仓公等在医学方面的创新等。科学家的发明创造，体现了我们民族的智慧和力量。

还有大量的下层人物，如游侠、刺客、商贾、俳优、卜者等，比起王侯将相、世家贵族，他们建功立业、实现抱负的道路更为艰难。但他们为自己的理想而奋斗，即使失败也不后退。司马迁在《刺客列传》中对刺客一类人予以称赞："自曹沫至荆轲五人，此其义或成或不成，然其立意较然，不欺其志，名垂后世，岂妄也哉！"个人暴力行动尽管不能解决实质问题，但在漫长的黑暗社会中，侠义精神恰如夜空中一颗皎洁的明星，给人以力量。可以说，下层人物虽然做的事情不一定惊天动地，但他们的进取精神同样应予以肯定。人类社会是由多阶层组成的，如果缺少了下层人物的进取奋斗，那么，社会这座"金字塔"也就缺少了坚实的基础。况且，有些下层人物还能有轰轰烈烈的举动,如陈胜、吴广领导的农民起义,等等。

总之,建功立业,积极进取,这是《史记》传记中表现出的富有生命力的一个重要方面。即使像苏秦、张仪这类为个人功名奋斗的人物,如果我们不从纯道德观念去评价,而是从个体生命的角度来看,也有值得借鉴的地方。

2. 坚忍不拔,战胜挫折。司马迁在《太史公自序》中说明作列传的原因:"扶义俶傥,不令己失时,立功名于天下。"但封建制度并没有给每个人建功立业创造条件,"功者难成而易败,时者难得而易失"①,因而,建功立业是非常艰难曲折的。也正惟其难,才更显出奋斗者顽强不屈的毅力和精神,也更具有生命的价值。孔子是一个热心救世的人物,他有宏伟的抱负,很想在政治上有所作为,他周游列国,宣传自己治国平天下的政治主张。尽管到处碰壁,但他毫不气馁地为之奋斗,"知其不可为而为之",坚信自己的事业是合于仁道的,即使生前不能实现,也要给后人树立一个典范,这种精神给后代志士仁人以极大鼓舞。孟子进一步发扬了孔子积极有为的精神,认为个体生命要担当天下重任,必定要经过一番大的磨难:"天将降大任于斯人也,必先苦其心志,劳其筋骨,饿其体肤,空乏其身,行拂乱其所为,所以动心忍性,曾益其所不能。"②孟子也正是抱定这样的信念,以坚忍不拔的精神去实现自己的理想。屈原为实现自己的"美政"理想与党人进行了顽强不屈的斗争,甚至被赶出朝廷后,仍在不断地追求。"路漫漫其修远兮,吾将上下而求索",就

---

① 司马迁:《史记·淮阴侯列传》,中华书局1959年版。
② 孟子:《孟子·告子下》。

是这种追求的真实写照与高度概括。司马迁身受宫刑,奇耻大辱使他痛不欲生,想一死了之。但是,《史记》还没有完成,如果以死了之,岂不是"若九牛亡一毛,与蝼蚁何异?"他坚强地活了下来,以惊人的毅力完成了《史记》。司马迁在《史记》中还写了许多"隐忍就功名"的烈丈夫:伍子胥报仇,名垂后世;季布为人奴而不死,终为汉名将;句践卧薪尝胆,称霸天下;范雎逃难,历尽艰险,终于权重秦国。正是这些人,给《史记》增添了悲壮色彩和生命力量,千载而下,仍使人激动不已。

3. 勇于革新,敢于革命。革新、革命,都是生命活力的展现,是以改变或摧毁现实,建立新的生存环境为目标,也是一种崇高的事业。当旧的生存环境已经老化,没有生机、没有朝气时,一些有志之士,尤其是统治阶级内部较为清醒的人物,极力想给它注入新的活力。在传记中,我们时常可以看到大臣向君主上书,或指陈时弊,或提出革新主张,都是满腔热情,为国家的长治久安出谋划策。有些则直接参与革新运动。赵武灵王胡服骑射,这是项重大的军事改革,保守派以"变古之教,易古之道"指责他,但他坚决不动摇,使改革取得胜利,赵国国势大盛。改革,意味着改变传统、改变旧有的观念与做法,因而,往往遭到保守势力的反对。尤其是改革触动贵族利益时,这些人便以强大的压力向革新者反扑过来,甚至是以极残酷的手段进行镇压。商鞅变法时,先以雄辩和果敢打消了秦孝公的疑虑,然后又与甘龙、杜挚等保守势力进行斗争。商鞅要变法,更礼,反古,洗掉惰性,终于使秦国获得新生。但后来,保守势力又一次抬头,商鞅被车裂,变法失败。再如《史记》所记,西汉初年,中央集权和地方势力之间存在着尖锐的矛盾,晁错从加强中央集权的愿望出发,提出许多变革的策略,最重要的一条就是削弱郡国势力，这引起了一场轩然大波，诸侯对他恨之入骨，结果，晁错被身斩东市。

改革，是活力与惰性的交战。在中国封建社会，皇权代表着一切，要想变革现实，没有国君的支持是难以成功的。尽管有些国君在国家机器极为软弱的情况下，愿意进行革新，但也只能是局部的，以不伤害皇权为前提。一旦稍有转机，君主往往会以"天下变，道亦不变"的理论来限制、阻遏革新，再加上保守势力的反对以及改革本身的某些弱点，失败不可避免地要出现。但是，革新者的精神是值得肯定的。

如果说革新还只是对现实进行轻微的改造破坏的话，那么，革命则是更激烈的改造现实的方式。汤伐桀，武王伐纣，改朝换代，这是革故鼎新。《易·革》云："天地革而四时成。汤武革命，顺乎天而应乎人，革之时大矣哉！"《易·系辞》也说："穷则变，变则通，通则久。"一个王朝因为政治敝坏而走向覆灭，但同时又意味着另一个受人民欢迎的王朝的新生。对华夏民族来说，这是暂时的曲折和苦难，而不会走向灭亡。我们民族不屈不挠的精神也就体现在这伟大的变革之中。"本纪"就是这个变革的具体体现。

与改朝换代相连的是奴隶起义、农民起义，这些起义，推动了社会的向前发展。这些伟大壮举，从一个侧面反映出我们民族积极进取、勇于革命的精神。有压迫，就有反抗。当个体或群体生命再也无法忍受残酷现实的重压时，出路有两条：一是毁灭，被现实吞没；二是爆发，向现实挑战。陈胜、吴广是中国历史上第一次农民起义的领袖，在他们身上体现着生命的斗争精神。司马迁对他们伐无道、诛暴秦的功绩予以高度评价："桀纣失其道而汤武作，周失其道而《春秋》作,秦失其政而陈涉发迹。"① 被压迫者生命的火焰一经燃烧,就有无穷的冲击力量。尽管这些起义往往以失败而告终,但留给后人的,却是一种可歌可泣的精神。

4. 忧国、爱国。忧患,这是个体生命一种普遍的精神现象。春秋战国时以孔子、孟子为代表的儒家学派,则把这种忧患意识扩大到整个社会,他们不仅忧自己,而且表示要承担起人类的忧患,不仅亲自实践,而且使之理论化。忧患意识有着深刻而丰富的内涵,它弥漫着生命的热情,是人的生命意志的顽强表现,促使人发奋努力,促使人追求"生"的价值。《史记·屈原列传》就是这方面的代表。屈原所处的楚国,国君昏庸,小人得势,他的一片爱国之心换来的是被流放。"众人皆醉我独醒",他对楚国的前途表示深深的忧虑。他忧愁幽思而作《离骚》,将个人的不幸遭遇与强烈的爱国之情、忧国之泪融为一体。忧患引发了他勇敢奋斗的信心,使他以坚强的精神去斗争、去牺牲,谱写了一曲壮丽动人的生命之歌。

当社会处于分裂、动荡之时,忧患意识会成为一种积极的时代风尚,一大批有志之士,为社会的统一、安定而忧虑。如春秋战国时代,之所以出现百家争鸣局面,与思想家们的忧患意识是分不开的,尽管各家学说不完全相同,甚至针锋相对,但有一个共同的时代主题,就是如何结束战乱、统一天下。诸子百家的著作中,都有这些思想家的自我形象,透过他们的理论主张,也不难看出他们的忧患意识。《史记》对于这些思想家的忧患意识也都有表现。当然,在天下一统、新王朝刚刚建立之时,统治者为巩固政权也往往产生忧患意识,因而也会有共同的时代课题。如西汉初年,围绕着如何

---

① 司马迁:《史记·太史公自序》,中华书局1959年版。

巩固政权问题，出现了一大批忧患人物，传记中对这些人物也都有记载，如陆贾、贾山、邹阳等，都为国家的长治久安而忧患。有时在盛世也会出现"危言"，一些忧国之士敏锐地觉察到国家前途的危难，预先发出警告。贾谊生活在"文景之治"的盛世，朝廷上下都以为可以坐享太平，独有贾谊深谋远虑，发出振聋发聩的忧世之言，表现出超前性的忧患意识。

忧患意识，无论在乱世还是盛世都会产生，这与爱国精神是紧密相连的。忧国，正是为了爱国。在中国古代，爱国精神在不同阶段有不同表现，而且往往与忠君连在一起，但它已作为我们的民族心理，深深地积淀下来。《史记》所记蔺相如"先国家之急而后私仇"；霍去病为国忘家、克己奉公；卜式疏财助边，济国家之困；李广反击匈奴，保卫国家，等等，都是爱国精神的体现。忧国、爱国，这是生命价值的重要体现。一个人，如果仅仅忧自己生不逢时，仅仅爱自己的身躯，没有社会责任感，没有爱国之心，那么，生命就无价值可言。

5. 崇尚德义，追求独立人格。西周时，"敬德"思想就已成为衡量国君的一个重要条件。此后，社会急剧变化，思想界发生了深刻革命，人从神的桎梏中解脱出来，人成为主宰自己行动的主人。而要真正做人，就必须注重道德修养。春秋时，"弑君三十六，亡国五十二，诸侯奔走不得保其社稷者不可胜数"①。这种情况的出现，使人对德义更加重视，孔子的仁学思想就是这个时代的产物。就个体人格而言，孔子强调"三军可夺帅也，匹夫不可夺志也"②，孟子更追

---

① 司马迁：《史记·太史公自序》，中华书局 1959 年版。
② 孔子：《论语·子罕》。

求大丈夫人格："富贵不能淫，贫贱不能移，威武不能屈"①，尤其是儒家杀身成仁、舍生取义的人格追求，给有志之士以巨大的鼓舞力量。在传记中，我们可以看到，从传说中的黄帝开始，许多国君德厚仁爱，受到民众拥护爱戴；而暴虐如桀纣的国君，则被民众推翻。"水能载舟，亦能覆舟"，国君是明白这个道理的。因此，为了维护自己的统治，不得不实行一些于民有利的措施，以显示自己的仁德，尤其是新王朝建立之初，更是如此。像商汤、周文王、周武王、汉文帝等，被人称为仁爱之君。即使像《左传》等记载的"春秋五霸"，也时常打出仁德的旗号，以争取人心。当然，在传记中，我们更多的是看到志士仁人的高风亮节。伯夷、叔齐不愿食周粟而饿死；屈原为保持高洁人格而沉江自杀；鲁仲连宁愿"蹈东海而死"，也不忍秦国称帝；齐国义士王蠋不为利诱威胁所动，自杀身亡；田横兵败，不愿向汉朝投降，五百士兵集体自杀；信陵君礼贤下士，受人敬重。尤其是"赵氏孤儿"故事中公孙杵臼、程婴等义士，为保护赵氏孤儿而牺牲自己，用正义写出了一曲动人的乐章，千百年来回响在人们耳旁。与此相反，那些无德义节操、无独立人格的人，虽然在传记中也时有出现，但他们作为一种反衬，愈显出德厚者的高风亮节。

《史记》所表现的民族精神，除以上所述外，还有维护正义、反对邪恶；团结友爱、忠于职守，等等，这里不再一一详述。尽管每个人身上体现着的是个体生命，但这些人物同时也体现着我们的民族生命和民族精神。

人以其个体的自然属性来说，生命总会终了，但人又具有社会

---

① 孟子：《孟子·滕文公》。

属性,这就确定了人的生命的社会属性。而且,个体生命会结束,但民族、人类的生命不会结束,"人生代代无穷已"。西方哲学家柏格森的生命哲学认为,生命的基本特征,是生命的绵延与生命的冲动。所谓绵延,是说生命具有一种超空间的无限延续的特征,生命是一股无限的"流"。正是由于生命的绵延性,世间才有创造一切的、不断的"创化"过程。我们认为,在这一点上,柏格森的哲学是可取的。《史记》所表现的精神,并没有随着时代的消逝而消逝,也没有随着历史的过去而凝固,而是一个继续流淌着的跨时间的文化流程,它是传统精神,但经过净化、升华之后又变为现实精神,并指向未来。

民族生命的发展,是由无数个体生命的发展而形成。个体生命的忧患、追求、创造、奉献,凝聚为民族精神。恩格斯在谈到社会发展时指出,社会发展的最终结果总是从许多单个的意志相互冲突中产生出来的,"这样就有无数相互交错的力量,有无数个力的平行四边形,而由此就产生出一个总的结果,即历史事变"。"每个意志都对合力有所贡献,因而是包括在这个力里面的。"[①] 民族生命的发展也是如此。中华民族有极强的生命力,黄帝作为中华民族的祖先,生命就从这里真正开始。此后,在几千年的发展过程中,河流愈来愈宽,声势愈来愈大,力量愈来愈强。如果把整个中华民族的生命比作一个母系统的话,那么中华大地上各个民族的生命就是一个子系统。在这些子系统里,有无数个富有生命活力的个体生命在跃动。它的跃动,使整个系统都充满了活力。而且,这种生命不断地进行新陈代谢,与惰性做斗争。活力与惰性,是一对孪生子。当

---

① 《马克思恩格斯选集》第4卷,第478页。

民族生命的活力不断聚积的时候，惰性也在扩张。因此，民族生命的发展亦是在艰苦的跋涉和顽强的斗争中发展的。惰性随时在侵蚀着活力的基因，活力也在不停地凝聚并与惰性对战。当活力压倒惰性时，民族的生命呈现出发展的趋势。当惰性占据上风时，活力也并没有窒息，仍在内部不断地蕴集，要与惰性对垒。只有社会出现变革，才能使惰性消减，让活力凝聚、发展。《史记》中许多人物积极进取、刚强不息、勇于革命，这正是活力的体现。他们对民族生命的发展做出了重要贡献，正由于他们努力拼搏，才使我们民族生命的发展，"恰似一江春水向东流"，不可阻挡。鲁迅先生在《中国人失掉自信力了吗》一文中曾指出："我们自古以来，就有埋头苦干的人，有拼命硬干的人，有为民请命的人，有舍身求法的人……虽是等于为帝王将相作家谱的'正史'，也往往掩不住他们的光辉，这就是中国的脊梁。"一个民族的大厦，需要全民族的人来支撑。而传记中的优秀人物、脊梁人物，在支撑民族大厦过程中起了中坚作用，给全民族做出了榜样。

三、具有强烈的感情色彩，具有诗一样的语言

清人刘熙载说："学《离骚》得其情者为太史公。"[①] 鲁迅先生更明确地指出：《史记》是"无韵之离骚"，可见他们都看到了司马迁作品的情感因素。由于"情"是史诗的关键所在，因此，我们这里稍微详述一番。

作为历史学家的司马迁首先是一个极富感情的抒情诗人，因此，有人称《史记》"是一首壮烈的爱的颂歌，恨的诅曲，是一首饱含着

---

① 刘熙载：《艺概·文概》，上海古籍出版社1978年版。

作者全部血泪的悲愤诗"①。《史记》的爱和憎以及抒情韵味，既得之于史家秉笔直书之传统，也得之于屈原之骚情，正如刘熙载所说："太史公文，兼括六艺百家之旨。第论其恻怛之情，抑扬之敌，则得于诗三百篇及《离骚》者居多。"②因此，《史记》既是第二部《春秋》，也是第二部《离骚》。司马迁的爱憎感情深深地渗透在对历史人物的刻画上，几乎每篇都是基于一种感情去写的，整部《史记》，处处时时都有司马迁这个抒情主人公的存在。我们看《管晏列传》中的一段：

> 管仲曰："吾始困时，尝与鲍叔贾，分财利多自与，鲍叔不以我为贪，知我贫也。吾尝为鲍叔谋事而更穷困，鲍叔不以我为愚，知时有利不利也。吾尝三仕三见逐于君，鲍叔不以我为不肖，知我不遭时也。吾尝三战三走，鲍叔不以我为怯，知我有老母也。公子纠败，召忽死之，吾幽囚受辱，鲍叔不以我为无耻，知我不羞小节而耻功名不显于天下也。生我者父母，知我者鲍子也。"

从管仲发自肺腑的言语中，我们可以清楚地看到司马迁本人的影子，尤其是"知我不羞小节而耻功名不显于天下也"一语，更是司马迁一生的真实写照。在自己"幽囚受辱"时，他多么希望遇到像鲍叔牙这样的知己，但是，交游莫救，左右亲近不为一言，使他不得不借古代的圣贤之人来抒发自己的不平之气了。《史记》中其他

---

① 韩兆琦：《史记选注集说》前言，江西人民出版社1982年版。
② 刘熙载：《艺概·文概》，上海古籍出版社1978年版。

人物，如孔子、魏公子、鲁仲连、廉颇、蔺相如、李广等，无不打上司马迁主观感情的烙印，有些甚至是用他自己的理想品格塑造的。而对于酷吏张汤，儒者公孙弘、叔孙通等，则是用批判的感情来刻画的。强烈的情感态度，渗透在整个《史记》的创作里。

当用渗透法不能淋漓尽致地抒发感情时，司马迁就公开站出来，直抒胸臆，如火山爆发，震撼人心。《伯夷列传》的大段议论，对黑暗的社会现实做了有力的控诉，悲愤之情犹如屈原之《天问》。《管晏列传》曰："假令晏子而在，余虽为之执鞭，所忻慕焉"，流露出他对贤能志士的向往之情。《汲郑列传赞》曰："夫以汲、郑之贤，有势则宾客十倍，无势则否，况众人乎！下邽翟公有言，始翟公为廷尉，宾客阗门；及废，门外可设雀罗。翟公复为廷尉，宾客欲往，翟公乃大署其门曰：'一死一生，乃知交情；一贫一富，乃知交态；一贵一贱，交情乃见，汲、郑亦云。'悲夫！"揭露世态炎凉入木三分。有时候，司马迁用重复语句来加强抒情气氛，如《魏其武安侯列传赞》"呜呼哀哉！迁怒其人，命亦不延。众庶不载，竟被恶言。呜呼哀哉！祸所从来矣！"《匈奴列传赞》："唯在择任将相哉，唯在择任将相哉！"《太史公自序》："意在斯乎，意在斯乎！""是余之罪也夫，是余之罪也夫！"等等。这种语气的重复，在纯粹的历史学家看来无疑是累赘多余的。但在司马迁的笔下却有重要的抒情意义，如果删除，则其意不全，诗味皆无。它与《楚辞·九章》"重复颠倒"的表现方法是一样的，都体现出作者感情的激烈程度。

不仅如此，司马迁在读前人作品时，也常常抑制不住自己的感情的奔涌，时而悲，时而愤，时而赞，时而叹，一任性情之所至。《孔子世家》曰："余读孔氏书，想见其为人。适鲁，观仲尼庙堂车服礼器，诸生以时习礼其家，余祗回留之不能去云。"《屈原列传》

曰:"余读《离骚》、《天问》、《招魂》、《哀郢》,悲其志。适长沙,观屈原所自沉渊,未尝不垂涕,想见其为人。"《孟子荀卿列传》曰:"余读孟子书,至梁惠王问'何以利吾国',未尝不废书而叹也。"《十二诸侯年表序》曰:"太史公读《春秋历谱谍》,至周厉王,未尝不废书而叹也。"等等,由此可见,司马迁丰富的感情是贯穿在《史记》的每一篇之中。

总之,与其说司马迁是发愤著书,不如说他与屈原一样,也是发愤以抒情,他是史家笔墨抒骚情,借历史人物之酒杯来浇自己胸中之块垒。《项羽本纪》是一首慷慨悲壮的颂赞诗;《伯夷列传》是一首力透纸背的悲愤诗;《游侠列传》、《滑稽列传》、《刺客列传》是一首首"传畸人于千秋"的传奇诗;《酷吏列传》是一首揭露时弊的政治批判诗;《万石张叔列传》是一首细致绝妙的讽刺诗;《司马相如列传》是一首曲折动听的爱情诗;《太史公自序》是一首哀婉感人的自传诗。郭沫若在《论诗三札》中说:

> 诗之精神在其内在的韵律。内在的韵律(或曰无形律)不是甚么平上去入,高下抑扬,强弱长短,宫商徵羽;也不是什么双声叠韵,甚么押在句中的韵文!这些都是外在的韵律或曰有形律。内在的韵律便是"情绪的自然消涨"……内在韵律诉诸心而不诉诸耳![1]

《史记》之所以有诗的情韵,正是由于诗的内在韵律起了决定性的作用。而这种情韵,也正是它成为史诗的重要原因之一。

---

[1] 郭沫若:《郭沫若文集》第10卷,人民文学出版社1959年版,第200页。

四、具有强烈的美感效应，能引起人心灵的强烈震撼

《史记》作为史诗，不仅在于它展现了历史的画卷，刻画了许多历史人物，而且在于它能把握历史的深度，把握人性的真实与光辉，使历史化为现实的活动，使人物化为可感的形象，给读者产生美感效应，这也可以说是史诗创作的目的。史诗的美感效应来自两方面，一是来自"史"的方面，读者通过对历史的认识，可以获得一种"自镜"的作用，达到教育人、鼓舞人的目的。另一方面，也是更重要的方面，即"诗"的方面，也就是文学的方面，人们通过"诗"中的情感、意境，获得一种快感，从而引起心灵的震荡。由此而言，史诗的美感效应与纯历史、纯文学的美感效应有相同又有不同，它是一种双重的效应，因此，阅读史诗可以起到"一箭双雕"的作用。

《史记》是一部史诗，它与《荷马史诗》相比，在艺术上有一些共同之处，它们都善于选择典型事件来刻画人物，而且用对比的手法表现人物的不同个性；都善于描写战争，总体上篇幅巨大，画面广阔。但两者又有不同，《荷马史诗》是神话，《史记》则是历史；前者具有阴柔之美，后者则属阳刚之美；前者是诗的形式，后者是散文的形式。另外，在结构方式、叙事手法上也有许多不同。

亚里士多德在《诗学》中认为，"作为一个诗人，其故事或情节之重要实过于韵文，盖诗人之所以为诗人，乃基于作品中模拟物质之功能，而其所模拟者为动作"。尽管他的"模拟说"不够全面，但他对诗的认识却有许多令人回味的地方。他不是看其外在形式（韵文），更重要的是看所描绘事件本质的能力。从这个角度来说，我们也完全有理由称《史记》是中华民族的宏伟史诗。

第二节　司马迁的史诗与杜甫的诗史

在中国文学史上，唐代大诗人杜甫的诗歌被人称之为"诗史"。孟棨《本事诗·高逸》云："杜逢禄山之难，流离陇蜀，毕陈于诗，推见至隐，殆无遗事，故当时号为'诗史'。"宋祁《新唐书·杜甫传赞》云：

> 唐兴，诗人承陈隋风流，浮靡相矜……至甫，浑涵汪茫，千汇万状，兼古今而有之。它人不足，甫乃厌余；残膏剩馥，沾丐后人多矣。故元稹谓：诗人以来，未有如子美者。甫又善陈时事，律切精深。至千言不少衰，世号"诗史"。

之所以称杜诗为"诗史"，就在于杜诗真实地反映了当时的社会现象，是用诗歌写成的历史。

我们称司马迁的《史记》是史诗，也就在于他的历史著作中具有诗的感情，诗的语言。一个是诗史，一个是史诗，这两者之间是有密切关系的。

首先，杜甫的诗史对司马迁的史诗有一定的继承之处。我们看前人的论述：

宋代周紫芝在《竹坡诗话》中说：

> 凡诗人作语，要令事在语中而人不知。余读太史公《天官书》："天一、枪、棓、矛、盾、动摇、角大、兵起。"杜少陵诗云："五更鼓角声悲壮，三峡星河影动摇。"盖暗用迁语，而语中乃有用兵之意。诗至于此，可以为工也。

清人乔亿在《剑溪说诗》中云：

咏史诗当如龙门诸赞，抑扬顿挫，使人一唱三叹。咏古人即采摭古人事迹，定非高手。试看老杜咏昭烈、武侯诗极多。何尝实填一事？而俯仰伤怀，将五百余年精神如相契合，是何等胸次也。

清人刘熙载在《艺概·诗概》中云：

杜陵五七古叙事，节次波澜，离合断续，从《史记》得来，而苍莽雄直之气，亦逼近之。

清人厉志在《白华山人诗说》卷二云：

太史公篇法之妙，独少陵常用之于诗。

前人的评述都有一定道理，他们看到了司马迁的史诗对杜甫诗史的影响，看到了两人在创作上的一些共同之处。

实际上，杜甫对司马迁的继承还在于他以自己的创作实践发展了司马迁的"发愤著书"说，把深深的忧国忧民情怀和热爱祖国的崇高精神融进了自己的作品中，使"发愤著书"获得了新的内容。

杜甫处在唐帝国由盛而衰、急剧转变时代，安史之乱是这一转变的关键。尖锐复杂的阶级矛盾、民族矛盾以及统治阶级内部的矛盾，不仅造成人民的深重灾难和国家的严重危机，杜甫也被卷入了生活的底层，经受了许多磨难，这种厄运与司马迁有相同之处。也正是由于这样的厄运，杜甫在创作上取得了辉煌成就，并与司马迁有许多相似之处。

一、在创作上两人都倾向于现实主义

司马迁的作品向来以"实录"著称于世，司马迁以史学家特有的德、识、才、学，展现了上下三千年丰富多彩的社会历史画面。杜甫虽是诗人，但同样具备了史学家的条件。他的作品始终面对现实，"三吏"、"三别"反映出广大人民在残酷的兵役下所遭受的痛楚；《自京赴奉先县咏怀五百字》一针见血地揭露了封建社会剥削者与被剥削者之间的阶级对立："朱门酒肉臭，路有冻死骨"；《兵车行》抨击了唐玄宗的穷兵黩武，致使人民流离破产；《丽人行》揭露了杨国忠兄妹奢侈荒淫的丑恶面目；《三绝句》斥骂官吏的贪污如狼似虎，给百姓带来灾难；如此等等。无论是叙事诗，还是抒情诗，都以现实为基础。尤为可贵的是，杜甫在多年饥寒的体验中，加深了对下层人民的同情，能从个人的艰难处境中想到现实中更多的下层人。如《自京赴奉先县咏怀五百字》，在自己"幼子饿已卒"的情况下，他想到的却是"生常免租税，名不隶征伐……默思失业徒，因念远戍卒"。《茅屋为秋风所破歌》中，自己的茅屋为秋风所破，但他想到的却是："安得广厦千万间，大庇天下寒士俱欢颜。"总之，杜甫的忧国忧民的思想使他的创作始终面对现实，把现实主义文学推向了一个新高峰。这也是被人称为"诗史"的重要原因。

二、两人在创作上都有真情实感

司马迁是史学家，但又具有诗人的特质，整部《史记》充满着强烈的感情色彩（详前）。作为诗人的杜甫来说，"情"字贯穿着整个作品。有对统治者的憎愤之情，有对下层人民的深切同情，有对祖国的热爱之情，有对自己不幸遭遇的哀痛之情，有对美好理想的向往之情。而且，他的喜怒哀乐是和祖国命运的盛衰起伏相呼应的。与司马迁一样，他在叙事诗中，有时候把强烈的感情渗透在字里行间，如《石壕吏》等；有时候夹叙夹议，如《北征》等。抒情诗，有时感情如火山爆发，不可收拾，如《闻官军收河南河北》等；有时则借眼前景来抒情，如《登高》、《春望》等；有时则寓情于景，如《登慈恩寺塔》等。作品有了真情实感，才能有美感，才能打动人。这也是史诗与诗史相通的一个重要方面。

三、创作上都有集大成的贡献

司马迁的《史记》，是先秦文化的集大成者。先秦的政治、经济、军事与天文、地理，先秦的诗歌和散文、传记，先秦的人格士风，先秦的语言等，在《史记》中都汇为一体，成为先秦文化的宝库。杜甫的诗也是集大成者。唐代元稹《杜子美墓系铭》对此有高度评价：

> 余读诗至杜子美，而知大小之有所总萃焉。始尧舜时，君臣以赓歌相和，是后诗人继作，历夏、殷、周千余年。仲尼缉拾选练，取其干预教化之尤者三百篇，其余无闻焉。骚人作而怨愤之态繁，然犹去风雅日近，尚相比似。秦汉以还，采诗之官既废，天下俗谣、民讴、歌颂、风、赋，曲度嬉戏之词，亦随时间作。至汉武帝赋《柏梁诗》而七言之体兴。苏子卿、李少卿之徒，尤工为五言。虽句读文律各异，雅、郑之音亦杂。

而词意简远，指事言情，自非有为而为，则文不妄作。建安之后，天下之士，遭罹兵战，曹氏父子，鞍马间为文，往往横槊赋诗，其遒壮抑扬冤哀悲离之作，尤极千古。晋世风概尚存。宋齐之间，教失根本，士子以简慢歘习舒徐相尚，文章以风容色泽放旷精清为高，盖吟写性灵，流连光景之文也，意义格力，固无取焉。陵迟至于梁陈，淫艳刻饰，佻巧小碎之词剧，又宋齐之所不取也。唐兴，学官大振，历世之文，能者互出。而沈宋之流，研练精切，稳顺声势，谓之为律诗。由是而后，文变之体极焉。然而莫不好古者遗近，务华者去实；效齐梁则不逮于魏晋，工乐府则力屈于五言，律切则骨格不存，闲暇则纤秾莫备。至于子美，盖所谓上薄风雅，下该沈宋，言夺苏李，气吞曹刘，掩颜谢之孤高，杂徐庾之流丽，尽得古今之体势，而兼人人之所独专矣。

一个是"文"的集大成者，一个是"诗"的集大成者，而且都能在集前人成果时有新的创造，形成自己独特的风格。

四、创作中都注意选择典型材料，注意细节描写

无论是司马迁的文，还是杜甫的诗，都不可能是生活的流水账。他们从自己的创作目的出发，注意挖掘生活中的典型材料，以此来反映社会或人物的总体风貌，有时则采用以小见大的艺术手法，选择一些细节。杜甫的《兵车行》，就是典型一例：

车辚辚，马萧萧，行人弓箭各在腰。耶娘妻子走相送，尘埃不见咸阳桥。牵衣顿足拦道哭，哭声直上干云霄。道旁过者问行人，行人但云点行频。或从十五北防河，便至四十西营田。去时里正与裹头，归来头白还戍边。边庭流血成海水，武皇开边意未已。君不闻，汉家山东二百州，千村万落生荆杞。纵有健妇把锄犁，禾生陇亩无东西。况复秦兵耐苦战，被驱不异犬与鸡。长者虽有问，役夫敢申恨？且如今年冬，未休关西卒。县官急索租，租税从何出！信知生男恶，反是生女好。生女犹得嫁比邻，生男埋没随百草！君不见，青海头，古来白骨无人收。新鬼烦冤旧鬼哭，天阴雨湿声啾啾。

诗歌揭示了造成"边庭流血成海水"的悲剧的根源，就在于"武皇开边意未已"的好大喜功。诗中"行人"的诉述，就是作者对现实生活所作的典型的艺术概括，通过这个典型材料，反映了千千万万征夫戍卒的遭遇。"三吏"、"三别"更是真切描述了安史之乱给人民带来的深重灾难，都具有典型意义。在杜甫的作品中，还有许多细节描写，尤以《北征》中的一段尤为出色：

经年至茅屋，妻子衣百结。恸哭松声迥。悲泉共幽咽。平生所娇儿，颜色白胜雪。见耶背面啼，垢腻脚不袜。床前两小女，补缀才过膝。海图拆波涛，旧绣移曲折。天吴及紫凤，颠倒在裋褐。老夫情怀恶，数日卧呕泄。那无囊中帛，救汝寒凛慄。粉黛亦解苞，衾裯稍罗列。瘦妻面复光，痴女头自栉。学母无不为，晓妆随手抹。移时施朱铅，狼籍画眉阔。

这个细节，不仅写出家里小儿女的天真烂漫，而且展示了杜甫的家境及自己悲喜交集的复杂心情。像这样的艺术手法，与司马迁刻画人物时所运用的艺术手法有相同之处。

另外，杜甫的作品与司马迁的《史记》一样，充满了理想，成为现实主义与浪漫主义相结合的作品。两人还都喜欢向民间文学学习，吸收民间的俗语进入自己的作品，增加了作品的真实性和生动性，如杜诗《兵车行》中"耶娘妻子走相送"、"牵衣顿足拦道哭"，《前出塞》中，"射人先射马，擒贼先擒王"等，都是非常典型的例子。

总之，司马迁的史诗与杜甫的诗史在许多方面有相同之处。这也从一个侧面说明，司马迁的《史记》与中国的抒情文学有着密切的关系。

第三节 《史记》与中国抒情文学

《史记》具有强烈的抒情性。这种抒情性，在一定程度上继承了《诗经》、《楚辞》等先秦文化的传统。

司马迁以为："诗三百篇，大抵贤圣发愤之所为作也。"《诗经》中有大量的讽刺诗，对司马迁"发愤抒情"产生了一定的影响。《诗经》中还有一些民族史诗，如《大雅》中的《生民》、《公刘》、《绵》、《皇矣》、《大明》，形象地反映了周族发展的历史过程。这些民族史诗的内容也被司马迁纳入《史记》之中。如《周本纪》写周代祖先后稷之事，就采用了《生民》中的神话传说，认为是姜嫄踩了上帝的脚印怀孕而生下后稷，如此等等。而且，《诗经》中的许多作品也被收录于《史记》中，可见司马迁对《诗经》的重视了。

《楚辞》，尤其是屈原的作品，"发愤以抒情"，司马迁继承了这种抒情的意蕴（我们在后文《〈史记〉与屈赋精神实质纵谈》中有详述），使自己的作品具有浓厚的抒情韵味。

先秦时期的历史散文和诸子散文中，也都具有抒情的因素。历史散文如《左传》、《国语》、《战国策》，在描绘历史人物时，都有作者的爱憎感情。诸子百家的著作，在宣传自己的政治主张时，也充满着感情色彩。这些对《史记》的抒情性都起了一定的作用。

《史记》的抒情性，对后代抒情文学产生了不小的影响：

其一，启发作家要抒真情，反对无病呻吟。《史记》抒情，是建立在对历史事实的叙述和对历史人物的刻画之上的，有深厚的基础，而且司马迁能结合自己的亲身体验，让感情自然流露出来。"情"是抒情文学的生命，如果没有对生活的体验，没有对社会进行细致的观察分析，那么，"情"的抒发就会受到阻遏。因此，抒情文学强调的是抒发真情，爱憎分明，反对空喊口号，无病呻吟。

其二，《史记》给抒情文学提供了大量的题材。《史记》是一幅广阔的历史画面，反映了三千年的历史，刻画了许多可歌可泣的人物。这些历史的经验教训，这些非凡的人物，成为抒情文学借以抒情的材料。在抒情文学中，尤为突出的是咏史诗。翻阅一下中国古代的咏史诗，我们不难发现，《史记》中大量的人物进入咏史诗中。这些咏史诗，或借题发挥，或讽喻现实，或抒写怀抱，语不多而情无限。像伍子胥、越王句践、吴王夫差、范蠡、豫让、燕昭王、屈原、西门豹、商鞅、苏秦、楚怀王、孟尝君、平原君、春申君、虞卿、侯嬴、朱亥、蔺相如、荆轲、秦始皇、李斯、巴寡妇清、陈涉、范增、项羽、虞姬、刘邦、戚姬、商山四皓、萧何、张良、韩信、漂母、田横、贾谊、冯唐、汉武帝、李广、司马相如、卓文君等，乃至于司马迁本人，都成为咏史诗中的人物。一提起项羽，人们就会想到李清照的诗句："生当做人杰，死亦为鬼雄。至今思项羽，不肯过江东"；一提起李广，人们就会想到唐诗中"但使龙城飞将在，不教胡马度阴山"、"君不见沙场征战苦,至今犹忆李将军"的句子。不仅咏史诗,其他如宋词、元曲也都有从《史记》中取材的,如元代睢景臣的散曲《高祖还乡》就取材于《史记》的《高祖本纪》,但又有新发展。

其三,艺术上给抒情文学以借鉴。《史记》抒情,或借人抒情,或借事抒情;或直抒胸臆,或寓主观于客观,或夹叙夹议,手法多样。这给后来的抒情文学以一定的借鉴作用。有些虽说不一定从《史记》中借鉴,但其抒情的特点与《史记》有许多相似之处。我们上文所说杜甫的作品在抒情手法上对《史记》的借鉴与发展就是最好的说明。

另外,《史记》人物的思想品格,像屈原的忧国忧民,孔子对理想的执着追求,司马迁身处逆境而顽强不息等,也影响了后代许多诗人、词人。

第六章 《史记》与中国古典悲剧

第一节 《史记》悲剧的范畴与类型

悲剧是一个美学范畴。广义的悲剧是指文学艺术中一切具有悲剧性质的作品，狭义的悲剧是指戏剧中的悲剧。《史记》悲剧即属于广义范畴的悲剧。

美学范畴的悲剧与生活的悲剧有本质的不同。英国当代文学评论家海伦·加德纳在《宗教与文学》中，对人类一般性悲剧做了比较全面的总结，认为人类无法躲避、无法弥补的永久性悲剧因素，"包括含有罪恶的苦难；毁灭幸福的变迁和偶尔事件；无论你采取哪一种行动，都要么导致灾难的降临，要么导致良心不安，这样一种无法忍受的进退两难的处境，以及邪恶的破坏性力量"。由于种种原因，人类的生命活动过程会发生各种各样的悲剧，但这种悲剧只为美学悲剧提供素材，并不等于美学悲剧。

关于美学悲剧，亚里士多德的《诗学》、黑格尔的《美学》等，都有一定的论述，并对后世的悲剧理论和悲剧实践产生过很大影响。但是真正科学地指出悲剧本质的，是马克思主义美学思想。恩格斯指出：悲剧是"历史的必然要求和这个要求的实际上不可能实现之间的悲剧性冲突"①。鲁迅先生也曾精辟地指出："悲剧是将人生有价值的东西毁灭给人看。"②指出悲剧冲突根源在于两种社会阶级力量、两种历史趋势的尖锐矛盾，以及这一矛盾在一定历史阶段上的不可解决，因而必然导致其代表人物的失败与灭亡。因此，现代学者一般都认为："只有当悲剧性主体面对人生的种种困境，表现出求生意志抗争行为时，人类的一般悲剧性才升华凝聚为美学悲剧性。"③这也是鲁迅先生所说的"人生有价值的东西"。

朱光潜先生在《悲剧心理学》里借斯马特《悲剧》里的话说："如果苦难落在一个生性懦弱的人头上，他逆来顺受地接受了苦难，那就不是真正的悲剧。只有当他表现出坚毅和斗争的时候，才有真正的悲剧。哪怕表现出的仅仅是片刻的活力、激情和灵感，使他超越平时的自己。悲剧全在于对灾难的反抗。陷入命运罗网中的悲剧人物奋力挣扎，拼命想冲破越来越紧的罗网的包围而奔逃，即使他的努力不能成功，但在心中却总有一种反抗。"并进一步指出："对悲剧说来，紧要的不仅是巨大的痛苦，而且是对待痛苦的方式。没有对灾难的反抗，也就没有悲剧。引起我们快感的不是灾难，而是反抗。"④

由以上理论来衡量《史记》，我们认为《史记》中的悲剧人物尽管很多，但有些不能属于美学范畴的悲剧。如申生本是晋献公的太子，因为献公宠爱的骊姬欲立其子奚齐为太子，竟设下毒计，把申

---

① 《马克思恩格斯选集》第4卷，第346页。
② 鲁迅：《再论雷峰塔的倒掉》，见《鲁迅全集》第1卷，人民文学出版社1957年版，第297页。
③ 段江丽：《论悲剧精神》，《中国文学研究》1993年第3期。
④ 朱光潜：《悲剧心理学》，见《朱光潜全集》第2卷，安徽教育出版社1987年版，第415—416页。

生逼得走投无路，最后自杀。这些逆来顺受的死，只能是一般生活中的悲剧，不能作为美学悲剧。武安侯田蚡陷害别人，最后也得病而死。这类悲剧也不能算是美学悲剧。

掌握了这个标准，我们试来划分一下《史记》中的悲剧。

按时代来划分，可分为历史悲剧和现实悲剧。

历史悲剧：指汉代以前的悲剧人物。从夏商周三代，尤其是春秋战国秦楚之际，社会急速变化，产生了许多悲剧人物，像商鞅变法，富国强民，却遭车裂之刑；屈原忠于楚国，却屡遭贬谪，最后沉江自杀；荆轲刺秦王，壮士一去不复还；白起为秦国屡建战功，却受别人嫉害，赐剑自杀；还有陈胜、吴广农民起义，反抗强暴，表现出强烈的生命意识；等等。

历史悲剧是历史，但却渗透着作者强烈的思想感情。有些悲剧人物，分明是作者借以抒发自己的感慨。像屈原，就是作者满腔义愤之情的寄托。

现实悲剧：从楚汉战争起，直到汉武帝时代，这是当代历史。在当代历史中，悲剧人物仍是层出不穷。项羽争雄一时，建立霸王之业，但身死东城；韩信有功于汉，最后被诛杀；晁错忠心汉室，却被身斩东市；李广才气天下无双，但郁郁不得志，自杀而死；周亚夫一代名将，最后却活活饿死；如此等等。甚至司马迁本人，也是一个颇具悲剧色彩的人物，从他身上表现出人与社会的顽强抗争，表现出悲剧主体的崇高美。

现实悲剧是当代社会生活的反映，作者敢于写这么多人物，敢于大胆批判社会的不合理，这是他进步历史观的体现。

按悲剧人物划分，可分为英雄悲剧和普通人悲剧。

英雄悲剧：指悲剧主人公是有重大意义的人物，他们的行为，影响着政治,如项羽、陈胜、晁错、韩信等。刘邵《人物志·英雄篇》云:"聪能谋始,明能见机,胆能决之,然后可以为英……气力过人,勇能行之,智足断事,乃可以为雄……若一人之身兼有英、雄,则能长世,高祖、项羽是也。""英雄悲剧一般出现于阶级斗争和民族矛盾的尖锐时刻,悲剧内容充满了鲜明的政治色彩。这样的悲剧及其主人公,往往具有事业的正义性、冲突的激烈性、性格的刚烈性、效果的鼓舞性等特点。"①

《史记》还写了许多下层人物的悲剧,荆轲、高渐离、聂政、程婴、公孙杵臼、郭解、李同等。这些悲剧人物为了某种理想、某种信念(如士为知己者死),赴汤蹈火在所不辞,甚至以自己的牺牲与现实、与恶势力进行顽强斗争,赢得了人们的敬仰。像"赵氏孤儿"中的程婴、公孙杵臼等人,为了保护赵氏孤儿,与屠岸贾等残酷势力斗争,在尖锐冲突中被毁灭,被后人尊称为"八义"。

按悲剧原因可划分为:性格悲剧、社会悲剧、性格社会悲剧。

性格悲剧,是指悲剧主人公的悲剧主要是由个人性格的缺陷造成的。西方莎士比亚的悲剧《麦克白》、《奥赛罗》等,就是这类悲剧的典范之作。《史记》中项羽等人的悲剧在很大程度上就属于这类悲剧。但性格并不是抽象的,而是"社会关系总和"的人在处世态度上的一种特殊表现形式,并非单纯是人的自然形式的个性显现,无不与他们的生活经历、社会地位相联结。因此,性格悲剧有深刻的社会内涵。

社会悲剧,是指悲剧主人公的悲剧主要是由社会原因造成的。像屈原、李广、周亚夫等人的悲剧,就属这种类型的悲剧。他们有

---

① 苏国荣:《我国古典悲剧的发展概貌和审美品格》,《文学评论》1985年第1期。

才能而无法施展,终于被社会吞没。

性格社会悲剧,是指悲剧主人公的悲剧结局是由个人性格与社会原因多方面造成的。像韩信的悲剧,一方面是由于个人性格中的某些弱点所造成,另一方面是由于统治者对功臣的排斥。"狡兔死,走狗亨;高鸟尽,良弓藏;敌国破,谋臣亡",这是一种必然规律。因此,尽管韩信功高无比,还是落个悲剧结局。像陈胜的悲剧,一方面由于个人思想性格的许多弱点(如暂时取胜就骄傲轻敌、生活腐化等),另一方面与秦国强大势力的反扑有关。

以上对《史记》悲剧的划分,只是一个粗线,而且几种类型的悲剧也不是完全割裂的,他们往往互相交叉、结合。我们既可以从不同的侧面去认识,也可以从总体上把握。

第二节 《史记》的悲剧精神与悲剧效果

悲剧是矛盾的尖锐冲突。人与自然、人与社会、人与人、人自身内心都可能发生冲突。在冲突中,悲剧主人公表现出强烈的悲剧精神。

悲剧精神是悲剧的生命,它是人在追求本质力量对象化过程中的生生不已的内在意志激情的体现,"是客观性与主体性的统一,它的客观性主要表现在它是历史的、具体的,是诸种现实关系构成的,'合力'作用的结果,它以个体性方式客观地存在于社会生活之中,它能显示出现实关系的某些本质方面,等等。悲剧精神的主体性内涵是:1.悲剧精神存在于人这个作为一切社会关系总和的实践主体之中,悲剧精神只有在实践主体人的活动中才能显现,作为实践主体的内在生命激情处于悲剧性冲突的主导地位。2.悲剧实践主体具有自觉自为的体验与超越意识，敢于直面痛苦，乐于选择苦痛，善于超越苦痛，以获等量齐观的肉体与精神的自由"。① 正由于悲剧主人公能在毁灭中将"有价值的东西"展现在人们面前，才使悲剧突破了一般的生活悲剧。

《史记》的悲剧精神，即"有价值的东西"，主要表现在以下几个方面：

第一，悲剧实践主体（即悲剧主人公）为实现自身的人生价值而进行力的创造。他们的所作所为就是要展现人的生命的活力。陈胜、吴广出身穷乡僻壤，生命的活力受到压抑，于是他们揭竿而起，举起了反秦的大旗，轰轰烈烈，干出一番事业。"今亡亦死，举大计亦死，死即举大名耳，王侯将相宁有种乎！"面对着死亡，他们勇敢地站了起来，要创造一个新的世界。项羽亦是这样，当陈胜、吴广农民起义失败后，他在这历史的紧要关头站了出来，以"力拔山兮气盖世"的精神，叱咤风云，灭掉强秦，"位虽不终，近古以来未尝有也"。商鞅变法，本身就是对人的惰性的一种挑战。甘龙、杜挚之流"圣人不易民而教，智者不变法而治"、"不劳而成功，吏习而民安"、"利不百，不变法；功不十，不易器"、"法古无过，循礼无邪"等论调，从头到脚充斥着惰性气味。但商鞅并没有屈服，而是坚决实行变法。果然，"行之十年，秦民大悦，道不拾遗，山无盗贼，家给人足。民勇于公战，怯于私斗，乡邑大治"。尽管商鞅最后被那些复旧势力残忍地分尸，但他的精神、他所制定的法，却给人留下了无尽的思考。

第二，悲剧实践主体都具有顽强的意志和坚忍不拔的毅力。他

---

① 佴荣本：《悲剧美学论纲》，《扬州师院学报》1992年第3期。

们在尖锐的矛盾冲突中，身处逆境，外来的压力及内心的压力几乎使他们窒息。但是，他们表现出来的都是百折不挠的顽强毅力，像孙膑、伍子胥、屈原、晁错等，乃至于司马迁本人。孙膑是一位军事家，因受庞涓嫉害，被挖去膝盖骨，但他身残志不残，忍辱负重，逃到齐国，围魏救赵，建立大功，后又在马陵道击败庞涓名显天下。伍子胥为父报仇，先后逃亡到宋、郑等国，历尽艰难，终于报了父仇。晁错在汉文帝时就上疏朝廷，力主削藩，加强中央集权。他认为诸侯必定叛乱："今削之亦反，不削之亦反。削之，其反亟，祸小；不削，反迟，祸大。"①但文帝未采纳。景帝时，晁错任御史大夫，又提出了削弱诸王势力的主张，招来的却是王侯的切齿怨恨，矛盾一步步加剧。后来，他的父亲从颍川来到京城，劝阻说："上初即位，公为政用事，侵削诸侯，别疏人骨肉，人口议多怨公者，何也？"晁错坚定地说："固也。不如此，天子不尊，宗庙不安。"老父亲又说："刘氏安矣，而晁氏危矣，吾去公归矣。"遂饮药而死，曰："吾不忍见祸及吾身。"晁错一心为国家长治久安着想，意志坚定，毫不动摇，乃至于牺牲自己。

第三，悲剧实践主体有正义之高尚情操。刺客豫让、荆轲，游侠郭解等就是这种精神的体现。豫让为了替智伯报仇，"漆身为厉，吞炭为哑，使形状不可知"，去刺杀赵襄子。这种舍身报知己的精神，连赵襄子都受到感动。荆轲刺秦王的壮举，也是为报答知己，"其人虽已没，千载有余情"②。郭解尚侠重义，为人排难解忧，言必信，行必果。还有像保护赵氏孤儿的程婴和公孙杵臼，宁肯牺牲自

---

① 司马迁：《史记·吴王濞列传》，中华书局1959年版。
② 陶渊明：《咏荆轲》诗，龚斌：《陶渊明集校笺》，上海古籍出版社1996年版，第330页。

己,也要保全赵氏遗孤。还有像屈原,忠贞爱国,品德高洁,不随流俗,以死与污浊的社会进行抗争。

总之,《史记》中写了大量的悲剧人物,在他们身上,体现着真善美与假恶丑的斗争,体现着正义与邪恶的斗争,由于斗争的激烈与残酷,这些人物往往被毁灭,但在毁灭中,却放射出耀眼的光芒,使人的生命价值得到了实现。整部《史记》表现出强烈的悲剧色彩,也产生了强烈的悲剧效果。可以说,《史记》悲剧是属于崇高一类的悲剧。韩兆琦先生曾指出:

> 我们从《史记》中读到的不是无所作为的哀叹,而是为壮丽事业而勇敢奋斗的豪歌;不是一蹶不振的颓丧,而是百折不挠、无所畏惧的进取;不是失败的感伤,而是一种胜利成功的快慰,是一种道德上获得满足的欢欣。[①]

接受主体(读者)从悲剧形象中发现深刻的人生悲剧意味,从悲剧人物的意志中发现高尚的人格精神。有价值的东西被丑恶毁灭的过程,就是在欣赏者的认识和情感的更高层次上获得肯定与再生的过程。

《史记》悲剧的效应会给人心灵带来深沉的影响。

它能增强人对苦痛的承受力,提高战胜苦痛的信心和勇气,能从悲剧主人公身上得到一种感召力。许多悲剧人物在逆境中顽强斗争,尽管被毁灭,但他们面对困难、苦痛的精神意志能给人以鼓舞和力量。

---

① 韩兆琦:《史记评议赏析》,内蒙古人民出版社1985年版,第114页。

它能使人从悲剧人物身上反思自身，改变性格中的弱点，有些悲剧人物的悲剧在某种程度上是由于自身的某些弱点造成，像项羽的残暴、不善用人等就是他悲剧的原因之一，人们从中可以观照自身，吸取教训，以完善自己的人格结构。

它还能激发人产生行为反应，由悲剧人物的身上引起心理亢奋，进而变为自己的实际行动。人们从悲剧人物身上感受了强大的悲剧力量，促使自己在实际行动中向他们学习，把审美感受化为实际行动。

总之，这样的效果正如茅坤所说："读《游侠传》即欲轻生，读《屈原贾谊传》即欲流涕，读《庄周》、《鲁仲连传》即欲遗世，读《李广传》即欲力斗，读《石建传》即欲俯躬，读《信陵》、《平原君传》即欲养士。若是者何哉？盖各得其物之情，肆于心故也。"[1]

西方悲剧强调悲剧能引起人的"恐惧和怜悯"，而我们从《史记》悲剧中感受到的却是一种力量，一种奋发向上的精神，可见中西方悲剧有不同的民族特色。

第三节 《史记》的悲剧艺术与结构特征

《史记》的悲剧人物、悲剧精神是通过它的悲剧艺术手法表现出来的。《史记》的悲剧艺术是多方面的，而且是与整部《史记》的艺术相联系的。

首先把悲剧人物放在一定的背景上，展现其毁灭过程。每个悲剧人物都生活在一定的社会环境中，悲剧的发生、发展有一定的过

---

[1] 茅坤：《茅鹿门集》卷一。

程。《史记》写悲剧时,往往把悲剧人物置于具体的历史环境中,一步步展现其毁灭过程。如《李将军列传》中李广的悲剧,就是把他放在文帝、景帝、武帝三个时期,描写了这位"才气无双"的名将在西汉三代最高统治者的打击压抑下有志难展,最终毁灭的过程。文帝、景帝时期,是李广悲剧命运的开始。作品向我们展示,命运的坎坷在李广的青年时代便已显露端倪。"孝文帝十四年,匈奴大入萧关,而广以良家子从军击胡,用善骑射,杀首虏多,为汉中郎。"文帝虽然很赏识李广的才干,却认为他生不逢时:"令子当高帝时,万户侯岂足道哉!"景帝时,李广为骁骑都尉,从太尉亚夫击吴将军,取旗,显功名昌邑下。却因为"梁王授广将军印,还,赏不行"。武帝即位至元狩四年以前,是李广悲剧命运的进一步发展。这时,李广已经为实现立功封侯的抱负在疆场上征战了大半生。他曾经在身负重伤被匈奴所擒的情况下机智勇敢地逃出虎口;他创造了以四千骑力敌匈奴四万骑并大量杀伤敌人的战例。但是他始终没有能够实现自己的宿愿。不仅"为人在下中"的李蔡中率封侯,就连李广手下的军吏士卒有的也得到了封侯之赏。对此,作品通过李广与"望气"王朔的一段对话写出了李广内心的极度苦闷和惆怅:

> 广尝与望气王朔燕语,曰:"自汉击匈奴而广未尝不在其中,而诸部校尉以下,才能不及中人,然以击胡军功取侯者数十人,而广不为后人,然无尺寸之功以得封邑者,何也?岂吾相不当侯耶?且固命也?"

宋人刘辰翁说:"太史公极言李将军不幸,故引弟蔡首未侥幸至列侯三公,正是恨处。又取望气者备广胸怀口语,又慨而叹。缕缕可伤处止在'而'字、'然'字耳,而'固命也'能使人堕泪。"[1]

武帝元狩四年,是作品全篇的高潮,也是李广悲剧命运的高潮。卫青、霍去病分两路率领大军出击匈奴,李广经过多次请求,终于获准参加这次出击,担任大将军卫青所部的前将军。可是出塞以后,卫青又命令李广改行东道,与右将军合并。原来在这次出击前,汉武帝已经暗中授意卫青,认为李广年老,且又"数奇","毋令当单于,恐不得所欲";另外,"是时公孙敖新失侯,为中将军从大将军,大将军亦欲使敖与俱当单于,故徙前将军广"。李广虽然"意甚愠怒",但在大将军卫青迫令下,只好引兵与右将军食其合军出东道。"军亡导,或失道",结果没有如期到达会合地点。"大将军青与单于接战,单于循走,弗能得而还"。卫青出击匈奴失利,迁怒于李广。李广征战一生,不愿在暮年因道远失期而下吏受审,终于满怀悲愤,"引刀自刭"。作品就是这样真实地再现了李广将军毁灭的全过程。

《屈原列传》写屈原悲剧人物亦是这样,把屈原放在楚怀王、顷襄王两个国君时代,真实地展示其毁灭过程。《陈涉世家》中写陈涉,是把他放在秦失其政、各路豪杰蜂拥而起的背景上出场,展现了他由胜利逐渐走向毁灭的过程。

其次,注意悲剧冲突,揭示悲剧的原因。悲剧人物的毁灭是有一定的原因,而且是通过尖锐的矛盾冲突来表现的。《屈原列传》中屈原悲剧的发生就很有代表性。屈原具有崇高美政理想,想使楚国强大,但却不容于社会。尖锐的矛盾有:屈原的忠贞爱国与怀王、顷襄王的不信任;屈原顽强斗争与小人的谗毁;屈原的矢志不渝与众人的随波逐流;屈原自己内心的变国与去国;等等。这种矛盾冲

---

[1] 凌稚隆:《史记评林·李将军列传》引,天津古籍出版社1998年版。

突的结果，终于毁灭了一位忧国忧民、热爱楚国的伟人。屈原的毁灭，原因是很清楚的：楚王的不悟与小人的谗毁。《赵世家》"赵氏孤儿"事件中悲剧人物程婴、公孙杵臼与屠岸贾的矛盾冲突也十分激烈。而在这场冲突的背后，也有晋国国君昏庸不明的原因，由此而导致了邪恶对正义的扭曲。《绛侯周勃世家》周亚夫以杰出的军事才能平定了吴楚之乱，由于他生性耿介屡屡直谏而与汉景帝有隙，汉景帝便迫使他"发病免相"。后来汉景帝又寻找借口把他逮捕，致使他在狱中"不食五日，呕血而死"。又如在《白起王翦列传》中，曾为秦国攻得七十余城的大将白起，因为不同意在长平之役后"秦卒死者过半"的情况下再对赵国发动大规模的战役而激怒秦昭王。秦昭王不仅将白起"免为士伍"，并且在白起重病的情况下责令白起迁出咸阳。白起迁出咸阳后，秦昭王又认为"白起之迁，其意尚怏怏不服，有余言"。于是秦昭王"乃使使赐之剑，自裁"。在秦昭王的逼迫下，白起终于含冤"引剑自裁"。

《魏公子列传》中魏公子窃符救赵，又率兵以保魏，名声大振。秦国使用反间计，魏王听信敌人谣言，使人替代公子大将，魏公子终于病卒。作者通过一系列的悲剧冲突，给人们展示了悲剧之所以发生的深刻原因。

再次，注意悲剧人物的主导性格，挖掘其内在价值。每个悲剧人物都有自己的性格，有些甚至是多方面的性格，有时伟大，有时渺小；有时可爱，有时可憎。作者能够在真实地写出人物多重性格的同时，注重人物的主导性格，以此来挖掘悲剧人物身上有价值的东西。为了突出人物的主导性格，作者往往采用互见法，将人物的一些次要特征或缺点弱点放在别的传记中，在本传中详写其最有个性的方面。如项羽是一个具有多重性格的悲剧人物，钱锺书先生曾有精辟分析（参见第三章《〈史记〉与中国古典传记》中第二部分）。但司马迁所要突出的仍是项羽的叱咤风云的气概和英雄本色，因此，《项羽本纪》中的"巨鹿之战"、"垓下之围"作者重墨去写，便于人们从他身上挖掘最有价值的力量。同样，像陈胜的悲剧，虽有他个人的某些弱点，但他留给后人的仍是他那敢于反抗强暴的大无畏精神，他首举义旗的功劳是永不磨灭的。再像商鞅、吴起、晁错，尽管司马迁对他们的性格颇有微辞，但在传记中却重点写他们勇于变法的顽强斗争精神，人们从他们身上得到的是生命的活力和不屈的意志力量。

最后，把强烈的感情渗透在作品之中，也是《史记》悲剧艺术特征之一。《史记》作品充满着强烈的感情色彩，尤其是悲剧作品，因为司马迁就是悲剧人物，他对那些悲剧人物有一种特殊感情。我们在《〈史记〉与中国抒情文学》一章中对《史记》的感情问题有一定论述，其他章节中也有涉及，这里不再赘述。

悲剧结构是悲剧外在形式的表现。《史记》中的悲剧艺术结构，我们按悲剧人物的生命节奏来划分，主要有两类：波浪起伏型和前后对比型。

波浪起伏型结构，是指悲剧作品随着悲剧主人公生命运动的历程变化，呈现出波浪起伏式节奏。像豫让刺杀赵襄子、荆轲刺秦王、赵氏孤儿等故事，以及《屈原列传》、《李将军列传》、《晁错传》等都属于这类结构，作品的结构也就随之呈现出或剧烈、或舒缓的情况。

前后对比型结构，是指悲剧主人公的命运前后不同，作品也就呈现出前后对比的结构。《项羽本纪》、《陈涉世家》、《淮阴侯列传》、《魏公子列传》、《白起传》、《周亚夫传》等就是这类结构。悲剧人物在前期往往不处于悲剧性的矛盾冲突中,随着矛盾的不断展开,悲剧人物的命运发生了历史性变化,作品也就向悲剧性矛盾冲突转化,完成悲剧人物的塑造。

第四节　司马迁的悲剧心态与悲剧时代

《史记》中写了大量的悲剧人物,而且写得异常动人,引人奋发,其原因之一,就是司马迁是以悲剧人物的身份写悲愤人物的。

按照悲剧美学理论,悲剧作家应在悲剧生活实践和悲剧创作活动中培养三种能强化悲剧审美定势的内在动力要素:一是培养对生命价值的不懈追求意识,善于对人生和宇宙问题进行思索;二是具有对理想的伦理美学的热切向往;三是要有相对现实苦难的超越精神。[1]这三方面的要素司马迁都具备了。

48岁本来正是创造力旺盛的时期,可司马迁身遭不幸,《史记》创作进入了最艰苦时期。司马迁出狱后,任中书令,是皇帝身边的秘书。但此职一般是由宦官担任,对于重名节的司马迁来说乃是一种耻辱。因此,他表面上看是"尊宠任职",实际上是忍辱供职。这期间,他的一个朋友任安写信劝他在任职时"以慎于接物,推贤进士为务"[2],以为司马迁在皇帝身边,可以直接向皇帝进言,岂不知司马迁心里是多么痛苦。如果说朋友不理解自己,司马迁对此尚且能够忍受的话,那么,从古到今,人们歧视宦官的做法,则使他痛心疾首:"刑余之人,无所比数,非一世也,所从来远矣。昔卫灵公与

---

[1] 佴荣本:《悲剧美学论纲》,《扬州师院学报》1992年第3期。
[2] 班固:《汉书·报任安书》,中华书局1962年版。

雍渠载,孔子适陈;商鞅因景监见,赵良寒心;同子参乘,爰丝变色,自古而耻之。夫中材之人,事关于宦竖,莫不伤气,况慷慨之士乎!"① 如此的环境气氛,如此的个人不幸,向谁去诉说呢?又有谁能理解呢?屈辱的枷锁套在他的身上,增加了他的精神负担,也增加了《史记》创作的艰巨性。司马迁的可贵之处在于,经过内心的一番激烈的搏斗之后,他冷静下来,理智地思考问题,理智地对待挫折,并从以下几个方面来调整自己的心态:

第一,时代使命。汉武帝时代,是大汉帝国的兴盛时代。这个时代也给史学家提出了重要而迫切的课题:总结前代历史经验,表彰当代明君贤臣。这样的时代也给完成这个课题创造了有利条件。汉武帝"建藏书之策,置写书之官,下及诸子传说,皆充秘府"②,于是,"天下遗文古事靡不毕集太史公"③。司马父子就是在这样的背景下自觉地肩负起了时代重任。就司马迁而言,他生活在充满活力的时代,也多次随武帝出巡,感受到时代的恢宏气势,作为太史公,"废明圣盛德不载,灭功臣世家贤大夫之业不述"④,这将是莫大的罪过。他要创造一部通史,包揽前代,歌颂大一统。"司马迁于史著上的雄心大略,真是不亚于刘彻之在政治上。"⑤ 尽管司马迁身遭腐刑,但他并不以己之私而放弃修史的使命。可以说,强烈的时代使命感,炽热的爱国之情,促使他在逆境中站立起来。而他的不幸遭遇,使他更看清了社会各方面存在的弊病与矛盾,促使他向当朝统治者敲

---

① 班固:《汉书·报任安书》,中华书局 1962 年版。
② 班固:《汉书·艺文志》,中华书局 1962 年版。
③ 司马迁:《史记·太史公自序》,中华书局 1959 年版。
④ 司马迁:《史记·太史公自序》,中华书局 1959 年版。
⑤ 郑振铎:《插图本中国文学史》,作家出版社 1957 年版,第 120 页。

响警钟,这也是一种责任感。

第二,父亲遗愿。元封元年,太史公司马谈临终前将完成《史记》的重任交给了司马迁,他拉着司马迁的手流着热泪说:"余先周室之太史也。自上世尝功名于虞夏,典天官事,后中衰,绝于予乎?汝复为太史,则续吾祖矣。……余死,汝必为太史;为太史,无忘吾所欲论著矣。且夫孝始于事亲,中于事君,终于立身,扬名于后世,以显父母,此孝之大者。……今汉兴,海内一统,明主贤君忠臣死义之士,余为太史而弗论载,废天下之史文,余甚惧焉,汝其念哉!""迁俯首流涕曰:'小子不敏,请悉论先人所次旧闻,弗敢阙。'"① 司马迁接受父命,是要尽自己的孝道,不辜负父亲的期望。因此,虽然自己身处逆境,但父亲的高大形象始终闪现在自己的眼前,父亲临终前的言语犹如洪钟一般在他的耳边响起,如果不完成《史记》,连起码的孝道都不能做到,拿什么让地下的父亲安息呢?所谓的"扬父母"就更无从谈起了。在这股力量的推动下,司马迁更坚定了完成《史记》的信念。

第三,修史目的。司马迁修史,是要继孔子作《春秋》,借《史记》表达自己的思想:"究天人之际,通古今之变,成一家之言",他要"答复历史怎样变化发展",要拿出"自己独到的见解"②,绝非单纯地记载历史。即使按五百年出一圣人的循环观点,现在也该自己站出来继承孔子修第二部《春秋》,这个机会不能放过。他现在的目标是要探求从黄帝以来的三千年历史是如何发展变化的,人在社会发展变化中处于什么位置,有什么作用。作为一个史学家,

---

① 司马迁:《史记·太史公自序》,中华书局1959年版。
② 白寿彝:《司马迁与班固》,《北京师大学报》1963年第4期。

如果能够独立地、正确地回答出这个问题,发表自己的一家之言,也算是对人类文化做出一点有益的贡献。这个目标是崇高的、远大的。司马迁不愿意放弃这个目标,宁肯受辱,也要为此而奋斗。而且,身遭腐刑使他对社会问题有了更清醒的认识,尤其是对当代历史有了更深刻的评价,促使他把自己的思想表达出来,引起世人的注目。这种修史的目的是司马迁调整情绪的一个重要方面。一个人在遇到挫折时,如果没有崇高的目标作精神支柱,他是很难坚持前进的。

　　第四,成就功名。司马迁是富有创造性的人物,他要通过自己的不懈努力来成就自己的功名。他认为:"修身者,智之符也;爱施者,仁之端也;取予者,义之表也;耻辱者,勇之决也;立名者,行之极也。士有此五者,然后可以托于世,而列于君子之林矣。"[①]把立名作为自己行为的崇高目标。他在《与挚峻书》中也说:"迁闻君子所贵乎道者三:太上立德,其次立功,其次立名。"一个人活在世上,总要有自己的功名追求。不幸的是,司马迁遭腐刑后,立德、立功之路已经无法走通,他没有悲观,而是以"立言"的形式来实现自己的崇高目标。"所以隐忍苟活,幽于粪土之中而不辞者,恨私心有所未尽,鄙陋没世,而文采不表于后世也"[②]。如果"草创未就"便因受辱而放弃修史,岂不成了无用之辈了吗?作为大丈夫,无论受什么挫折,总要轰轰烈烈干出一番事业来。商鞅变法,"强霸孝公",乐毅"为弱燕报强齐之仇,雪其先君之耻";田单"用即墨破走骑劫,遂存齐社稷";韩信"拔魏赵,定燕齐,使汉三分天下有

---

① 班固:《汉书·报任安书》,中华书局1962年版。
② 班固:《汉书·报任安书》,中华书局1962年版。

其二，以灭项籍"；卫青、霍去病"直曲塞，广河南，破祁连，通西国，靡北胡"；像这样的人物真是太多了。司马迁从他们身上也感受到了一种奋发向上的力量，促使自己完成《史记》，建立功名。

第五，个人雪耻。这也是司马迁调整自己情绪的一个重要方面。"行莫丑于辱先，而诟莫大于宫刑"①，身受腐刑给司马迁造成的精神折磨远远超过了肉体的痛苦。"士可杀而不可辱"，他也想以死来洗刷自己的耻辱。看看历史，伯夷、叔齐因耻食周粟而饿死于首阳山，屈原因政治理想破灭不愿受亡国之辱而投江自杀，周亚夫被捕入狱不甘受辱绝食而死，这些人物已经给正直而受辱的人树立了榜样。但司马迁又认为自己还没有完成《史记》，即使一死，"若九牛亡一毛，与蝼蚁何异？"《史记》未完而死，就等于再加一等耻辱，只有发愤图强，与现实抗争，完成《史记》，"藏之名山，传之其人，通邑大都"，才能"偿前辱之责"。②因此，他决定弃死就生，艰难地活下去。当然，这样做不易被世俗之人所理解。"人情莫不贪生恶死，念亲戚，顾妻子，至激于义理者不然"③，为了义理可以去死，就连奴隶婢妾，受辱后都能够决然而死。自己并不是怕死，而是要雪耻。"司马迁就是这样放弃了死而选择了生，肉体上的摧残就是这样促进了思想上的升华，这位天才思想家就是这样用自己的生命的热力温暖了自己业已冷却的心"④，继续进行他的艰难而伟大的事业。

第六，前代历史。作为历史学家，司马迁对前代历史太熟悉了，有多少英雄豪杰在人生道路上受到挫折，又有多少志士仁人身处逆

---

① 班固：《汉书·报任安书》，中华书局1962年版。
② 班固：《汉书·报任安书》，中华书局1962年版。
③ 班固：《汉书·报任安书》，中华书局1962年版。
④ 黄新亚：《司马迁评传》，光明日报出版社1991年版，第99页。

境而发愤努力，成就功名。"西伯，伯也，拘于羑里；李斯，相也，具于五刑；淮阴，王也，受械于陈；彭越、张敖，南面称孤，系狱抵罪；绛侯诛吕，权倾五伯，囚于请室；魏其，大将也，衣赭衣，关三木；季布为朱家钳奴；灌夫受辱于居室"①，这些身为王侯将相的人物尚且有此遭遇，而自己身份职位，"近乎卜祝之间，固主上所以戏弄，倡优所畜，流俗之所轻也"②，区区史臣，有此厄运，又有什么奇怪的呢？这样一想，司马迁的心理得到了些安慰。再看历史上的"倜傥非常之人"，周文王、孔子、屈原……都是身处逆境而发愤著书。司马迁又从这些人身上汲取了强大的精神力量，促使自己以顽强毅力完成《史记》。历史使司马迁看清了现实，也增强了与现实抗争的决心和信心。

经过以上多方面冷静思考，司马迁终于从"悲"的心境中解脱出来，超越了现实的苦难，也使他对悲剧历史、悲剧人物有了更深刻的认识，能从悲剧人物身上挖掘出最有生命力的价值，展现在人们面前。

《史记》中出现大量悲剧作品的另一原因是社会原因。司马迁的作品是悲剧时代作品。悲剧时代包括两个时代，首先是司马迁所处的汉代。当时从外部来说，大小战争不断，流血牺牲，产生了许多悲剧人物；从内部来说，也是阶级矛盾激烈发展着的时代。汉初休养生息，使整个地主阶级享受了太平盛世的福音，但是广大劳动人民却因遭受豪强的欺凌、地租及高利贷的剥削，加上国家沉重的赋役负担而走向贫困，卖爵鬻子，日有所闻。汉武帝好大喜功，过度

---

① 班固：《汉书·报任安书》，中华书局 1962 年版。
② 班固：《汉书·报任安书》，中华书局 1962 年版。

使用酷吏，严刑峻法，因而使统治阶级内部的各种矛盾空前激化。

由汉代向前追溯，是历史时代。历史时代从一开始，就充满战争，充满着悲剧。到春秋战国时社会分裂，动荡不安，战争也愈演愈烈，"争地以战，杀人盈野；争城以战，杀人盈城"，直到秦始皇横扫六国，天下一统，战争才略有停止。但秦王朝实行残酷的政治措施，大兴土木，暴虐百姓，统治者内部矛盾重重，危机四伏，终于导致了秦末农民大起义，熊熊烈火燃遍天下，秦王朝覆灭。

总之，无论当代还是前代，无论哪个国家，无论国家的内部还是外部，都存在着尖锐的矛盾斗争，斗争的结果就导致悲剧的发生。《史记》要反映三千年历史，这样的悲剧当然是不可回避的。

以上所说的每个时代都带"悲"的因素。另一方面，历史时代和当代，都还带有"壮"的色彩。历史时代中，春秋战国以来，"人"的价值观念发生了重大变化，人的自我价值得到了肯定，人们要在现实中实现自我价值。当新兴地主阶级登上历史舞台后，充满着生机和活力。于是，许多有理想、有抱负的人物总想轰轰烈烈干一番事业。秦始皇统一天下，也是力量的象征，是"壮"的事业。汉代，经过文景之治，到武帝时期，政治、经济、文化、军事、外交等方面出现了空前的繁荣局面。正如司马迁在《自序》中所说："汉兴以来，至明天子，获符瑞，封禅，改正朔，易服色，受命于穆清，泽流罔极，海外殊俗，重译款塞，请来见者，不可胜道。"就人才而言，"汉之得人，于兹为盛，儒雅则公孙弘、董仲舒、儿宽，笃行则石建、石庆，质直则汲黯、卜式，推贤则韩安国、郑当时，定令则赵禹、张汤，文章则司马迁、相如，滑稽则东方朔、枚皋，应对则严助、朱买臣，历数则唐都、落下闳，协律则李延年，运筹则桑弘羊，奉使则张骞、苏武，将帅则卫青、霍去病，受遗则霍光、金日䃅,其余不可胜纪"①。司马迁生活在这样的时代,也使他产生了"壮"的行为。

这种"悲"与"壮"结合的时代特征,也就造成了《史记》悲剧的悲壮特点。悲剧人物尽管以"悲"结局,但"壮"的一面却永远留给后人,鼓舞人奋发向上。

第五节 《史记》与中国古典悲剧

《史记》是一部带有强烈悲剧色彩的作品,在中国古典悲剧史上占有重要的地位,并对后代悲剧产生了深远影响。

说起中国古典悲剧,在古老的神话传说中就已经有许多悲壮的作品,像夸父追日、女娲补天、鲧禹治水等,表现了人与自然的激烈冲突,它们是神的悲剧,也是人的悲剧,具有震撼人心的力量。在我国第一部诗歌总集《诗经》中,也有一些悲剧性作品,像《卫风·氓》等。春秋战国时期的历史散文像《左传》、《国语》、《战国策》等,也颇有一些悲剧色彩。尤其是屈原的《离骚》,把悲剧作品发展到一个新阶段,炽热的爱国之情,顽强的斗争精神,都给人以生命的启迪。

司马迁的《史记》,又把悲剧艺术大大向前发展了一步,其中所表现的悲剧精神是空前的,并且感召后人。

《史记》对中国古代悲剧作品的影响首先表现在强烈的批判意识方面。《史记》悲剧不像古希腊悲剧那样强调命运的作用,而是真实地挖掘悲剧发生的原因,揭露社会的不公平、不合理,充满着强烈

---

① 班固:《汉书·公孙弘儿宽传赞》,中华书局1962年版。

的批判意识。这种精神影响到后代悲剧作品，使其往往注重社会原因的剖析。像关汉卿的《窦娥冤》、纪君祥的《赵氏孤儿》、孔尚任的《桃花扇》等，对悲剧主人公的悲剧原因进行了深刻的揭示。仅以窦娥悲剧来说，她的被毁灭，完全是由于封建社会是非颠倒、官吏贪赃枉法所造成的。作者通过窦娥对天、地的大胆质疑以及临刑前发出的三桩誓愿，对封建社会草菅人命的社会现实进行了强烈控诉，作品加以"冤"字，就是对社会的强烈批判。

其次，《史记》的悲剧精神对后代悲剧作品的悲剧精神产生了一定影响。《史记》悲剧表现了奋发有为、顽强不屈、敢于斗争的精神，此后的悲剧作品如《清忠谱》、《精忠旗》、《水浒传》等，都体现了这种悲剧精神。而且，这些精神对于民族精神的形成也起了一定的积极作用。

再次，《史记》中写了许多下层人物的悲剧，这对后来的凡人悲剧有一定影响。古希腊悲剧作品的主人公大都是上层人物和名门贵族。在欧洲，一般群众出现于悲剧作品中，已经是18世纪启蒙运动后的事了。而司马迁的悲剧人物系列中，却有许多出身微贱、地位低下的人物，像游侠、刺客、门客等。司马迁写出他们的功劳、他们的品格，体现了司马迁的历史观和审美观。在我国古典悲剧中，不乏小人物的悲剧，像元杂剧的奠基人关汉卿就写了大量的下层人物（尤其是妇女）的悲剧作品。小说中的悲剧也不少，像长篇小说《水浒传》、短篇小说《杜十娘怒沉百宝箱》等。杜甫的叙事诗，还有大量记人记事散文都注意到下层小人物的悲剧，应该说有司马迁的一大功劳。

最后，《史记》中的悲剧作品给后来的悲剧创作提供了丰富的素材。《史记》中许多悲剧人物及其故事成为后代悲剧作家取材的武库。介之推、伍子胥、孙膑、屈原、项羽、韩信、陈胜、吴广，还有刺客、游侠等，都成为后代悲剧的主要题材。尤其像《赵世家》中"赵氏孤儿"故事中的程婴、公孙杵臼等人，经元杂剧《赵氏孤儿》改编后，传到欧洲，轰动了欧洲文坛，足见《史记》影响之大。

综上所述，《史记》在中国古典悲剧史上具有重要的地位。虽然它是一部历史，有些悲剧人物写得还不够充实鲜明，个别情节还比较简略，但大部分情节完整，人物形象鲜明，完全有理由把他们列入美学悲剧的范畴加以研究，并以此为基础，去探讨中国古典悲剧的民族特色。

第七章 《史记》与中国浪漫主义文学

《史记》是一部现实主义文学作品。《汉书·司马迁传》云:"自刘向、扬雄博极群书,皆称迁有良史之材,服其善序事理,辨而不华,质而不俚,其文直,其事核,不虚美,不隐恶,故谓之实录。"所谓"实录",就是对《史记》现实主义文学成就的最好评价。

但是,《史记》也具有浪漫主义文学的成分。《史记》创作的目的是要"传畸人于千秋"①。"畸人",即"奇人",即司马迁所说的"倜傥非常之人",这些人都有非凡的经历,非凡的举动,加之司马迁在描写这些人时运用了一定的想象、夸张等传奇手法,使《史记》带有明显的浪漫色彩。可以说,《史记》是现实主义与浪漫主义结合的产物。

对于《史记》的现实主义问题,学术界已多有论述,我们这里重点探讨《史记》的浪漫主义问题。

第一节 "戴着镣铐跳舞"
—— 实录基础上的想象

古希腊哲学家亚里士多德就历史与文学的区别问题发表过著名

---

① 鲁迅:《汉文学史纲要》,《鲁迅全集》第 8 卷,人民文学出版社 1957 年版。

的论述,他认为:

> 诗人的职责不在于描述已发生的事,而在于描述可能发生的事。历史家与诗人的差别不在于一用散文,一用"韵文"……两者的差别在于一叙述已发生的事,一描述可能发生的事。因此,写诗这种活动比历史更富于哲学意味,更被严肃地对待;因为诗所描述的事带有普遍性,历史则叙述个别的事。所谓"有普遍性的事",指某一种人,按照可然律和必然律,会说的话,会行的事,诗要首先追求这个目的,然后才给人物起名字;至于"个别的事"则是亚尔西巴德所作的事或所遭遇的事(借指历史上的真人真事——引者)。①

我国明清之际文学批评家金圣叹在《读第五才子书法》中说:

> 《史记》是以文运事,《水浒》是因文生事。以文运事,是先有事生成如此如此,却要算计出一篇文字来,虽是史公高才,也毕竟是吃苦事;因文生事即不然,只是顺着笔性去,削高补低都由我。

总之,文学可以按照可然律或必然律"顺着笔性去",自由想象,因无生有,而历史则不能。我们所说的史传文学更具有特殊性,它既不同于一般的历史记载,又不同于历史小说。一般的史书在叙事时只要按照事实实录,对历史人物的性格不必刻画,只需要抽象

---

① 亚里士多德:《诗学》,罗念生译,人民出版社1984年版,第28—29页。

的语言来概括，对于历史发展的动向，也可用概括的话指出来。史传文学则不同，它要通过一系列有血有肉的历史人物的生动形象来说明问题，表现历史发展的进程与趋向（当然也有概括叙述）。历史小说塑造人物形象，只是根据这些历史人物可能有某些言行来写，允许作者虚构、想象；史传文学则不能凭空虚构，必须以真人真事为依据，再现历史人物风貌。但这并不排除它在某些方面的合理想象。史传文学的这种特点，人们称之为"戴着镣铐跳舞"。真实犹如"镣铐"，对想象起限制作用；想象好像"跳舞"，在一定规则下施展才华，翩翩起舞。

高尔基说过："想象和推测可以补充真实的链条中的不足和还没有发现的环节。"[①] 想象是人所特有的一种心理活动，现代心理学根据想象内容的独立性、新颖性和创造性的不同，把想象分为再造想象和创造想象两大类。[②] 再造想象是每个史家必备的条件之一。史家根据客观材料事实（文字记载以及采访所得等），对一个人的许多表象（言语、行动、神态等）加以综合，使历史人物活生生地在头脑中再现出来，并使之物态化，给人们展示出历史人物的形象。这种想象，也并非机械地照搬历史人物原样，它经过了史家去粗存精的筛选。一方面史家对历史人物的表象进行由表及里的研究，另一方面，也注入了史家自己的思想感情。因此，再现出来的历史人物，不仅符合原貌，而且具有艺术的品格，正如别林斯基所说："不仅抓住了外部的相似并且还把握到原型的整个灵魂。"[③] 当然，由于史传文学本身的特点，在写历史人物时常常还得借助创造想象去填补事实链条

---

① 高尔基：《论文学》，孟昌等译，人民文学出版社1978年版，第158页。
② 曹日昌：《普通心理学》（上），人民教育出版社1980年版，第283页。
③ 别林斯基：《别林斯基论文学》，梁真译，新文艺出版社1958年版，第17页。

上的空白，以保持形象的完整性和逼真性。这种想象，必须符合生活的"可然律或必然律"。我们所说史传文学的"合理想象"即指此类。需要说明的是：文学中通过创造想象所塑造的人物，具有综合的特点，也就是说，塑造的人物形象是集中了许多人的特点而形成的，正如鲁迅在《南腔北调集·我怎么做起小说来》中所说，人物"往往嘴在浙江，脸在北京，衣服在山西，是一个拼凑起来的角色"。而史传中借助创造想象，只是综合一个人（而不是许多人）的各方面特点，并且它的主要任务是补充事实链条中的不足，所以，史传文学对于创造想象只是借助而不全用。《左传》僖公二十二年载："晋太子圉为质于秦。将逃归，谓嬴氏曰：'与子归乎？'对曰：'子，晋太子，而辱于秦，子之欲归，不亦宜乎！寡君之使婢子侍执巾栉，以固子也。从子而归，弃君命也，不敢从，亦不敢言。'遂逃归。"两人密谈，他人何知？宣公二年晋灵公派鉏麑刺杀赵盾，"晨往，寝门辟矣，盛服将朝，尚早，坐而假寐。麑退，叹而言曰：'不忘恭敬，民之主也。贼民之主，不忠；弃君之命，不信。有一于此，不如死也。'触槐而死"。一人独知，他人岂能知之？显然是作者按照必然律，设身处地想象的结果。钱锺书先生对此有精彩的论述：

> 史家追叙真人真事，每须遥体人情，悬想事势，设身局中，潜心腔内，忖之度之，以揣以摩，庶几入情合理。盖与小说、院本之臆造人物、虚构境地，不尽同而可相通。①

《史记》的文学色彩之所以比前代史书突出，合理想象是其原因

---

① 钱锺书：《管锥编》第1册，中华书局1979年版，第166页。

之一。如《赵世家》所写赵氏孤儿之事,是从《左传》演变而来的,经过司马迁的精心组织,再三补充,以及合理想象,使这一宫廷斗争演化为一场激烈的忠奸斗争。奸臣屠岸贾,舍身救孤的公孙杵臼、程婴等人,《左传》中是没有的。"搜孤、救孤"一段尤为精彩:

> 赵朔妻成公姊,有遗腹,走公宫匿。赵朔客曰公孙杵臼,杵臼谓朔友人程婴曰:"胡不死?"程婴曰:"朔之妇有遗腹,若幸而男,吾奉之;即女也,吾徐死耳。"居无何,而朔妇免身,生男。屠岸贾闻之,索于宫中。夫人置儿绔中,祝曰:"赵宗灭乎,若号;即不灭,若无声。"及索,儿竟无声。已脱,程婴谓公孙杵臼曰:"今一索不得,后必且复索之,奈何?"公孙杵臼曰:"立孤与死孰难?"程婴曰:"死易,立孤难耳。"公孙杵臼曰:"赵氏先君遇子厚,子彊为其难者,吾为其易者,请先死。"乃二人谋取他人婴儿负之,衣以文葆,匿山中。程婴出,谬谓诸将军曰:"婴不肖,不能立赵孤。谁能与我千金,吾告赵氏孤处。"诸将皆喜,许之,发师随程婴攻公孙杵臼。杵臼谬曰:"小人哉程婴!昔下宫之难不能死,与我谋匿赵氏孤儿,今又卖我。纵不能立,而忍卖之乎!"抱儿呼曰:"天乎天乎!赵氏孤儿何罪?请活之,独杀杵臼可也。"诸将不许,遂杀杵臼与孤儿。

在这一段中,赵朔妻抱儿而祝、公孙杵臼与程婴二人的谋救赵孤等,都是司马迁发挥想象的结果,我们读它,犹如读惊险小说一般,不仅为赵氏孤儿捏一把汗,也为公孙杵臼与程婴的赤心所感动,与他们同呼吸,共命运。正因为司马迁的描述更接近于文学,所以才被后人改编为戏剧,至今不衰。《张仪列传》写张仪入楚被执,靳尚鼓动楚怀王宠幸的夫人郑袖释放张仪,基本依据《战国策·楚策二》,但《战国策》只说"郑袖遽说楚王出张子",非常概括,而《史记》则增改为:"于是郑袖日夜言怀王曰:'人臣各为其主用。今地未入秦,秦使张仪来,至重王。王未有礼而杀张仪,秦必大怒楚。妾请子母俱迁江南,毋为秦所鱼肉也。'"郑袖的一番话,显然属于房中枕边之语,是司马迁根据人物的个性特征加以适当发挥,更具有文学性,也更形象生动。

再如"骊姬谗太子申生"一事,我们看《左传》、《国语》、《史记》三者的不同:

> 姬谓太子曰:"君梦齐姜,必速祭之。"太子祭于曲沃,归胙于公。公田,置诸宫。六日,公至,毒而献之。公祭之地,地坟;与犬,犬毙;与小臣,小臣亦毙;姬泣曰:"贼由太子。"太子奔新城,公杀其傅杜原款。
>
> ——《左传》僖公四年
>
> 骊姬以君命命申生曰:"今夕君梦齐姜,必速祠而归福。"申生许诺,乃祭于曲沃,归福于绛。公田,骊姬受福,乃置鸩于酒,置堇于肉。公至,召申生献。公祭之地,地坟。申生恐而出。骊姬与犬肉,犬毙;饮小臣酒,亦毙。公命杀杜原款,申生奔新城。
>
> ——《国语·晋语二》
>
> 姬谓太子曰:"君梦见齐姜,太子速祭曲沃,归釐(祭肉)于君。"太子于是祭其母齐姜于曲沃,上其荐胙于献公。献公时出猎,置胙于宫中。骊姬使人置毒药胙中。居二日,献公从猎

来还。宰人上胙献公，献公欲飨之。骊姬从旁止之，曰："胙所从来远，宜试之。"祭地，地坟；与犬，犬死；与小臣，小臣死。骊姬泣曰："太子何忍也！其父而欲弑代之，况他人乎？且君老矣，旦暮之人，曾不能待而欲弑之！"谓献公曰："太子所以然者，不过以妾及奚齐之故。妾愿子母辟之他国，若早自杀，毋徒使母子为太子所鱼肉也。始君欲废之，妾犹恨之；至于今，妾殊自失于此。"太子闻之，奔新城，献公怒，乃诛其傅杜原款。

——《史记·晋世家》

同样一件事，《左传》、《国语》偏重于骊姬的行动描写。《史记》不仅写了骊姬的行动，而且有声有色地描摹出言辞。这些言辞的增加，深刻地揭示出骊姬阴险、狠毒的内心世界。司马迁高超的地方就在于他能够准确地把握住骊姬狠毒的性格，潜其腔内，设身处地，为骊姬安排了三段言辞，让其性格自我暴露。这些言辞并不一定真有，但司马迁写出来都是真真实实的，符合生活情理，符合人物性格。

心理描写亦是作者根据实际情况和人物性格，适当地加以想象的结果。李长之先生曾指出："司马迁的历史，已经能够探求到人类的心灵。所以他的历史，乃不惟超过了政治史，而且超过了文化史，乃是一种精神史，心灵史。"[①] 我们在《〈史记〉与中国古典传记》一章中曾谈到这个问题，这里再举几例。《淮阴侯列传》写韩信投奔刘邦后，滕公、萧何都向刘邦推荐韩信，但未受到重用，于是："信数与萧何语，何奇之。至南郑，诸将行道亡者数十人，信度何等已数言上，上不我用，即亡。"仅用一个"度"字就将韩信当时的心情展

---

① 李长之：《司马迁之人格与风格》，生活·读书·新知三联书店1984年版，第204页。

示出来。接着,"何闻信亡,不及以闻,自追之,人有言上曰:'丞相何亡。'上大怒,如失左右手。居一二日,何来谒上,上且怒且喜,骂何曰:'若亡,何也?'何曰:'臣不敢亡也,臣追亡者。'上曰:'若所追者谁何?'曰:'韩信也。'上复骂曰:'……'"这一段将刘邦的内心写得非常真实生动,"大怒"、"如失左右手"、"且怒且喜"、"骂曰"、"复骂曰"等词语就是刘邦复杂而富有个性的心理展示。后来,刘邦拜韩信为大将时,"诸将皆喜,人人各自以为得大将。至拜大将,乃韩信也。一军皆惊"。通过一句"人人各自以为得大将"就把诸将领的心理活动全盘道出。再如《淮南衡山王列传》写刘安谋反的全过程,对其谋反的动机、心理发展过程写得非常细腻。清人吴见思曾评论本篇说:

> 淮南王安狐疑犹豫处,只在心上写,故用"欲"字,"畏"字,"恐"字,"念"字,"亦欲"、"时欲"、"偷欲"、"计欲"、"心怪"、"心以为"、"自伤耻之"及"未决"、"未发"等字,模拟绝肖,忽而如火,忽而如水,真堪一笑。[1]

像这样的例子在《史记》中是很多的。这些心理描写,都是司马迁的艺术创造,是按照生活的"必然律"和人物性格特点进行的创造,也许一般的历史著作不需要这些,以为这些不符合事实,但文学家的司马迁却大胆地进行创造,给人留下深刻印象。

有时司马迁以气氛的渲染来突出人物的形象特征,这也是在历史真实基础上的艺术创造。像《项羽本纪》中的"巨鹿之战"、"垓

---

[1] 吴见思:《史记论文·淮南衡山列传》。

下之围",《高祖本纪》中的"高祖还乡",《淮阴侯列传》中的"背水一战",《刺客列传》中的"易水送别"等重大场面,作者都极尽渲染,突出一种环境气氛,对人物性格刻画起了很好的作用。这些气氛也是一种实录基础上的艺术加工。试以"垓下之围"为例:

> 项王军壁垓下,兵少食尽,汉军及诸侯兵围之数重。夜闻汉军四面皆楚歌,项王乃大惊曰:"汉皆已得楚乎?是何楚人之多也!"项王则夜起,饮帐中。有美人名虞,常幸从;骏马名骓,常骑之。于是项王乃悲歌忼慨,自为诗曰:"力拔山兮气盖世,时不利兮骓不逝。骓不逝兮可奈何,虞兮虞兮奈若何!"歌数阕,美人和之。项王泣数行下,左右皆泣,莫能仰视。

这是多么悲壮的气氛,但作为事实来说,清人周亮工曾指出:"余独谓垓下是何等时,虞姬死而子弟散,匹马逃亡,身迷大泽,亦何暇更作歌诗!即有作,亦谁闻之而谁记之欤!吾谓此数者,无论事之有无,应是太史公'笔补造化',代为传神。"① "笔补造化,代为传神"指出了作品的特点,这是一种艺术的创造。尤其是英雄落泪,泣数行下,真是传神之笔,展示出项羽在最后时刻的一种复杂感情。《刺客列传》中"易水送别"的场面是这样的:

> 遂发。太子及宾客知其事者,皆白衣冠以送之。至易水之上,既祖,取道,高渐离击筑,荆轲和而歌,为变徵之声。士皆垂泪涕泣。又前而为歌曰:"风萧萧兮易水寒,壮士一去兮不

---

① 周亮工:《尺牍新钞》三集,卷二。

复还!"复为羽声忼慨,士皆瞋目,发尽上指冠。于是荆轲就车而去,终已不顾。

作者以《易水歌》烘托气氛,又以"士皆瞋目,发尽上指冠"极力渲染送别的场面,对衬托荆轲的精神起了很好的作用。

《史记》有时在历史真实基础上进行"文增",即艺术夸张。如《廉颇蔺相如列传》记载:"秦军鼓噪勒兵,武安屋瓦尽振",夸张写出秦军的声。《鲁仲连列传》载:鲁仲连义不帝秦,折服了新垣衍,"秦将闻之,为却军五十里"。清人崔适指出:"案此王充所谓'文增'也。秦围邯郸,志在灭赵。新垣衍欲帝秦,亦未必果能纾赵祸。鲁仲连不帝秦之说,何与于秦将而却军耶?下云'适会魏公子无忌夺晋鄙军以救赵,击秦军,秦军遂引而去'方是实录。"① 像这样夸张的地方在《史记》中还不少。我们应从艺术创造角度去理解,不必局限于某个字眼。再以《项羽本纪》来说,写项羽,"长八尺余,力能扛鼎,才气过人",巨大形象于此可见。巨鹿之战,"楚战士无不一以当十,楚兵呼声动天,诸侯军无不人人惴恐。于是已破秦军,项羽召见诸侯将,入辕门,无不膝行而前,莫敢仰视"。彭城之战,汉军大败,"为楚所挤,多杀,汉卒十余万人皆入睢水,睢水为之不流"。楚汉成皋之战,"项王大怒,乃自被甲持戟挑战。楼烦欲射之,项王瞋目叱之,楼烦目不必视,手不敢发,遂走还入壁,不敢复出"。写樊哙,"瞋目视项王,头发上指,目眦尽裂";写项王,"瞋目而叱之,赤泉侯人马俱惊,辟易数里"。一篇传记,多处用夸张手法,对于刻画人物形象,起了很好的作用,人们并不因此而怀疑它

---

① 崔适:《史记探源》卷七。

的真实性。因此,这种夸张既大胆,又入情;既出奇,又真实。

第二节 司马迁"爱奇"的倾向

汉代扬雄在《法言·君子篇》中说:"多爱不忍,子长也。仲尼多爱,爱义也;子长多爱,爱奇也。"认为司马迁有"爱奇"倾向。此后,应劭说司马迁"爱奇之甚"[①],刘勰也说司马迁有"爱奇反经之尤"[②],司马贞说:"其人好奇而词省"[③],等等。

《史记》中确实存在着"奇"的色彩。但细来分析的话,《史记》中的"奇"有两个层次,一个是表层的,指那些神话、传说、异闻等;一个是深层的,指奇人奇事。

先说第一个层次。《史记》中记载了不少神异传说。《五帝本纪》就是根据大量的神话传说并结合民间的异闻加以编纂的。而像《殷本纪》、《周本纪》、《秦本纪》叙述商、周、秦的先祖,有的是其母吞鸟卵而生,有的是其母踏巨人迹怀孕而生,显然是把神话当历史来写了。又如《高祖本纪》写刘邦诞生是刘媪遇龙而孕,也是颇有传奇色彩。明代杨慎就指出:"刘媪与神遇,犹薄姬梦黄龙据腹之类,理或有之,若太公往视,则怪甚矣。太公何名,刘媪何姓,迁皆不知,而独知其人所不能知者,甚者迁之好怪矣。"[④]该篇还记载刘邦醉斩白蛇的神奇故事,这也是一种传说而已。刘邦是开国皇帝,所以,在民间有许多关于他的传说故事,司马迁采之于民间,就把

---

① 《史记·孟子荀卿列传》,司马贞《索隐》引。
② 刘勰:《文心雕龙·史传》。
③ 司马贞:《史记索隐后序》,见中华书局点校本《史记》第十册附录。
④ 凌稚隆:《史记评林》引,天津古籍出版社 1998 年版。

这些记载下来了。此外像《李斯列传》记赵高专权、杀二世欲自立为帝,"上殿,殿欲坏者三",《魏其武安侯列传》结尾写武安侯死时有冤鬼来索命,《赵世家》写山川作祟,等等,都带有明显的奇异色彩。

但是,上述这些奇异色彩都不能真正体现《史记》中"奇"的内涵。古人评论司马迁有"爱奇"的倾向,实际上只看到表面,而未看到更深一层的内容,而这一层恰恰是司马迁思想中一个重要的方面,这是我们应当重点探讨的问题。

那么,"奇"指什么呢?"奇"即指特异性的人,特异性的事,"爱奇"就是"对特异性的历史人物的推崇与偏爱"。①

《史记》中的特异性人物——奇人,主要有以下几类:

一是建功立业,扬名后世的人。司马迁认为,"君子疾没世而名不称"②,因此,对那些建功立业、扬名后世的人非常推崇。像一统天下的秦皇汉武,勇于创新、胡服骑射的赵武灵王,力拔山兮气盖世的项羽,揭竿而起推翻强秦的陈胜、吴广,威镇敌国的卫青、霍去病,智勇兼有的蔺相如,大文学家司马相如,还有张良、萧何、韩信、陈平等,他们都在历史舞台上建立过功勋,都有一些特异之处。

二是"隐忍就功名"的"烈丈夫"。司马迁在《报任安书》中说:"人固有一死,或重于泰山,或轻于鸿毛,用之所趋异耳。"人生最宝贵的生命不是不可牺牲,而是要让它闪闪发光,死得有价值、有意义。大丈夫能伸能缩,能进能退。"向令伍子胥从奢俱死,何异蝼蚁。弃小义,雪大耻,名垂于后世,悲夫!方子胥窘于江上,道乞食,志岂尝须臾忘郢邪?故隐忍就功名,非烈丈夫孰能致此

---

① 刘振东:《论司马迁之"爱奇"》,《文学评论》1984年第4期。
② 司马迁:《报任安书》,《汉书》卷六十二,中华书局1962年版。

哉！"①《季布栾布列传》赞曰："季布以勇显于楚，身履军搴旗者数矣，可谓壮士。然至被刑戮，为人奴而不死，何其下也！彼必自负其材，故受辱而不羞，欲有所用其未足也，故终为汉名将。贤者诚重其死。"句践卧薪尝胆，终灭强吴，司马迁予以高度评价："苦身焦思，终灭强吴，北观兵中国，以尊周室，号称霸王。句践可不谓贤哉！盖有禹之遗烈焉。"②司马迁本人也属这一类。

三是那些想作为而不能的人物。贾谊年少气盛，才华出众，却一生不得志，郁郁而死。晁错力主削藩，维护中央统一，却被身斩东市。李广才气天下无双，威镇边陲，但却遭遇坎坷，最后被迫自杀。周亚夫治军无人能比，但一腔热血无处流，最后活活饿死。再像屈原，忠心为国，却遭排斥打击，走投无路，沉江自杀。这类人的"奇"，可以用一句话概括：才能"奇"，但命却"奇"（jī）。

四是那些游侠、刺客、商人、食客等一系列下层人物。这些人虽然出身卑贱，但他们都有某一方面的出众之处。像游侠，言必信，行必果，重义气。像刺客，"自曹沫至荆轲五人，此其义或成或不成，然其立意较然，不欺其志，名垂后世，岂妄也哉！"③食客在关键时刻也能起重要作用，像毛遂自荐，威震天下。

《史记》对上述奇人推崇与偏爱的同时，对另外一些奇人，则有讽刺和批判。像吕后残忍，把戚夫人作"人彘"；酷吏张汤、杜周等动辄以严刑杀人；石奋一家所谓的"恭谨"；赵高的阴险；等等。

特异性的人物，给《史记》增添了一股勃勃生气，正是这些人物的出现，才使《史记》成为一部具有强大力量的作品，才具有了

---

① 司马迁：《史记·伍子胥列传赞》，中华书局1959年版。
② 司马迁：《史记·越王句践世家赞》，中华书局1959年版。
③ 司马迁：《史记·刺客列传赞》，中华书局1959年版。

浪漫主义色彩。

为了突出表现这些特异性的人物,司马迁采用了一定的特异性手法,即特别注重特异性的故事情节,特异性的场面。如孙武是一位大军事家,但传记中却重点写了他严格训练女兵的奇事,以显军事家的特异之处。《田单列传》"奇"字作骨,贯穿始终,火牛阵更为奇事。李景星《史记评议》对此篇有精彩评论:

> 单之为人奇,破燕一节其事奇,太史公又好奇,遇此等奇人奇事,哪能不出奇摹写?前路以傅铁笼事小作渲染,已是奇想,随即接入破燕,而以十分传奇之笔尽力叙之。写田单出奇制胜,妙在全从作用处着手,如"乃纵反间于燕宣言曰"、"田单因宣言曰"、"单又纵反间曰"、"令即墨富豪谓燕诸将曰",节次写来,见单之奇功纯是以奇谋济之。赞语曰:"兵以正合,以奇胜,善之者出奇无穷,奇正还相生,如环之无端。"连用三"奇"字将通篇之意醒出。"恰如处女"四句,亦复奇语惊人。君王后,奇女;王蠋,奇士,不入传中,而附于传后,若相应若不相应,细绎之,却有神无迹。合观通篇,出奇无穷,的确为《史记》奇作。

在《史记》中,这样的特异故事是很多的。像《淮阴侯列传》中萧何追韩信、背水一战;《越王句践世家》中句践的卧薪尝胆;《留侯世家》中张良遇黄石公、借箸发难、商山四皓;《绛侯周勃世家》中的周亚夫军、细柳等,都是极有情致的奇人奇事。我们这里看《郦生陆贾列传》中的一个片断:

郦生食其者，陈留高阳人也。好读书，家贫落魄，无以为衣食业，为里监门吏。然县中贤豪不敢役，县中皆谓之狂生。

及陈胜、项梁等起，诸将徇地过高阳者数十人，郦生闻其将皆握齱好苛礼自用，不能听大度之言，郦生乃深自藏匿。后闻沛公将兵略地陈留郊，沛公麾下骑士适郦生里中子也，沛公时时问邑中贤士豪俊。骑士归，郦生见谓之曰："吾闻沛公慢而易人，多大略，此真吾所愿从游，莫为我先。若见沛公，谓曰'臣里中有郦生，年六十余，长八尺，人皆谓之狂生，生自谓我非狂生'。"骑士曰："沛公不好儒，诸客冠儒冠来者，沛公辄解其冠，溲溺其中。与人言，常大骂。未可以儒生说也。"郦生曰："弟言之。"骑士从容言如郦生所诫者。

沛公至高阳传舍，使人召郦生。郦生至，入谒，沛公方倨床使两女子洗足，而见郦生。郦生入。则长揖不拜，曰："足下欲助秦攻诸侯乎？且欲率诸侯破秦也？"沛公骂曰："竖儒！夫天下同苦秦久矣，故诸侯相率而攻秦，何谓助秦攻诸侯乎？"郦生曰："必聚徒合义兵诛无道秦，不宜倨见长者。"于是沛公辍洗，起摄衣，延郦生上坐，谢之。郦生因言六国从横时。沛公喜，赐郦生食，问曰："计将安出？"郦生曰："足下起纠合之众，收散乱之兵，不满万人，欲以径入强秦，此所谓探虎口者也。夫陈留，天下之冲，四通五达之郊也，今其城又多积粟。臣善其令，请得使之，令下足下。即不听，足下举兵攻之，臣为内应。"于是遣郦生行，沛公引兵随之，遂下陈留。号郦食其为广野君。

此段为"奇人见奇人"之文。郦生乃一奇人。他出身低，职位贱，但却傲视一切。对于器量狭小之人，他避而不见；对于刘邦，他却主动自我推荐。既见刘邦，却又长揖不拜，显得落落大方，不卑不亢。既而又以"狂言"使刘邦变傲为恭。最后出奇计，下陈留，建奇功。刘邦亦是一奇人。"时时问邑贤士豪俊"一语，已显出其非凡。而骑士所云"解冠溲溺"之事及"与人言，常大骂"之势，虚写一笔，未见其人，先闻其声，亦显出其奇。再通过"倨床两女子洗足，而见郦生"之事，愈显其奇。既而大骂郦生。傲慢时极傲慢，无赖时极无赖，恭敬时极恭敬，豁达时极豁达。奇人见奇人，既针锋相对，又倾心交谈。真乃人奇，事奇，文亦奇也。

司马迁偏爱奇人、奇事，不只是文学技巧问题，更重要的是表现了他的思想。具体而言，有以下几点：

第一，司马迁的"爱奇"，寄托着他个人的理想。司马迁之所以特别注重奇人奇事，这与他的时代、个人的不幸遭遇有很大关系。他所处的时代，正是汉代鼎盛时期，汉武帝雄心勃勃，不可一世，其《求茂材异等诏》就是一例："盖有非常之功，必待非常之人。故马或奔踶而致千里，士或有负俗之累而立功名。夫泛驾之马、跅弛之士，亦在御之而已。其令州郡察吏民，有茂材异等，可为将相，及使绝国者。"气度可谓不小。司马迁本人被时代精神所感召，也想建功立业，成就功名，但由于为李陵辩护而受宫刑，遭奇耻大辱，令人心寒。建功立业的愿望破灭了，因此，他把自己的理想追求寄托在这些奇人身上。我们从这些奇人身上分明能感受到司马迁的热血。而且，就司马迁的创作目的来说，要"传畸人于千秋"，这些奇人就是他理想的化身。历史与现实紧密地融为一体了，正因此，我们读这些奇人的传记时，觉得非常生动感人。司马迁把自己的情感全部注入了《史记》，注入到奇人身上，那些"隐忍就功名"的"烈丈夫",那些遭遇坎坷的悲剧人物,何尝不是作者自己呢?整部《史记》,贯穿着对理想的追求,而且是一种坚忍不拔的追求。

第二,传统观念的突破。司马迁写奇人,突破了前人思想观念及当朝统治的皇权意志,以自己的标准来衡量历史人物。那些游侠、刺客、商人等类型的人物,传统观念中毫不重视,而司马迁却以热情洋溢的笔墨去写他们,并称赞他们的品行和才能。传统儒家思想中有"杀身成仁"、勿苟活以求荣的观念,而司马迁却不一样,他有自己的生死观、荣辱观。因此对那些"隐忍苟活"以求立功之人也进行歌颂,他本人也属于"隐忍苟活"一类的人物。传统观念中,大臣不能冒犯国君,而司马迁所写的奇人中,有许多就属于"犯上"之人,屈原敢于以死与社会抗争,周亚夫治军敢于煞天子威风,尤其是许多刺客,他们不仅"犯上",而且敢于"刺上",用武力刺杀至高无上的皇帝。传统观念中,百姓只有服服帖帖,不能反抗,而司马迁则不同,他大胆地写了陈胜、吴广农民起义,不起眼的农民竟然拿起武器,进行斗争;项羽等人也都顺应潮流,推翻了暴政;如此等等。司马迁选择奇人,并写出他们的奇行,是对陈腐观念的一次突破,一次革命。

第三,褒贬倾向的体现。司马迁写《史记》,是要继孔子作《春秋》,褒善贬恶,这种褒贬,不仅体现在他作品的字里行间和许多论赞中,而且体现在人物选择上。司马迁选人物时,不是以官位出身为标准,而是看他是否对社会有贡献,是否有值得称赞的人格品行。那些奇人,或建功立业,或身遭不幸,或出身贱微,但只要他们对历史的发展有贡献,品行上有值得称道之处,就可入选,而那些碌碌无为的丞相、贵族,即使高贵,也不能入选。因此,司马迁对进入《史记》中的奇人,基本上都持肯定和褒扬态度,而对吕后、酷吏一类残忍的奇人则是贬斥的。关于《史记》的褒贬问题,我们在第二章中有一定论述,可参阅。

总之,《史记》的爱奇倾向,是司马迁历史观、审美观的重要表现。也正由于《史记》中有这种深层的"奇",才使它的浪漫主义文学特征更有价值。

我们说司马迁有"爱奇"倾向,但并不排除他对"义"的崇尚。在司马迁思想中,"爱奇"与"尚义"是统一的,并不矛盾。"义"的内容也十分广泛,儒家讲仁义,讲建功立业、积极入世,讲人的品行,讲信义,等等,而那些"奇人"身上表现出来的精神在许多方面与儒家的"义"是合拍的,当然也有道家的某些精神,这也体现出司马迁思想中儒道互补的一面。

第三节 《史记》与中国浪漫主义文学

《史记》以前,中国浪漫主义文学的发展大体有以下几种情况:

首先是以神话为开端的浪漫主义文学。中国古代神话虽然没有像希腊神话那样形成完整的系统,但它充满着强烈的英雄主义和乐观主义精神,女娲补天、精卫填海、夸父追日、大禹治水等,都表现出人的一种力量,一种气魄,给后代浪漫主义文学以很大影响。

其次是战国时代诸子百家中的《庄子》充满着浪漫主义色彩。为了摆脱现实的困境,庄子幻想着出世,于是,在他的笔下就出现了一个"逍遥游"的世界,"无君于上,无臣于下",自由自在。而且为了表达这种出世思想,他使用大量寓言故事,自然界一切有生命的、无生命的东西都能说话、辩论,形成了五彩缤纷的世界。

再次,战国后期的屈原,把浪漫主义文学推向一个高潮。为了实现自己的美政理想，他上天入地，执着地追求。"路漫漫其修远兮，吾将上下而求索"，就是这种精神的体现。他运用一系列象征手法，以香草香花比喻君子，恶草恶花比喻小人。在《九歌》中又大量地写神的恋爱故事，《天问》更是一篇奇文，向天发问，构想奇特。屈原的浪漫主义是扎根在现实土壤之上的，因此，更具有深刻的内容，代表着浪漫主义的一个新阶段。

最后，战国时代的历史散文，以记述历史为基础，也具有一定的浪漫色彩。《左传》、《国语》、《战国策》中许多人和事都是艺术的创造，是作家运用想象、夸张等文学手法的结果。这些史传作品中，还有许多神话、鬼怪等故事，充满传奇色彩。更为重要的是，它们中也有许多奇人奇事，在史文结合方面做出了一定的贡献。

《史记》浪漫主义对以上浪漫主义文学有一定继承，尤其是屈原的浪漫主义、历史散文的浪漫主义，对《史记》浪漫主义产生了很大影响。《史记》的出现，不仅把现实主义文学推向一个高潮，而且把浪漫主义融进了作品之中，对浪漫主义文学也是一个新的发展。

《史记》中所表现的浪漫主义精神，与汉代其他艺术有共同之处。汉大赋极尽想象、夸张之能事，描绘事物淋漓尽致，人们在追求着一种"大美"的境界，因此，奇花异草、奇禽异兽、奇山异水、奇人异事，无不展现在读者面前。汉画像石中所雕刻的画像，也充满着对理想的追求，有历史故事、远古神话、天文星象、吉礼祥瑞以及装饰图案等各种类型，像斗牛、舞乐、百戏、人兽捕斗等图像无不带有奇的色彩。可以说，在司马迁的时代以至于整个两汉时代，都是一个充满着幻想的时代，充满着精神和力量的时代。艺术作品就是这种浪漫精神的具体表现。

《史记》对于中国浪漫主义文学有积极的促进作用。

首先,《史记》的浪漫主义深深扎根在现实土壤上,其中所描绘的人物,充满对理想的执着追求,表现出强烈的个性意识。浪漫主义文学的灵魂就是对理想的追求,对个性的追求。《史记》中描绘的那些具有特异性的历史人物,他们奋发有为,慷慨悲壮,为了某种理想信念而不懈努力,乃至于牺牲生命,这种精神直接影响了后代浪漫主义文学的内在精神。积极的浪漫主义并不是把人引导到脱离现实的幻想世界中去,而是通过对理想的描绘与追求,引导人正视现实,为实现崇高的理想而努力。我们读李白、苏轼等人的作品,感受到的就是这种积极向上的力量,他们在逆境中奋斗、前进,作品表现出豪迈的气概,这是积极浪漫主义的表现。

其次,《史记》传奇式的笔法对后代浪漫主义产生了影响。《史记》写奇人奇事,情节曲折,引人入胜。有时在历史真实基础上进行合理的想象、夸张;有时为了达到刻画人物性格的目的,在一些关键地方乃至于细节方面进行极力渲染,以增加作品感染力;有时在选材方面以奇人为核心,尽量选取那些不同寻常的故事;等等。这些手法直接影响了后来的唐传奇,继而到后来的浪漫主义小说、戏剧。当然,这些传奇笔法与那些故意猎奇、编造荒诞故事者大不相同。传奇笔法是为刻画人物形象服务的,如果违背了这一原则,即使故事再离奇,也不会有生命力。

再次,《史记》浪漫主义作品给后来的浪漫主义文学提供了一定的素材。《史记》中大量的奇人奇事被后来的文学家所欣赏,他们根据《史记》提供的素材,再进行新的艺术创作,尤其是小说、戏曲,改编了《史记》的许多人和事。请参阅《〈史记〉与中国古典小说》一章,此处不赘述。

最后,浪漫主义与现实主义的结合,是《史记》浪漫主义文学的基本特征,对后代文学创作有很大的启示。《史记》作品虽有"奇"的色彩,但"酌奇而不失其真",通过刻画人物形象寄托自己的理想,是以现实为基础的。可以说,在现实主义与浪漫主义结合方面开了一个先河。《史记》的这种特点,对今天的现实主义文学和浪漫主义文学都有很好的启示作用。就现实主义文学而言,应考虑如何把握真实与理想之间的关系,创造出既真实又生动的人物形象。就浪漫主义文学而言,应考虑如何以现实为土壤,表现人的理想与追求,表现人与自然、社会的关系,等等。

第八章 《史记》与辞赋

司马迁写《史记》时,明显受到《楚辞》,特别是屈原作品的影响,而且,与汉代辞赋家贾谊、司马相如也有一定联系。另外,司马迁还有自己的辞赋理论与实践,在赋的发展史上具有重要意义。

第一节 《史记》与屈赋精神实质纵谈

《史记》与屈赋,一个是历史,一个是抒情诗,两者体裁虽不相同,但精神实质是一脉相承的。清人刘鹗说:"《离骚》为屈大夫之哭泣,《史记》为太史公之哭泣。"① 鲁迅先生则一针见血地指出,《史记》就是一部"无韵之《离骚》"② 的作品。《史记》与屈赋,都是滴泪为墨,研血成字,充满着强烈的爱憎感情,笼罩着浓厚的悲剧气氛,表现出卓然独立的狂放精神,具有震撼人心的力量。

一、爱的丰碑 憎的响箭

"感人心者,莫先乎情。"《史记》与屈赋精神实质之相同,首先

---

① 刘鹗:《老残游记》序,人民文学出版社 1982 年版,第 1 页。
② 鲁迅:《汉文学史纲要》,《鲁迅全集》第 8 卷,人民文学出版社 1957 年版。

表现在强烈的爱憎和浓厚的抒情方面。

我们从《屈原列传》说起。

在中国历史上，司马迁是第一个给屈原作传，并对其人格、成就给予最高评价的人。知音其难哉！司马迁是屈原的真正知音，屈原是司马迁最崇拜的人物之一。两人相隔近200年，但屈原的血液已经汩汩地流入司马迁的全身，并且发出巨大的热量。同样，也由于《屈原列传》的存在，才使屈原的名字流芳百世，并给后人研究屈原提供了第一手的可贵资料。司马迁敬慕屈原的铮铮铁骨，钦佩屈原的凛凛正气，并把全部感情渗透到屈原传之中。一篇屈原传，饱含着血泪，倾泻着激情，夹叙夹议，极富抒情诗的韵味，其中评《离骚》的几段文字更是声情并茂，真气动人。司马迁首先指出："屈平疾王听之不聪也，谗谄之蔽明也，邪曲之害公也，方正之不容也，故忧愁幽思而作《离骚》。"诗的语言，诗的火焰，有力地揭示出《离骚》产生的社会背景：国君不悟，谗谄蔽明，邪曲害公，方正不容。进而，他对屈原作品做了更高的评价：

> 屈平之作《离骚》，盖自怨生也。《国风》好色而不淫，《小雅》怨诽而不乱。若《离骚》者，可谓兼之矣。……其文约，其辞微，其志洁，其行廉，其称文小而其指极大，举类迩而见义远。其志洁，故其称物芳。其行廉，故死而不容。自疏濯淖污泥之中，蝉蜕于浊秽，以浮游尘埃之外，不获世之滋垢，皭然泥而不滓者也。推此志也，虽与日月争光可也。

司马迁不愧是千古第一知骚者。他通过对屈赋的分析，结合自己的坎坷遭遇，把屈赋归结为"怨"的产物，可谓一语中的；把屈原的人格提到与日月争光的高度，真是推崇备至。"史公与屈子实有同心。"①在《报任安书》中，司马迁表露过自己当时写作的心境："古者富贵而名摩灭，不可胜记，唯俶傥非常之人称焉。盖西伯拘而演《周易》；仲尼厄而作《春秋》；屈原放逐，乃赋《离骚》；左丘失明，厥有《国语》；孙子髌脚，《兵法》修列；不韦迁蜀，世传《吕览》；韩非囚秦，《说难》、《孤愤》；《诗》三百篇，大氐贤圣发愤之所为作也。此人皆意有所郁结，不得通其道也，故述往事，思来者。及如左丘无目，孙子断足，终不可用，退论书策，以舒其愤，思垂空文以自见。仆窃不逊，近自托于无能之辞，网罗天下放失旧闻……亦欲以究天人之际，通古今之变，成一家之言。草创未就，适会此祸，惜其不成，是以就极刑而无愠色。"可见，司马迁著《史记》，如同屈原作《离骚》一样，是"盖自怨生也"。正是从屈原的政治悲剧中，他看到了自己的影子，找到了抒怨愤的突破口，于是，全部的爱，全部的恨，乃至于全部的悲和愤，都倾注在《屈原列传》里，一篇屈原传，就是一首可歌可泣的抒情诗，已经把司马迁和屈原紧紧地联系起来了，它是两个精神实质相通的一座桥梁。

就屈赋而言，屈原"发愤以抒情"②，抒的是炽热的爱国之情，深深地爱恋自己的故土，爱恋楚国的人民；抒的是强烈的怨恨之情，怨国君昏庸无能，恨党人遮天蔽日；抒的是深沉的悲愤之情，悲自己上下求索无路可走，悲国势江河日下，幽昧险隘。爱与恨，怨与愤，悲与哀，这几种感情交织在一起，形成屈赋的缠绵悱恻、一唱三叹的情感基调。《离骚》"一篇中，三致志焉"，可见感情之深厚。《九章》，用朱熹的话说就是"颠倒重复"，"倔强疏卤，尤愤懑而极

---

① 吴楚材：《古文观止》评《屈原列传》语。
② 屈原：《楚辞·九章·惜诵》。

悲哀，读之使人太息流涕而不能已"。① 所谓"颠倒重复"，实乃一唱三叹，"愤懑而极悲哀"，实乃是屈原心灵深处的颤音。"惟郢路之辽远兮，魂一夕而九逝"，"鸟飞反故乡兮，狐死必首丘"，反复表达一个意思：眷恋祖国，眷恋郢都。《九歌》虽是祭神之歌，但也蕴含着屈原自己的思想。《云中君》曰："思夫君兮太息，极劳心兮忡忡。"《少司命》曰："夫人兮自有美子，荪何以兮愁苦？"《山鬼》曰："风飒飒兮木萧萧，思公子兮徒离忧。"凡此种种，都带有哀怨忧愁的情调，因此，刘勰评之曰"绮靡以伤情"。《天问》是一篇奇文，司马迁《屈原列传》中的一段议论可以作为该诗的最好注脚："夫天者，人之始也；父母者，人之本也。人穷则反本，故劳苦倦极，未尝不呼天也。疾痛惨怛，未尝不呼父母也。屈平正道直行，竭忠尽智以事其君，谗人间之，可谓穷矣！"由此看来，《天问》所抒发的，仍是一种抑制不住的悲愤之情。总之，人们读《离骚》，读屈赋，首先都会沉浸在血泪凝成的感情的海洋中，无暇顾及其他。

屈原作品在汉代引起巨大反响，文人学士纷纷效法。当时学习屈原赋有两种倾向，一种是学辞藻，拟其仪表；一种是学精神，得其神似。刘熙载说："学《离骚》得其情者为太史公，得其辞者为司马长卿。"② 司马迁代表着后一种倾向，他把自己的全部感情倾注在自己的作品中，使《史记》成为发愤抒情之作。清人袁文典在《永昌府文征》卷一二《读〈史记〉》中对《史记》发愤抒情有一段精彩论述：

    其传李广而缀以李蔡得封，则悲其数奇不遇，即太史公之

---

① 朱熹：《楚辞集注·九章序》。
② 刘熙载：《艺概·文概》，上海古籍出版社1978年版。

自序也。匪惟其传伍子胥、郦生、陆贾亦其自序，即进而屈原、贾生信而见疑，忠而被谤，痛哭流涕而长太息，亦其自序也。更进而伯夷积仁洁行而饿死，进而颜子好学而早夭，皆其自序也。更推之而传乐毅、田单、廉颇、李牧，而淮阴、彭越，而季布、栾布、黥布，而樊、灌诸人，再推之而如项王之力拔山兮气盖世，乃时不利而骓不逝，与夫豫让、荆轲诸刺客之切肤齿心为知己者死，皆太史公之自序也。所谓借他人之杯酒，浇胸中之块垒，诚不禁其击碎唾壶拔剑斫地慷慨而悲歌也。

可以说，《史记》得《离骚》之情，实乃得到了屈赋的真正精神，这也就是《史记》为什么是"无韵之离骚"的原因之一。对此，我们在《〈史记〉与中国抒情文学》一章中有详述。

二、苏世独立 放言无惮

苏世独立的高尚品格、放言无惮的文章风格，是《史记》与屈赋精神实质相同的又一方面。

班固在《离骚序》中对屈原及其作品做了如下评价：

> 且君子道穷，命矣。……故《大雅》曰："既明且哲，以保其身"，斯为贵矣。今若屈原，露才扬己，竞乎危国群小之间，以离谗贼。然责数怀王，怨恶椒、兰，愁神苦思，强非其人，忿怼不容，沉江而死，亦贬洁狂狷景行之士。多称昆仑、冥婚宓妃、虚无之语，皆非法度之致，经义所载。谓之兼诗风雅，而与日月争光，过矣。

不唯如此，他在《司马迁传赞》中对司马迁的评价也持同样的标准："其是非颇谬于圣人：论大道则先黄老而后六经，序游侠则退处士而进奸雄，述货殖则崇势利而羞贱贫，此其所蔽也……呜呼！以迁之博物洽闻，而不能以知自全。既陷极刑，幽而发愤，书亦信矣。迹其所以自伤悼，《小雅·巷伯》之伦。夫唯《大雅》'既明且哲，能保其身'，难矣哉！"在这里，我们尚且不论班固对屈原和司马迁的评价是多么的偏颇，但在他的评价中却透露出一个消息：两个人都有不遵规度的狂放精神。无论是屈原的"露才扬己"，还是司马迁的"是非颇谬于圣人"，说穿了，就是他们的人格劲直清高，他们的文章放言无惮。

屈原是清高的，"举世皆浊我独清，众人皆醉我独醒"，在污浊的社会环境中，他有自己的理想，自己的追求，鹤立鸡群，与众不同："民生各有所乐兮，余独好修以为常"，"朝饮木兰之坠露兮，夕餐秋菊之落英"，"制芰荷以为衣兮，集芙蓉以为裳"[①]；"余幼好此奇服兮，年既老而不衰。带长铗之陆离兮，冠切云之崔嵬。被明月兮佩宝璐。世混浊而莫余知兮，吾方高驰而不顾。……登昆仑兮食玉英，与天地兮同寿，与日月兮同光。"[②]多么高洁，多么纯净！屈原是劲直的，那"独立不迁"的南国丹橘，正是他"苏世独立，横而不流"品格的写照。他以顽强的毅力与党人进行抗争，乃至于血战到底，"虽体解吾犹未变兮，岂余心之可惩"[③]，"宁赴湘流，葬于江鱼之腹中，安能以皓皓之白，而蒙世俗之尘埃乎？"[④]这种不同流合污

---

① 屈原：《楚辞·离骚》。
② 屈原：《楚辞·涉江》。
③ 屈原：《楚辞·离骚》。
④ 屈原：《楚辞·渔父》。

的高洁品格，司马迁赞之曰"可与日月争光"，王逸赞之曰："膺忠贞之质，体清洁之性，直若砥矢，言若丹青，进不隐其谋，退不顾其命。"① 正是由于他志洁行廉，不获世之滋垢，所以，作品中赞美的事物多属芳馨一类，揭露的则是那些"浊秽"之人、"尘埃"之物。他呼叫当时的社会现实是"变白以为黑兮，倒上以为下"②；他斥责："众皆竞进以贪婪兮，凭不厌乎求索。内恕己以量人兮，各兴心而嫉妒"，"众女疾余之蛾眉兮，谣诼谓余以善淫"③；他怨恨："怨灵修之浩荡兮，终不察夫民心"④；他痛骂："邑犬群吠兮，吠所怪也；非俊疑杰兮，固庸杰也"⑤；他高喊："伏清白以死直兮，固前圣之后厚"⑥。慷慨陈词，无所顾忌，此所谓狂狷之士也。为了更形象地表达自己苏世独立、横而不流的高洁品格，屈原在《离骚》中虚设了三个人物——女嬃、巫咸、灵氛。女嬃从爱护屈原的角度出发，劝他明哲保身，屈原向重华陈词予以否定；巫咸劝他等待明君，其实是以妥协代替斗争，屈原从具体分析中予以否定；灵氛劝他远游，虽然引起他暂时的动摇，但炽热的爱国之情使这种诱惑完全破灭。正是在这三次交锋中，屈原的品格得到了进一步的升华。

司马迁的身上分明渗透着屈原的血液，其刚直不阿的硬骨头精神正是屈原铮铮铁骨之再现。遭受李陵之祸后，他身陷囹圄，且受腐刑——刑罚中最卑贱的一种。"太上不辱先，其次不辱身，其次不辱理色，其次不辱辞令，其次诎体受辱，其次易服受辱，其次关

---

① 王逸：《楚辞章句序》。
② 屈原：《楚辞·九章·怀沙》。
③ 屈原：《楚辞·离骚》。
④ 屈原：《楚辞·离骚》。
⑤ 屈原：《楚辞·九章·怀沙》。
⑥ 班固：《汉书·报任安书》，中华书局 1962 年版。

木索被箠楚受辱,其次剔毛发婴金铁受辱,其次毁肌肤断支体受辱,最下腐刑,极矣。"这种切肤之痛,使他的身体和精神受到极大摧残。"是以肠一日而九回,居则忽忽若有所亡,出则不知其所往。每念斯耻,汗未尝不发背沾衣也。"他痛不欲生,想到自杀,但是又一想:"人固有一死,或重于泰山,或轻于鸿毛",自己这样死去,"若九牛亡一毛,与蝼蚁何异?"想到古人的"意有所郁结,不得通其道"的发愤之士,想到父命,想到未完成的《史记》,他又化悲痛为力量,坚强地活下去:"所以隐忍苟活,幽于粪土之中而不辞者,恨私心有所不尽,鄙陋没世,而文采不表于后世也。"这种"隐忍就功名"的烈丈夫行为,这种不达目的誓不罢休的顽强毅力,正是屈原以及其他仁人志士的血液在他身上生发出的热量。这股热量,至大至刚,促使司马迁冲破黑暗的势力,冲破传统思想,完成了不朽的鸿篇巨著——《史记》。

如果说,屈原是"放言无惮,为前人所不敢言"[①],那么,司马迁的《史记》则是"放言无惮,为后人所不敢言"。司马迁写《史记》,是要发表自己的"一家之言",其大胆之处在于八个"敢于":敢于向"从来高难问"的天道提出怀疑乃至大胆批判;敢于冲出为尊者讳的樊篱,把如椽之笔伸向统治阶级内部,揭露其丑恶行径,剔除皇帝头上的神圣光圈;敢于把热情洋溢的笔墨付诸贱微的下层人物,对刺客、游侠等表示极大同情,并且赞扬他们的一些优良品德;敢于向儒家罕言之"利"挑战,强调物质财富的重要性,表现出卓越的经济思想;敢于肯定农民起义的作用,歌颂农民起义领袖陈胜、吴广,把他们比作汤武孔子;敢于摆脱"详远略近"传统的束缚,

---

① 鲁迅:《摩罗诗力说》,载《坟》,人民文学出版社 1980 年版。

突出当代史；敢于冲破传统观念，把四夷纳入统一的帝国版图之内，开创了民族史传；敢于对秦代历史做出公允的评价，当别人对秦采取"举而笑之"的态度时，司马迁却能对秦的得与失进行冷静的分析评价，表现出卓越的史识；如此等等。正是由于《史记》有这么多的"敢于"，在当时就遭到非难。汉章帝曾说："司马迁著书……贬损当世，非谊士也。"[①] 汉献帝时司徒王允说："昔武帝不杀司马迁，使作谤书，流于后世。"[②] 三国时魏明帝说："司马迁以受刑之故，内怀隐切，非贬孝武，令人切齿。"[③] 这些评论从反面告诉我们：《史记》具有强烈的战斗精神，实乃后代史书所不敢言。

屈原、司马迁的狂放精神，是基于进步的政治主张、积极的政治热情，他们的奔走呼号，并非为了个人的利益得失而呐喊，而是带有一种深沉的思考，一种深重的忧患感。他们不只是忧自己，更重要的是忧国家、忧社会。忧患感促使着他们大胆揭露社会矛盾，奋力与污浊的社会现实抗争。这种忧患意识也对后代进步文人产生了积极的影响。

三、慷慨悲壮 引人奋发

《史记》和屈赋，都充满着强烈的悲剧色彩。班固也看到了这一点，但是他只看到两个悲剧的表象：屈原"忿忿不容，沉江而死"，司马迁过于偏激而"陷极刑"，未看到他们悲剧的精神实质以及作品具有的悲剧力量。他们的悲剧，不仅是个人的悲剧，也是整个社会的悲剧；他们在形体上受到摧残，精神上却取得了胜利；作品的悲

---

① 班固：《典引》，萧统《文选》卷四十八。
② 范晔：《后汉书·蔡邕传》，中华书局1965年版。
③ 陈寿：《三国志·王肃传》，中华书局1959年版。

剧给人留下的不是消沉颓废，而是鼓舞人们奋发向上，是一种悲剧的崇高美。《史记》与屈赋所表现出的精神实质正是如此。

就屈原来说，他是无意于做诗人的，他是政治家，却不被现实所容纳，遭到放逐。行吟泽畔，茕茕孑立；穷居山林，最后沉江而死。悲剧生活把他逼上了"发愤抒情"的道路。凡读过屈赋的人，无不被那悲剧精神所感染。严羽曰："读骚之久，方识真味，须歌之抑扬，涕泪满襟，然后为识《离骚》。"① 黄汝亨曰："屈子以其独清独醒之意，沉世入内；殷忧君上，愤懑混浊，六合之大，万类之广，耳目之所览睹，上极苍苍，下极林林，摧心裂肠，无之非是。辟之深秋，永夜凄风苦雨。"② 他们的话代表了人们的普遍感受。我们看："哀吾生之无乐兮，幽独处乎山中，吾不能变心而从俗兮，固将愁苦而终穷"③，"涕泣交而凄凄兮，思不眠至曙。终长夜之漫漫兮，掩此意而不去"④。"独处山中"、"长夜漫漫"，正是这种凄风苦雨的环境磨炼出他的钢筋铁骨。他没有在沉默中死去，而是在沉默中爆发，一次一次的追求，一次一次的失败，天上地下，无不如此，但他九死未悔，体解不变，"路漫漫其修远兮，吾将上下而求索"，就是这种悲剧精神的高度概括。黑格尔说过："环境的相互冲突愈众多，愈艰巨，矛盾的破坏力愈大而心灵仍能坚持自己的性格，也就愈显出主体性格的深厚和坚强。"⑤《史记》的悲剧力量就在于此，他不是那种可怜的悲剧，而是一种引人奋发的英雄悲剧。

---

① 严羽：《沧浪诗话·诗评》。
② 蒋之翘评校本《楚辞集注》引。
③ 屈原：《楚辞·九章·涉江》。
④ 屈原：《楚辞·九章·悲回风》。
⑤ 〔德〕黑格尔：《美学》第 1 卷，朱光潜译，商务印书馆 1979 年版，第 228 页。

《史记》也是一部悲剧作品，司马迁是以悲剧人物的身份描写悲剧人物的，如泣如诉，异常动人。我们在《〈史记〉与中国古典悲剧》一章中有论述。这里需要强调的是，司马迁对以下几种悲剧人物特别注重：

　　一是具有坚定信念和反抗强暴精神的悲剧人物。这类人物一度主宰天下，发布号令。陈涉斩木为兵，揭竿而起，领导了中国历史上第一次农民起义；项羽"力拔山兮气盖世"，"将五诸侯灭秦，分裂天下……近古以来未尝有也"①。他们是时代的英雄，虽然由于自身的某些弱点过失而导致悲剧，但其品格仍是令人崇敬的。

　　二是那些怀才不遇的悲剧人物。这类人物有出众的才能，报国的热心，但不被社会重用，他们也不甘寂寞，要与社会抗争，形成尖锐的矛盾冲突，结果被巨大的黑暗势力所吞没，饮恨而死。如屈原的沉江自杀，贾谊的郁闷而死，李广的引刀自刎，他们的悲剧，是对社会的有力控诉和鞭挞，也足以令后人钦佩。

　　三是那些侠士烈女的悲剧。这类人物坚守一个信条：士为知己者死。为了正义，为了报仇，他们赴汤蹈火，在所不辞。"赵氏孤儿"故事的主人公在善与恶、正义与强暴的斗争中表现了崇高的献身精神，程婴、公孙杵臼堪称千古奇杰。豫让、聂政、荆轲等，"其义或成或不成，然其立意较然，不欺其志，名垂后世"②。烈女聂嫈，为了扬弟之名，挺身而出，不避菹醢之诛，用鲜血凝成了一朵永不凋谢的"棠棣之花"。这类人物的悲剧，无疑也是给人以奋发的力量。

---

① 司马迁：《史记·项羽本纪赞》，中华书局1959年版。
② 司马迁：《史记·刺客列传赞》，中华书局1959年版。

四是那些"隐忍就功名"的"烈丈夫"的悲剧。这类人物与司马迁最相近，读来产生一种凛凛之气。伍子胥弃小义，雪大耻，名垂后世。越王句践卧薪尝胆，有禹之遗烈。季布受辱而羞，终为汉名将。他们为了实现自己的愿望，在逆境中磨炼，在逆境中奋发，坚忍不拔，顽强斗争，终于有所作为。他们的悲剧精神可敬可叹。

五是那些为了实现某种理想而不顾自身牺牲的悲剧人物。伯夷、叔齐为了保持自己的节操，宁愿饿死也不食周粟。商鞅变法，富国强兵，却遭车裂之刑。晁错力主削藩，为国家长治久安着想，却身斩东市。吴起明法审令，却遭宗室大臣之暗害。这些人物的悲剧，也足以引起人们的同情和深思。

从总体上说，这些悲剧人物大都具有非凡的气质，顽强的毅力，死得惨烈，死得悲壮。他们留给后人的不是悲哀的无所作为的叹息，而是积极的无所畏惧的进取；激发人们的不仅仅是同情，更重要的是从他们身上汲取精神力量，追求崇高的目标，树立正确的生死观。正是由于《史记》有这么多的悲剧人物，才使它蓬勃向上，动人心弦。这一从上古到汉代的悲剧人物画廊，形象而真实地展示了社会发展过程中复杂激烈的矛盾冲突、斗争，这在前代史书中是少有的，就是后代史书也是罕见的。

纵观《史记》与屈赋的悲剧，我们不难发现，屈赋的悲剧多用神话故事乃至象征手法来表达，把现实的悲剧化为超现实的天国悲剧，或神鬼之悲剧；《史记》的悲剧则是借历史人物来表达，把现实的悲剧寄托在这些人物身上，因此，历史人物的身上也有作者自己的影子。但二者表现出来的悲剧精神、悲剧力量都足以引人奋发，都是一种崇高的美。

四、奇光异彩 反乎经典

我们从刘勰的评价说起。

刘勰,这位杰出的文论家,在《文心雕龙》中给屈原及其作品以很高的评价:"不有屈原,岂见《离骚》!"但是,他对屈赋中的浪漫主义精神却不理解,认为下列四事"异于经典":

> 托云龙,说迂怪,丰隆求宓妃,鸩鸟媒娀女,诡异之辞也;康回倾地,夷羿弊日,木夫九首,土伯三目,谲怪之谈也;依彭咸之遗则,从子胥以自适,狷狭之志也;士女杂坐,乱而不分,指以为乐,娱酒不废,沉湎日夜,举以为欢,荒淫之意也。

刘勰对《史记》论述不多,在《史传》篇中,他肯定了《史记》在体例方面的一些成就,但同时又指出,《史记》有"爱奇反经之尤,条例踳落之失"。

同班固一样,刘勰并非有意把二人放在一起进行比较,但我们从他对二人的评价中可以看出二人精神实质的又一相同方面,即"爱奇反经"。刘勰对此认识不足,结论是偏颇的。

屈赋之奇,主要表现为丰富的幻想、想象,以及大量引用古代神话。在屈赋中,"感情的抒发爽快淋漓,形象想象丰富奇异,还没受到严格束缚,尚未承受儒家实践理性的洗礼,从而不像所谓'诗教'之类有那么多的道德规范和理智约束。相反,原始的活力,狂放的意绪,无羁的想象在这里表现得更为自由和充分"[①]。整个屈赋,波澜壮阔,气象万千,驱役龙凤,挥斥云霓,上天入地,人神恋爱,无

---

① 李泽厚:《美的历程·楚汉浪漫主义》,中国社会科学出版社 1984 年版。

奇不有，这与儒家不语怪力乱神是背道而驰的。刘勰只看到"奇"的表象，而未窥见表象背后的深层含义。凡读过屈赋的人，并不像汉武帝读司马相如《大人赋》那样有飘飘然的感觉，而是被屈赋那炽热、深沉的感情紧紧吸引，立足于火热的现实生活中。究其原因，就在于这种"奇"更接近于社会现实，用刘勰自己的话说，就是"酌奇而不失其真"。王逸、朱熹等人的"君臣"之比说虽有牵强之处，但他们看到了"奇"中的深义，在扑朔迷离、光怪陆离的幻想世界中发现了屈原的心灵，则比刘勰高出一筹。就以《离骚》来说，组织结构是"现实→幻想→远游→现实"。幻想、远游是文辞的重点。但是，幻想、远游首先有一个出发点——现实，最后又有一个落脚点——现实。幻想、远游是对第一个现实的有力否定，在否定中揭露了社会的黑暗、现实的污浊。最后的现实又更有力地粉碎了幻想、远游，在粉碎中闪耀着进步理想的光芒。因此，幻想、远游离第一个现实越来越远，实则离第二个现实越来越近，思想一步一步得到升华，正如刘熙载所说："屈之旨盖在'临睨夫旧乡'，不在'涉青云以泛游'也。"[1]即以幻想、远游本身来说，也包含着现实的内容，这就是人们常说的三次求女的象征意义。象征求明君也罢，求贤臣也罢，都是现实的倒影。因此，整个《离骚》的结构可以说是"现实→象征性的现实→现实"，思想虽在腾云驾雾，双脚却在大地上行进，这才是《离骚》的真谛所在，这也是读屈赋为什么不会有飘飘欲仙之感的原因。借用刘熙载的话，就是："《离骚》东一句，西一句，天上一句，地下一句，极开阖抑扬之变，而其中自有不变者存。"[2] 我们应该透过屈赋表

---

[1] 刘熙载：《艺概·赋概》，上海古籍出版社1978年版。
[2] 刘熙载：《艺概·赋概》，上海古籍出版社1978年版。

面的奇光异彩，看到它内在的精神实质。

司马迁之爱奇，与屈原有同有异（详参《〈史记〉与中国浪漫主义文学》一章）。司马迁爱奇，是为他的写作目的服务的。没有过分的幻想，却有大胆的夸张；没有离开尘世的远游，却有合情入理的想象。楚霸王项羽叱咤风云，威震天下。蔺相如一奋其气，威伸敌国。田单复齐，毛遂自荐，韩信背水一战，张良、陈平奇谋异智，田横五百弟子集体自杀，还有那些游侠、刺客、滑稽等，无不具有特异的事迹，特异的力量。奇人奇才，给《史记》增添了浓厚的浪漫主义色彩，使《史记》成为现实主义与浪漫主义结合的艺术珍品。曾国藩曰："太史公称庄子之书皆寓言，吾观子长所为《史记》，寓言亦十之六七。"[①] 太史公寓言，实乃借"俶傥非常之人"以表现其一家之言。司马迁这种爱奇的倾向，来源于四个方面：一是继承了前代史书的某些传统。《史记》之前的《左传》、《国语》、《战国策》等已都具有某些志怪、传奇色彩，它们对司马迁有一定的吸引力。二是当时社会正处于封建社会上升时期，充满着活力，有志之士都想有所作为，这种时代风尚促使司马迁对奇人奇事特别钟情。三是民间传说对司马迁的影响。他 20 岁时，曾漫游大江南北，考察近代史风云人物的行迹（如项羽、刘邦、韩信、萧何、曹参、樊哙等），搜集了大量的史料，其中不少是民间传说，司马迁对其加以改造，写入《史记》，许多人物的事迹仍保留着民间传说的风貌。四是司马迁本人遭遇的影响。就司马迁来说，他也是一个奇人，身负奇耻大辱，仍然发愤著书，顽强不屈。时代毁灭了他，也玉成了他，使他对中国文化做出了奇迹般的贡献。正是由于自己也是一个奇人，所以，

[①] 曾国藩：《求阙斋读书录》。

他对那些奇人奇才也就特别看重，这是他审美观产生的最主要的土壤。司马迁爱奇，对后代传奇小说，乃至于戏剧，都产生了重要影响，不仅给它们提供了丰富的资料，而且从艺术手法上给它们做出榜样。

屈赋的浪漫色彩扎根于现实，《史记》则是在现实内容的基础上增添几分浪漫色彩。这种爱奇倾向，并非虚无缥缈，超脱现实，而是具有深刻的社会意义。"满纸荒唐言，一把辛酸泪。都云作者痴，谁解其中味？"这是《红楼梦》作者的自述，也是《史记》与屈赋爱奇精神的真实表露。

以上我们论述了《史记》与屈赋精神实质相同的四个方面，它们紧密结合，构成了不可分割的统一体。由于司马迁的思想修养、追求、审美观、处境等方面与屈原相同或相似，又由于汉代文化继承的是楚文化（鲁迅等人均有详述），加之司马迁对屈原有特殊的感情，并且学习屈赋的内在精神，因此，两人精神实质之相同也就是很自然的了。

第二节 司马迁与汉代辞赋家贾谊、司马相如

司马迁不仅与屈原有精神上的一致之处，而且与汉代辞赋家贾谊、司马相如等也有一定的关系。

贾谊是汉初有名的政治家和文学家，主要活动在文帝时期。"年十八，以能诵书属文称于郡中"；二十余，为博士，提出改革制度的主张，表现了卓越的政治才能，得到汉文帝的赏识。但却因此受到守旧派的诋毁，被贬为长沙王太傅。在逆境之中，他仍不忘国事。后为梁怀王太傅，死时年仅33岁。

从总的倾向来看，贾谊对司马迁的影响主要表现在三个方面。

第一方面：个人遭遇。

贾谊胸有才略，但一腔报国之志难以实现。他向汉文帝提出许多建议，都未得到文帝的重视。他郁郁不得志，最后在愤懑中死去。唐朝诗人李商隐在《贾生》一诗中写道："宣室求贤访逐臣，贾生才调更无伦。可怜夜半虚前席，不问苍生问鬼神。"对贾谊悲剧的原因进行了深刻的揭示。贾谊这种悲剧性的遭遇与屈原十分相似，所以，司马迁在《史记》中将屈、贾二人合传。贾谊被贬长沙，而沅湘这一带，也正是屈原当年流放之地。贾谊在此作《吊屈原赋》，离屈原沉江自杀已百余年，这其中我们不难看出两人息息相通之处。在这篇赋中，贾谊对于屈原"遭世罔极"、"逢时不祥"深表哀叹，并用"鸾凤伏窜兮，鸱枭翱翔"来揭露楚国黑暗不明、是非颠倒的现实，用"使骐骥可得系而羁兮，岂云异夫犬羊"、"横江湖鳣鲸兮，固将制于蝼蚁"，比喻屈原的不幸遭遇。这篇赋，不仅凭吊屈原，也有作者的自身感慨。

司马迁的不幸遭遇，也与屈、贾有共同之处，他把屈、贾二人合传，其中明显渗透着个人的情感。李景星评论得好：

> 以古今人合传，一部《史记》只得数篇。鲁仲连、邹阳外，此篇最著。盖鲁仲连、邹阳以性情合，此篇以遭际合也。通篇多用虚笔，以抑郁难遏之气，写怀才不遇之感。岂独屈贾两个合传，直作屈、贾、司马三人合传读可也。中"自屈原沉汨罗后百有余年，汉有贾生，为长沙王太傅，过湘水，投书以吊屈原"，此数句是一篇关键，亦是两人合传本旨，得此而通篇局势

如生铁铸成矣。①

李景星一眼看出本篇的精神实质，实乃中的之论。可以说，在"不幸遭遇"这一点上，屈原、贾谊、司马迁三人走到了一起。司马迁是屈原的知音，也是贾谊的知音。屈、贾二人的遭遇都对司马迁产生了一定的影响。

第二方面：政论散文。

贾谊的政论散文，在汉初极有声色。围绕着"秦何以亡，汉何以兴"的时代课题，贾谊写了大量的政论散文。这些政论散文有其明显的特色：一是深深的忧国之思，满腔热情，为汉朝的长治久安着想，总结历史经验，而着眼点却在现实，借历史说现实；二是思想独特，提出重用人才、重民爱民等一系列思想。天人之际、古今之变是西周以来思想家、政治家面临的两大问题，贾谊在天命与人力中摇摆，也强调治国要通古今之变；三是带有强烈的感情色彩，不空发议论；四是风格上纵横捭阖，颇有战国诸子百家的余风，文章具有气势。

贾谊散文的这些特点，无论从思想精神到文章风格，都对司马迁的《史记》产生了影响。《史记》的创作，要"究天人之际，通古今之变，成一家之言"，借历史人物、历史事件，发表自己的思想主张，目的也是为汉朝的统治服务。所以，他在《秦始皇本纪》和《陈涉世家》结尾，都引用贾谊《过秦论》之文，既表明对秦王朝历史的看法，又警告当朝统治者应以亡秦为鉴。不难看出，贾谊的政论散文影响到了《史记》的创作。

第三方面：辞赋。

---

① 李景星：《史记评议》卷三。

贾谊不仅是政论家,而且还是辞赋家。汉初的辞赋,主要是继承楚辞,尤其是屈原《离骚》的传统,所以,人们称之为"骚体赋"。贾谊就是骚体赋的代表人物,其代表作有《吊屈原赋》、《鹏鸟赋》、《惜誓》①、《旱云赋》等。这种赋的特点是:以抒情为主;富有批判精神;篇幅短小,句式上带有"兮"字,由诗发展而来,又有散体句子。

司马迁对贾谊的辞赋非常重视,在《贾谊传》中选录了两篇代表作《吊屈原赋》、《鹏鸟赋》。李景星在《史记评议》中说:

> 全部贾谊书,字字珠玑,而《贾传》独载《吊屈》、《鹏鸟》二篇。《吊屈》见贾生怀古之情。《鹏鸟》乃贾生超世之思也。他篇虽佳,在此传中都用不着,故不得有从割爱。

由于骚体赋主要是用来抒发个人思想感情的,与诗的"言志"、"抒情"作用有共同之处,因而在汉初颇有影响。《史记》选两篇代表作,以示贾谊在辞赋方面的贡献。贾谊的骚体赋,从思想到形式,对司马迁辞赋的创作也有一定的影响。司马迁的《悲士不遇赋》就是典型一例。

从赋的发展史来看,司马迁的辞赋与屈原、贾谊一脉相承。但从《史记》创作来看,司马迁又明显受到辞赋大家司马相如的影响,尽管他没有写过司马相如那样的大赋作品,但《史记》与司马相如的赋也有一定的联系。人常说"西汉文章两司马",实际上已经看出了两人在汉代文学史上的重要地位。

---

① 关于《惜誓》的作者,古今学者有争议,但多数人肯定是贾谊作品。

司马相如是蜀郡成都人。汉景帝时，他为武骑常侍。后免官游梁，与邹阳、枚乘等同为梁孝王门客，工于辞赋，所作《子虚赋》为汉武帝所赏识，因得召见，又作《上林赋》（或称《天子游猎赋》），武帝用为郎。曾奉使西南，对沟通汉与西南少数民族的关系起了积极作用。晚年以病免官，家居而卒。

司马迁与司马相如是同一时代人，他比司马相如小30多岁。辞赋家的地位在当时是非常低的，被视为倡优一类人物。如枚皋说："为赋乃俳，视如倡，自悔类倡也。"①扬雄写过不少赋，但后来不写了，认为是雕虫小技，壮夫不为，"雄以为赋者……又颇似俳优淳于髡、优孟之徒，非法度所存……于是辍不复为"②。后来的班固在《两都赋·序》里说："至于武宣之世……言语侍从之臣，若司马相如、虞丘寿王、东方朔、枚皋、王褒、刘向之属，朝夕论思，日月献纳"，把辞赋家视为"言语侍从之臣"，亦可见其地位之低下。对此，鲁迅先生曾精辟地指出：

> 中国的开国雄主，是把"帮忙"和"帮闲"分开的，前者参与国家大事，作为重臣；后者却不过叫他献诗作赋，"俳优蓄之"，只在弄臣之列。不满于后者的待遇的是司马相如，他常常称病，不到武帝面前去献殷勤，却暗暗地作了关于封禅的文章，藏在家里，以见他也有计画大典——帮忙的本领，可惜等到大家知道的时候，他已经"寿终正寝"了。③

---

① 班固：《汉书·枚乘传》，中华书局1962年版。
② 班固：《汉书·扬雄传》，中华书局1962年版。
③ 鲁迅：《且介亭杂文二集·从帮忙到扯淡》。

司马相如的可悲结局，代表了一代辞赋家的可悲结局。所以，从结局来看，司马相如的一生也是不得志的。

司马迁对辞赋家却另眼看待，尤其是对汉大赋代表人物司马相如给予"特殊照顾"。他在《司马相如列传》里收入了司马相如的《子虚赋》、《上林赋》、《大人赋》、《哀二世赋》、《上书谏猎》、《谕巴蜀檄》、《难蜀父老》、《封禅文》，是《史记》中收录文章最多的篇章。这样做，既表现了司马迁敢于冲破传统观念的大胆创新精神，也预示着文学自觉时代的到来，同时也寄寓着作者的自身感慨。李景星《史记评议》评《司马相如列传》说：

> 《史记》列传……独于司马相如之文采之最多，连篇累牍，不厌其繁，可谓倾服之至。而所载之文，又复各呈其妙，不拘一体。《上林》两赋，以侈丽胜；《告蜀》一檄一书，以层迭胜；《谏猎疏》以格法胜；《哀二世赋》以风韵胜；《大人赋》以瑰奇胜；《封禅书》以古奥胜。一篇一样，不复不板。……驱相如之文以为己文，而不露其痕迹；借相如之事为己照，并为天下后世怀才不遇者写照，而不胜其悲叹。洋洋万余言，一气团结，在《史记》中为一篇最长文字，亦为一篇最奇文字。

"借相如之事为己照，并为天下后世怀才不遇者写照"，此话点到要害之处。司马迁作为太史令，"近乎卜祝之间，固主上所戏弄，倡优所蓄，流俗之所轻也"[1]，地位与司马相如一样低下。而司马迁，也是一位怀才不遇的士子，其不幸又与司马相如相似，所以，《司马相如

---

[1] 班固：《汉书·报任安书》，中华书局1962年版。

列传》在一定程度上也是司马迁的影子。

比较一下《史记》与司马相如的赋，笔者以为，以下几点应特别注意。

第一，两者都是大一统时代的产物。西汉王朝经过几十年的休养生息，到武帝时达到了鼎盛时期。经济势力雄厚，"非遇水旱之灾，民则人给家足，都鄙廪庾皆满，而府库余货财。京师之钱累巨万，贯朽而不可较。太仓之粟陈陈相因，充溢露积于外，至腐败不可食"①。政治地位稳固，镇压了阴谋叛乱的宗室藩王，平定了割据东南沿海的东瓯闽越等地，开发并控制了西南少数民族地区，进一步加强了中央集权。军事、外交取胜，大力抗击匈奴，开通西域，拓展帝国的疆域。思想一统，罢黜百家，独尊儒术，制礼作乐，兴太学，立五经博士。总之，汉帝国呈现出蒸蒸日上的气象。以司马相如的作品为代表的汉大赋就是在这样的基础上产生的，既适应了时代的要求，也表现了时代的精神。正如司马相如《上林赋》所描绘的那样。

> 出德号，省刑罚，改制度，易服色，更正朔……游乎《六艺》之囿，骛乎仁义之途，览观《春秋》之林……登明堂，坐清庙，恣群臣，奏得失，四海之内，靡不受获。

对于这样的盛世，文人们都充满了自豪感，不由得要进行歌颂了。司马相如的《子虚赋》、《上林赋》，先以子虚夸楚开始，说"楚有七泽，尝见其一，未睹其余也，臣之所见，特其小小者耳，名曰云

---

① 班固：《汉书·报任安书》，中华书局1962年版。

梦",并极力夸耀楚王游猎云梦泽的规模。接着,乌有先生以齐国的渤獬、孟诸可以"吞若云梦者八九于其胸中,曾不蒂芥",压倒了楚国。最后亡是公以天子上林的巨丽、游猎的壮观,又压倒了齐楚。作者的目的很清楚,就是要以天子之事压倒诸侯之事,贬斥诸侯,抬高天子,巩固中央集权。这样的作品,显然具有积极的意义。而"天子之事"中,那种磅礴的气势,宏大的景象,强壮的声威,无不体现着大汉帝国的时代精神。

《史记》也是在这样的时代地平线上产生的。随着帝国的日益强大,总结古代以来的历史文化并从而给大一统时代以哲学和历史的解释,就成为一个时代的课题。司马迁担当起了这一历史重任,他说:

> 汉兴以来,至明天子,获符瑞,封禅,改正朔,易服色,受命于穆清,泽流罔极,海外殊俗,重译款塞,请来献见者,不可胜道。臣下百官力诵圣德,犹不能宣尽其意。且士贤能而不用,有国者之耻,主上明圣而德不布闻,有司之过也。且余尝掌其官,废明圣盛德不载,灭功臣世家贤大夫之业不述,堕先人所言,罪莫大焉。①

司马迁的一片肺腑之言,与上引司马相如《上林赋》中的一段,是多么相似。他们有共同的感受,共同的责任感,就是歌颂国家的统一、强盛。只不过,司马相如以赋的形式来表现,司马迁以史的形式来表现。《史记》"描述了中华民族进入文明社会以后对世界直接征服取得的辉煌成就,表现了'海内一统'时代人们心胸的开阔、

---

① 司马迁:《史记·太史公自序》,中华书局1959年版。

气魄的雄沉,以及一往无前、不可阻挡的气势"①。这也是时代的需要,时代的产物。

第二,风格上都有"全"、"大"的特点。司马相如曾说自己创作赋时,"苞括宇宙,总览人物"②。从他作品的实际来看,确实如此。描绘事物时,大肆铺陈,前后左右,东西南北,无所不包,无所不有。凡说到"木",必将所有地方的树木都移到皇家的苑林来;说到"鸟",必将天上地下所有的飞禽走兽搬到皇帝的打猎场上;如此等等,无不体现出"全"的特点。由于求全,所以作品体制宏大,体现出汉帝国的壮阔气象,摒弃了"小"家子气。而这"全"与"大",正是汉帝国一统天下的真实反映。

《史记》要"究天人之际,通古今之变,成一家之言",包揽三千年历史。古往今来,天文地理,无不展现在司马迁的笔下(对此,我们在前文已有详述),体现出"全"的特点。而且,《史记》一书创立了本纪、表、书、世家、列传五种体例,规模宏大,思想丰富,体现出"大"的特点。

当然,两人"全"、"大"特点也有不同之处。如果说司马相如的"全"、"大"主要包揽了"空间"的话,那么,司马迁的"全"、"大"则主要包揽了"时间";如果说司马相如的"全"、"大"主要局限在皇家的林苑范围之内的话,那么,司马迁的"全"、"大"则已超越了小小的林苑,驰骋在三千年的历史长河之中,勾画出一幅极为广阔的社会生活画面;如果说司马相如的"全"、"大"主要着眼于世界中的"物"的话,那么,司马迁的"全"、"大"则着眼于

---

① 宋嗣廉:《史记艺术美研究》,东北师范大学出版社1986年版,第48页。
② 司马相如:《西京杂记》卷二。

创造世界的"人";如果说司马相如的"全"、"大"着意于"静态"的话,那么司马迁的"全、大"主要着意于"动态"(指古今之变及人的活动),同时兼有"静态"(指"八书"的内容)。

第三,现实与浪漫的结合。司马相如的赋,如《子虚赋》、《上林赋》,虽说是描绘客观事物,写齐、楚、天子苑囿的广大,游猎阵容的壮观,宫殿楼阁的雄伟,但也极尽夸张之能事:"故上林之馆,奔星与宛虹入轩;从禽之盛,飞廉与鹪鹩俱获。"① 这些无疑具有夸张色彩。再如:

> 撞千石之钟,立万石之钜;建翠华之旗,树灵鼍之鼓。奏陶唐氏之舞,听葛天氏之歌,千人唱,万人和;山陵为之震动,川谷为之荡波。

这样的夸张是极有声势的。但古来的赋论家往往以"虚辞滥说"予以斥责,这是不公平的。实际上,相如赋中的夸张,是一种艺术手段,是文学进入自觉时代的表现。再以相如的《大人赋》为例,它描写了"大人"(喻天子)嫌"中州"太狭窄、局促,就驾着应龙,乘虚无,漫游天外,他能驱使五帝、含雷、陆离、征伯桥、羡门、岐伯、祝融等神仙为自己效劳,还能"召屏翳,诛风伯,刑雨师"。这篇作品,与屈原的《离骚》、《远游》一样,极富浪漫主义色彩。对此,我们只能用文学的浪漫主义手法予以解释,而不能以"虚辞滥说"来否定。赋的创作有它自己的规律。据《西京杂记》载:

---

① 刘勰:《文心雕龙·夸饰》。

> 司马相如为《上林》、《子虚》，意思萧散，不复与外事相关。控引天地，错综古今；忽然如睡，焕然而兴，几百日而后成。其友人盛览……尝问以作赋。相如曰："合纂组以成文，列锦绣而为质，一经一纬，一宫一商，此赋之迹也。赋家之心，苞括宇宙，总览人物，斯乃得之于内，不可得而传。"

这说明，司马相如创作赋时，不再是纯粹的"实录"，而是"已有意识地运用形象思维进行艺术创造"，"已大胆地跳出了写真人真事的圈子，对无限的时间和空间世界，有目的地进行筛选，进行分析综合，进行再创作。在这里，浪漫主义的表现手法已被广泛地采用了"。[①] 所以，司马相如赋中的夸张、浪漫色彩，并不是什么消极的手法，而是"文学自觉"的一种标志。

司马迁的《史记》是一部"实录"作品，但也有浪漫主义特征，对此，我们在《〈史记〉与中国浪漫主义文学》一章中已有详论，不再赘述。但赋的夸张、浪漫主义色彩，是一种艺术的虚构，而《史记》的夸张、浪漫主义手法，则要受到历史真实的限制，不是纯虚构的东西。这是两者的区别所在。

另外，司马相如的赋和司马迁的《史记》都有讽刺意味。尽管人们常用"劝百讽一"、"曲终而奏雅"来贬斥司马相如的赋，但相如赋毕竟还有讽刺意味，只不过手法委婉曲折罢了。司马迁的《史记》，讽刺意味极强，在某些方面也受到了司马相如讽谏艺术的影响，限于篇幅，不再一一详述了。

总之，从文学史角度看，我们可以说，司马相如和司马迁，虽

---

① 龚克昌：《汉赋研究》，山东文艺出版社1990年版，第363页。

然各有千秋，但他们共同昭示着文学自觉时代的到来。龚克昌先生认为：

> 鲁迅先生曾经说过，魏文帝曹丕的时代，是"文学的自觉时代"。鲁迅先生的根据是曹丕说诗赋不必寓教训，反对当时那些寓训勉于诗赋的见解，也就是近代所说的为艺术而艺术。根据鲁迅先生这个标准，或用我们今天所说的所谓自觉地进行艺术创作的标准，我都认为，这个"文学的自觉时代"至少可以再提前三百五十年，即提到汉武帝时代的司马相如身上。①

这个见解是正确的。笔者在一篇文章中也提到，司马迁作为一位文学批评家，他的许多思想影响到了六朝文艺理论，是六朝新文学理论的先声。②因此我们认为，"西汉文章两司马"，不只是一个简单的并称问题，而是他们二人为文学自觉时代的到来做出了贡献。

第三节　司马迁的辞赋理论与实践

司马迁不仅是一位散文家，而且是一位辞赋家，他有自己的辞赋理论与实践。

司马迁的辞赋理论，是与他整个文学观和进步的历史观相联系的。概括起来说，就是不受传统思想的局限，重视辞赋家及其作品，强调辞赋的讽谏作用，即社会作用，批评那种竞为侈丽的虚辞滥说。

---

① 龚克昌：《论汉赋》，《文史哲》1981年第1期。
② 张新科：《六朝新文学理论的先声——司马迁对魏晋南北朝文论影响三题》，《陕西师大学报》1997年第2期。

他的这种理论，是从对司马相如、贾谊、屈原、宋玉等人辞赋评论中表现出来的。

司马迁在《司马相如列传》中说："相如虽多虚辞滥说，然其要归引之节俭，此与'诗'之风谏何异。"认为相如的赋还有一定的讽谏作用。因此，他在列传中，对相如的赋只"采其语可论者著于篇"，"亡是公言天子上林广大，山谷水泉万物，及子虚言云梦所在甚众，侈靡过其实，且非义理所尚，故删取其要，归正道而论之"。

他在《屈原列传》中说："屈原既死之后，楚有宋玉、唐勒、景差之徒者，具好辞而以赋见称，然皆祖屈原之从容辞令，终莫敢直谏，其后楚日以削，数十年竟为秦所灭。"司马迁认为宋玉等人虽然学习屈原辞赋，但缺乏直谏精神，即对现实的批判精神。

由于司马迁特别重视赋的讽谏作用，因此，他对屈原作品予以高度评价，并且把屈原的人格与他作品的风格联系在一起，这在上文中已有详述。

对于贾谊，司马迁也予以充分重视。他在《贾谊传》中录其《吊屈原赋》和《鵩鸟赋》，并把贾谊和屈原合传，这不仅在于两人遭遇相似，而且在于贾谊赋中也有强烈的批判精神。

司马迁的辞赋理论具有积极意义。我们可以把他与汉代其他评论家进行一番对比。

先看汉人对屈原及其作品的评价。

据《汉书·淮南王传》，淮南王刘安是第一个为《离骚》作传的人。刘安所作《离骚传》今已不传。他对屈原及其作品的评价，只能从班固的《离骚序》中看一段：

国风好色而不淫，小雅怨悱而不乱，《离骚》者，可谓兼之。蝉蜕浊秽之中，浮游尘埃之外，皭然泥而不滓。推此志，虽与日月争光可也。

刘安对屈原的人格及《离骚》的内容做了较高的评价。但说它"好色而不淫，怨悱而不乱"，则没有脱离儒家诗教的樊篱。

从思想内容和艺术特色两方面给屈原以很高评价的是司马迁。他把自己的全部感情倾注在屈原身上，在《史记》中给屈原立传，记述了屈原一生的不幸遭遇。司马迁与屈原作品的关系，我们已在上文详述过，不再赘述。

司马迁之后，扬雄对屈原做了另一种评价。《汉书·扬雄传》说："先是时，蜀有司马相如，作赋其弘丽温雅，雄心壮之，每作赋，常拟之以为式。又怪屈原之过相如，至不容，作《离骚》，投江而死，悲其文，读之未尝不流涕也。以为君子得时则大行，不得时则龙蛇，遇不遇命也，何必湛身哉！乃作书，往往摭《离骚》文而反之，自崏山投诸江流以吊屈原，名曰《反离骚》；又旁《离骚》作重一篇，名曰《广骚》；又旁《惜诵》以至《怀沙》一卷，名曰《畔牢愁》。"扬雄对于屈原的不幸遭遇深表同情，因此，读屈作未尝不流涕。但他认为处世应当明哲保身，"遇不遇命也"，说明他对屈原人格没有更深的了解。另外，《文选·谢灵运传论》李善注引扬雄《法言》曰："或云：屈原、相如之赋孰愈？曰：屈原过以浮，如也过以虚。过浮者蹈云天，过虚者华无根。然原上援稽古，下引鸟兽，其著意，长卿竟不可及也。"用"过以浮"概括屈赋，说明他没有深入窥见浪漫主义手法背后表达的思想内容。

东汉时期，对屈原及其作品的争论主要在班固、王逸两人。班固在《离骚序》中引述了淮南王刘安对屈原的评价后指出："斯论似过其真。"接着发表了他自己的看法：

> 且君子道穷，命矣。故潜龙不见是而无闷，《关雎》哀周道而不伤，蘧瑗持可怀之智，宁武保如愚之性，咸以全命避害，不受世患。故《大雅》曰："既明且哲，以保其身。"斯为贵矣。今若屈原，露才扬己，竞乎危国群小之间，以离谗贼。然责数怀王，怨恶椒、兰，愁神苦思，强非其人，忿怼不容，沉江而死，亦贬洁狂狷景行之士。多称昆仑冥昏宓妃虚无之语，皆非法度之政，经义所载。谓之兼诗风雅而与日光争光，过矣。

班固对屈原的评价基本上是否定的。从人格上说，他认为屈原的行为是"露才扬己"，他要屈原明哲保身以处世，"全命避害，不受世患"，对屈原作品的理解完全是用儒家那一套理论，以"经义"作为衡量屈原的标准。在《离骚赞序》中，虽然也说"屈原以忠信见疑忧愁幽思而作《离骚》"，但他用儒家"经义"的大棍子横扫一遍，认为《离骚》中许多成分"非经义所载"，力图贬低屈原及其作品，否定屈原揭露黑暗现实的斗争精神。但他也不得不承认屈原作品不可磨灭的艺术成就："其文弘博丽雅，为辞赋宗，后世莫不斟酌其英华，则象其从容……虽非明智之器，可谓妙才者也。"

班固之后，王逸作《楚辞章句》，对班固的评论予以尖锐的反驳：

> 且人臣之义，以忠正为高，以伏节为贤。故有危言以存国，杀身以成仁。……今若屈原，膺忠贞之质，体清洁之性，直若砥矢，言若丹青，进不隐其谋，退不顾其命，此诚绝世之行，俊彦之英也，而班固谓之露才扬己，竞乎群小之中，怨恨怀王，

讥刺椒、兰，苟欲求进，强非其人，不见容纳，忿恚自沉，是亏其高明，而损其清洁者也。

王逸对于屈原人格的评价，出发点虽是儒家的"杀身成仁"，但他确是看到了屈原人格的伟大。他认为，一个人如果不顾廉耻，逃避现实，毫无救世之心，或者屈从主上，苟且偷生，即使长命百岁，有何意义？屈原"进不隐其谋，退不顾其命"，这是绝世之行，不能不引起人们的钦佩。王逸批斥班固评论有损于屈原人格是有一定道理的。

班固对屈原作品的评价是"不合经义"，王逸就以子之矛，攻子之盾，把屈作与儒家经典做了对比，认为《离骚》之文，完全是依经立义，并非不合经义。王逸批评班固所说"不合经义"是对的，但他又把屈作完全纳入经典范围之内，强作对比，就显得胶柱鼓瑟，因为楚辞自有它的特点，不能完全用儒家经典来规范。王逸对屈作中的比兴手法也做了较全面的概括："《离骚》之文，依诗取兴，引类譬喻。故善鸟香，以配忠贞；恶禽臭物，以比谗佞；灵修美人，以媲君子；飘风云霓，以为小人。"①比兴手法在诗三百篇中已大量存在，屈原进一步发展了这种方法。王逸对《离骚》比兴手法的总结，说明对浪漫主义手法有一定的理解；同时，也有助于人们更好地探究屈原作品包含的思想内容。王逸对屈作的影响也有一定认识："屈原之词，诚博远矣。自终没以来，名儒博达之士，著造词赋，莫不拟其仪一有，祖式其模范，取其要妙，窥其华藻，所谓金相玉质，

---

① 王逸：《离骚经序》。

百世无匹，名垂罔极，永不刊灭者矣。"[1] 后代文学的发展证明了王逸论述的正确性。

再看汉人对赋的评论。

关于汉赋的评论，可以说是对楚辞评论的进一步发展。赋是汉代400年间文人正统文学的代表，加之上层统治者对辞赋的重视和提倡，因此，它受到人们的普遍关注。最早对赋发表见解的当是《西京杂记》中司马相如的一段话（上文已引述过）。司马相如主要从赋的创作方面，对赋的特征进行了概括，也是他创作实践的一个总结。在汉人的赋论中，司马相如的思想是非常有价值的。

司马迁对于辞赋的认识，如上所述，既有传统思想的约束，又有突破传统的地方，他特别赞赏发愤之作。

汉代帝王中，汉宣帝对辞赋的认识值得注意。《汉书·王褒传》记载宣帝的一段话："不有博弈者乎？为之犹贤已。辞赋大者与古诗同义，小者辩丽可喜，辟如女工有绮縠，音乐有郑卫，今世俗犹皆以此虞说（娱悦）耳目，辞赋比之，尚有仁义讽谕，鸟兽草木多闻之，观贤于倡优、博弈远矣。"汉宣帝既注意到辞赋单纯的娱悦作用、审美作用，又注意到辞赋的教化作用。当然，两者相比，前者价值是"小"的，后者作用是"大"的，因为"大者与古诗同义"，具有重要的道德作用。

汉代对赋采取始肯定又否定态度的是扬雄。他早年钦慕司马相如赋的"弘丽温雅"，并以之为模拟对象，作了《甘泉》、《羽猎》、《长扬》等赋。后来，他认为赋是"童子雕虫篆刻"，"壮夫不为"[2]，

---

[1] 王逸：《楚辞章句序》。
[2] 扬雄：《法言·吾子》。

因为赋并不能真正起到讽谏作用。《汉书·扬雄传》载："雄以为赋者，将以风也，必推类而言，极靡丽之辞，闳侈巨衍，竟于使人不能加也，既乃归之于正，然览者已过矣。往时武帝好神仙，相如上《大人赋》，欲以风，帝反缥缥有凌云之志。由是言之，赋劝而不止，明矣。又颇似俳优淳于髡、优孟之徒，非法度所存，贤人君子诗赋之正也，于是辍不复为。"扬雄对赋杀了个"回马枪"，由肯定到否定，其出发点都是儒家的"美刺"理论。肯定它，意欲起讽谏作用；否定它，是因为它起不到讽谏作用。这一转变，是对辞赋形式主义倾向的有力批判。扬雄还把赋分为两类："诗人之赋丽以则，辞人之赋丽以淫"[①]，"则"就是儒家美刺的法则和法度，"淫"就是"闳侈巨衍"的辞藻。扬雄对赋的态度以及评论，对后代的赋论产生了重要影响。

班固对赋的评论，主要体现在《两都赋序》中。另外，《汉书·艺文志》中特设"诗赋略"，对赋的产生及发展进行了概述，虽多引刘歆《七略》，但也在一定程度上代表了他的某些看法。《两都赋序》从思想到艺术对汉赋做了全面肯定："或以抒下情而通讽谕，或以宣上德而尽忠孝，雍容揄扬，著于后嗣，抑亦雅颂之亚也。故孝成之世，论而录之，盖奏御者千有余篇，而后大汉之文章，炳焉与三代同风。"赋的特征在于歌功颂德，在于讽刺劝谏，所以是"雅颂之亚"。班固的赋论也指导着他创作了《两都赋》那样的颂赋。无论从理论到实践，班固都代表了儒家文艺潮流。

王充对汉赋的认识不同于前代人。一方面，他认为当今朝廷应该歌颂，所以他很推崇班固等人的赋，认为"今尚书郎班固、兰台令史杨终、傅毅之徒，虽无篇章，赋颂记奏文辞斐炳，赋象屈原、

[①] 扬雄：《法言·吾子》。

贾生，奏象唐林、谷永，并比以观好，其美一也。"① "唯班固之徒称颂国德，可谓誉得其实矣。颂文谲以奇，彰汉德于百代，使帝名如日月，孰与不能言，言之不美善哉。"② 另一方面，他在《论衡》中又说："以敏于赋颂为弘丽之文贤乎？则夫司马长卿、扬子云是也。文丽而务巨，言眇而趋深，然而不能处定是非，辩然否之实，虽文如锦绣，深如河汉，民不觉是非之分，无益于弥为崇实之化。"这又从崇实的角度，批评赋的华而不实。总之王充既肯定辞赋歌颂的社会功能，又批评它华而不实的弊病。

对汉赋进行激烈批评的是汉末王符。他在《潜夫论·务本》中说："今学问之士，好语虚无之事，争著雕丽之文，以求见异于世。……今赋颂之徒，苟为饶辨屈塞之辞，竟陈诬罔无然之事，以索见怪于世。愚夫憨士，从而奇之，此悖孩童之思而长不诚之言也。"认为辞赋于世无益，这是王充思想的进一步发展。由于王符着眼于务实，所以对辞赋的虚无华美甚为不满，乃至于全面否定，这种说法有一定的局限性。

总之，我们认为，司马迁辞赋思想中确有一定的传统观念，这是不可否认的。但更重要的是，他在许多方面又超越传统、超越同时代人；与那些贬低甚至否定屈原的人不同，他对屈原的伟大人格及其作品的成就予以高度肯定和赞扬；与那些以儒家经义来解释屈原作品的人不同，他用"发愤"来概括屈原的创作，并揭示出社会背景；与那些把辞赋作为润色鸿业、歌功颂德工具的人不同，他强调的是赋的批判精神；与那些否定赋的价值的人不同，他认为赋有

---

① 王充：《论衡·案书篇》。
② 王充：《论衡·须颂篇》。

一定的社会作用。司马迁的这些独特之处，在当时及后代，都具有积极的意义。

司马迁的辞赋理论指导着他的创作实践。据《汉书·艺文志》："司马迁赋八篇"，可惜今存者只有《悲士不遇赋》一篇，全文如下：

> 悲夫士生之不辰，愧顾影而独存，恒克己而复礼，惧志行之无闻。谅才韪而世戾，将逮死而长勤，虽有形而不彰，徒有能而不陈。何穷达之易惑，信美恶之难分。时悠悠而荡荡，将遂屈而不伸，使公于公者，彼我同兮，私于私者，自相悲兮。天道微哉，吁嗟阔兮，人理显然，相倾夺兮。好生恶死，才之鄙也；好贵夷贱，哲之乱也。炤炤洞达，胸中豁也，昏昏罔觉，内生毒也。我之心矣，哲已能忖，我之言矣，哲已能选。没世无闻，古人惟耻，朝闻夕死，孰云其否。逆顺还周，乍没乍起。理不可据，智不可恃。无造福先，无触祸始，委之自然，终归一矣。

这是司马迁晚年的作品，从赋中可以看出，司马迁确实实践了他的辞赋理论，作品充满着强烈的批判精神。季镇淮先生说："这是一篇有典型意义的抒情小赋，在'美恶难分'的封建压迫下，一个公正的、有才能的士大夫，大概总会遭遇到'理不可据，智不可恃'的命运的。从这篇作品里，我们看见一个饱经忧患、感慨深沉而又'逮死长勤'、终身坚持理想的老人。"[①] 这话是有道理的。

---

① 季镇淮：《司马迁》，上海人民出版社1979年版，第70页。

从赋的源流发展来看，这篇赋继承的是屈原、贾谊传统，体制短小，带有骚体特征，以抒写个人不幸遭遇为主，不像汉大赋那样铺张扬厉地描写客观事物。

如果我们再进一步从汉代文人"士不遇"这一文化现象来认识这篇作品，应该说它体现了汉代文人"悲士不遇"的心灵模式。颜昆阳先生在《论汉代文人"悲士不遇"的心灵模式》一文中[1]，对汉代文人的"士不遇"文化现象进行了全面分析。他认为：

> 心灵模式乃指诸多个别主体对应于同一价值性之文化现象而引生之感情经验、意志趋向、观念思维，凡此精神性之心理活动皆表现出共同特征而形成固定规模型式之存在现象。

由此出发，他考察了包括司马迁《悲士不遇赋》在内的44篇作品，得出结论：

> 汉代文人"悲士不遇"的心灵模式，乃是通过屈原这一历史经验的型塑作用，再加上当代文人个别经验的深切及普同，而与历史经验类化而成。
>
> 此一心灵模式呈现三大特征：（1）在感情经验上，是以"忠怨"或说"悲世之怨"为其特质。其怨生于政教理想价值之失落，而非只个人名利之受挫。（2）在意志趋向上，则坚持人性的理想价值，不与邪佞者妥协，甚至可以死相殉，展现着性

---

[1] 《汉代文学与思想学术研究讨论文集》，台湾文史哲出版社1991年10月版。

格悲剧的色彩。(3)在观念思维上,从历史经验体悟"时命"。通过"遇"与"不遇"的经验对显,而指出所谓"时命"……是政治文化之命限。

这样的分析是很深刻的。所以,就司马迁的《悲士不遇赋》而言,孤立地看,这只是在悲叹个人的不幸,但把它放到"士不遇"的文化现象中看,却有了更深一层的意思。在司马迁之前,汉代这类"士不遇"的作品有:贾谊《吊屈原赋》、《鵩鸟赋》、《惜誓》,董仲舒《士不遇赋》,淮南小山《招隐士》,严忌《哀时命》,司马相如《美人赋》,邹阳《狱中上书》,东方朔《七谏》、《非有先生论》、《答客难》、《嗟伯夷》等;司马迁之后,刘向、扬雄、王褒等都有这类作品。由此说来,司马迁的《悲士不遇赋》体现着一种文化现象,代表着一种心灵模式。

司马迁对后代辞赋家也颇有影响。

就辞赋而言,司马迁的辞赋理论及实践,对汉代的抒情小赋有直接的影响。司马迁的赋,上承屈骚及汉初贾谊的骚体赋,以抒发个人感情为主,下开东汉时代的抒情小赋,在赋的发展史上具有重要的意义。

就《史记》对后代辞赋家产生的影响而言,主要有以下几个方面。

第一,《史记》丰富的语言,成为辞赋家学习的榜样。《史记》的语言,是对先秦语言的总结与发展,又是汉代语言的典范,其中描绘事件、抒发感情,或淋漓尽致,或委婉含蓄,或正说,或反说,这些都是辞赋家必学的本领。因此,《史记》就像一宝库,辞赋家可以从中汲取大量营养。

第二,《史记》描绘上下三千年历史,其人、其事历历如在目前,这给后来辞赋家用典故创造了有利条件。

第三,《史记》写人的艺术手法,如环境描写、行动描写、场面描写、夸张描写,以及浪漫主义手法,都给辞赋家在艺术上提供了很好的借鉴。

第四,《史记》中保存了许多辞赋作品,它们成为后来辞赋家学习辞赋的楷模。

第九章 《史记》与中国民间文学

《史记》是一部正史,是司马父子心血的结晶。为了完成这部划时代的巨著,司马迁不仅参阅了前代的历史文献,利用了朝廷的大量档案资料,而且亲自到民间实地考察,搜集资料。唐代司马贞《史记索隐后序》说:"太史公之书,既上序轩辕,中述战国,或得之于名山坏壁,或取之以旧俗风谣。""名山坏壁"、"旧俗风谣"指的就是民间文学。他还说司马迁"或博采古文传记诸子,其间残缺盖多,或旁搜异闻,以成其说"。"旁搜异闻"指的就是搜集民间文学。因此,《史记》一书闪耀着民间文学的光辉。

第一节 《史记》向民间学习什么

司马迁少时曾牧耕河山之阳,20 岁时受父命漫游全国。据王国维《太史公行年考》,这一次漫游路线如下:

> 适长沙,观屈原所自沉渊(屈原贾生列传)。浮于沅湘(自序)。窥九疑(自序)。南登庐山,观禹疏九江,遂至于会稽大湟(河渠书)。上会稽,探禹穴(自序)。上姑苏,望五湖(河渠书)。适楚,观春申君故城宫室(春申君列传)。适淮阴(淮

阴侯列传）。行淮泗济漯（河渠书），北涉汶泗，讲业齐鲁之都，观孔子之遗风，乡射邹峄（自序）。适鲁，观仲尼庙堂车服礼器，诸生以时习礼其家（孔子世家）。厄困鄱薛彭城（自序）。过薛（孟尝君列传）。适丰沛（樊郦滕灌列传）。过梁楚以归（自序）。适大梁之墟（魏世家及信陵君列传）。

这一次学术漫游，对司马迁写作《史记》具有重要的意义。此后，他又扈驾西至崆峒，又奉使蜀滇，并到泰山参与封禅大典，中间还参加负薪塞河之事。这一系列不平凡的经历，使他汲取了大量的民间文学的营养，并以此来充实自己的著作。

《史记》从民间文学中吸收了大量资料。虽然司马迁本人没有具体说明哪些事件故事采自民间传说，但从《史记》本身的记载及论赞中我们还是可以看出其中的端倪。如《李将军列传》写李广射虎、中石没簇等细节，当时野史笔记就没有记载，一定是根据民间传说加以整理的。《孟尝君列传》云："吾尝过薛，其俗间里率多暴桀子弟，与邹、鲁殊。问其故，曰：'孟尝君招致天下任侠、奸人入薛中，盖六万余家矣。'世之传孟尝君好客自喜，名不虚矣！"所以传中写孟尝君的事迹，突出其"好客自喜"的一面。《魏公子列传》云："吾过大梁之墟，求问其所谓夷门。夷门者，城之东门也。天下诸公子，亦有喜士者矣。然信陵君之接岩穴隐者，不耻下交，有以也。名冠诸侯，不虚耳。"正因此，《魏公子列传》写信陵君亲自迎接夷门监者侯嬴的故事非常生动细致，全篇用147个"公子"来称呼信陵君，表现出作者的赞颂之情。又如《项羽本纪》赞云："吾闻之周生曰：'舜目盖重瞳子'，又闻羽亦重瞳子。"写出项羽的奇特之处，无疑带有民间传说色彩。又如《淮阴侯列传》赞曰："吾如淮阴，淮阴人为余言，韩信虽为布衣时，其志与众异。其母死，贫无以葬，然乃行营高敞地，令其旁可置万家。余视其母冢，良然。"由此可见，司马迁写韩信年轻时寄食漂母、胯下之辱等事也是从民间采访而来的。再如《樊郦滕灌列传》赞说："吾适丰沛，问其遗老，观故萧（何）、曹（参）、樊哙、滕公之家，及其素，异哉所闻！方其鼓刀屠狗卖缯时，岂自知附骥之尾，垂名汉廷，德流子孙哉？余与他广通，为言高祖功臣之兴时若此云。"清人郭嵩焘在这段话上加按语说：

> 诸侯起微贱，一时遗闻轶迹，传闻必多，史公身历其地而知其遭际风云，未有异于人者也。史公于萧、曹、樊哙、滕公等传，盖得于民间传说为多，此所谓纪实也。①

说明司马迁写萧何、曹参、樊哙、郦商、夏侯婴、灌婴等人事迹时从丰沛遗老口中得到了不少材料。《魏世家》赞曰："吾适故大梁之墟，墟中人语曰，秦之破梁，引河沟而灌大梁，三月城坏，王请降。……说者皆曰：魏以不用信陵君，故国削弱至于亡。"像这样的作品，还有《春申君列传》、《游侠列传》、《刺客列传》等 20 余篇。

《史记》还从民间采录了一些神话故事。像《五帝本纪》、《周本纪》、《秦本纪》中就有不少神话故事，即使像《高祖本纪》中写高祖之诞生及高祖斩蛇等故事，也具有神话色彩。这些也当属于民间文学范畴。（参见第七章《〈史记〉与中国浪漫主义文学》）

《史记》从民间文学中吸收了大量材料，表明他对民间文学的重

---

① 郭嵩焘：《史记札记·卷五上》，商务印书馆 1957 年版。

视,这些传说故事加入《史记》中,并没有违背历史的真实性,而是与历史文献资料相辅相成,并且增加了传记作品的生动性。

这里应特别注意的是,《史记》记事上起黄帝,第一次确立了中华民族的谱系,即中华民族都是黄帝子孙。这一观念的确立也受了民间文学的影响,他在《五帝本纪》赞中说:

> 余尝西至空桐,北过涿鹿,东渐于海,南浮江淮矣,至长老皆各往往称黄帝、尧、舜之处,风教固殊焉,总之不离古文者近是,予观《春秋》、《国语》,其发明《五帝德》、《帝系姓》章矣,顾第弗深考,其所表见皆不虚。《书》缺有间矣,其轶乃时时见于他说。非好学深思,心各其意,固难为浅寡闻道也。余并论次,择其言尤雅者,故著为本纪书首。

在民间文学中,流传着黄帝、尧、舜的许多传说。司马谈发凡起例的计划是,"述陶唐以来,至于麟止",因为《尚书》记事就是起于尧(陶唐),且百家言黄帝,其文不雅训。司马迁则修正了上限,起于黄帝,这是由于他在游历考察中得到了许多关于皇帝的传说,而且参考其他资料,有足够的理由把上限扩伸到黄帝。司马迁对计划的修改,是他大一统历史观的表现。由此,中华民族有了自己的完整的民族谱系。①

《史记》还从民间文学中学到了批判现实的精神。民间文学是群众从自己生活实践中挖掘和总结出来的,离现实最近。他们毫无顾忌,想说什么就说什么,敢于对现实进行讽刺揭露,具有真实性、

---

① 参见张大可:《史记研究·史记断限考略》,甘肃人民出版社1985年版。

公正性、正义性。司马迁写《史记》,是要成"一家之言",要反映上下三千年的历史,民间文学的这种批判现实的精神与他实事求是创作《史记》的目的相吻合,于是,他汲取了民间文学中的批判精神,使自己的著作成为"不虚美,不隐恶"的典范。

《史记》还从民间文学中学到了丰富的语言如俗词、歌谣、谚语等,我们在下文进行详述。

第二节 《史记》中的民间歌谣谚语

唐代史学家刘知幾曾指责司马迁"其所载多聚旧记,时插杂言"[1],宋代郑樵也说:"迁书全用旧文,间以俚语,良由采摭未备,笔削不遑","所可为迁恨者,雅不足也"[2]。这些指责实际上是错误的。所谓"杂言"、"俚语",是司马迁对民间语言的吸收与融入,他们没有看到司马迁在民间文学上的贡献。

《史记》中运用大量歌谣谚语,给《史记》增添了光彩。这些歌谣谚语大致来说有以下几方面的内容。

有对统治阶级及其酷吏的憎恨与讽刺。

> 一尺布,尚可缝,一斗米,尚可舂。兄弟二人不能相容。

这首歌谣出自于《淮南衡山列传》。淮南厉王刘长,自恃尊贵,起居"拟于天子"。汉文帝担心皇权旁落,采取手段逼刘长绝食而

---

[1] 刘知幾:《史通·六家》,中华书局1961年版。
[2] 郑樵:《通志·总序》,中华书局1987年版。

死。作者引歌谣来揭露最高统治者的无耻面目，非常深刻。

　　生男无喜，生女无怨，独不见卫子夫霸天下！

　　汉武帝时，卫子夫专宠，她的弟弟卫青被封为大将军长平侯，卫青长子封侯世子，其他三子虽在襁褓中，竟皆封列侯，子夫的外甥霍去病也拜骠骑将军。卫氏一门权倾天下。《外戚世家》引这首歌谣生动而深刻地表现了外戚的恃势称霸。我们可以从中认识当时那种丑恶的社会现实。

　　这一类谣谚是很多的，《韩长孺列传》在描写汉家内部的倾轧时，引用了这样一条俗谚：

　　虽有亲父，安知其不为虎？虽有亲兄，安知其不为狼？

　　它一针见血、入木三分地揭示了封建统治阶级内部之间的畸形关系。

　　汉武帝时，贵族灌夫在颍川一带横行无忌，《魏其武安侯列传》在揭露灌夫"诸所与交通，无非豪杰大猾……为权利，横于颍川"的罪行之后，引了当时流传于颍川的一首童谣：

　　颍水清，灌氏宁；颍水浊，灌氏族。

　　颍水不会长清，灌氏不会永久横行！一旦颍水变浊之日，就是姓灌的灭族之时，这形象而又贴切、富有哲理的诅咒，深刻地表现了人民对称霸一方的豪强势力的反抗情绪。

　　另外如《项羽本纪》引的"楚虽三户，亡秦必楚"，《赵世家》

中的"赵为号,秦为笑,以为不信,视地之生毛"等,都有着强烈的战斗性与鲜明的阶级性。

再如,《酷吏列传》的一首歌谣:

> 宁见乳虎,无值宁成之怒。

宁成是汉代有名的酷吏,本传说他"为人上,操下如束湿薪",对待人民是"如狼牧羊"般地凶恶残暴,这首歌谣就活画出了他这个汉代统治者豢养的刽子手的狰狞面目。

有些歌谣谚语是对生活经验和处世哲学的总结。如:

> 规小节者,不能成荣名;恶小耻者,不能立大功。
> ——《鲁仲连邹阳列传》
> 狡兔死,走狗亨;高鸟尽,良弓藏;敌国破,谋臣亡。
> ——《淮阴侯列传》
> 当断不断,反受其乱。
> ——《春申君列传》
> 能行之者未必能言,能言之者未必能行。
> ——《孙子吴起列传》
> 鉴于水者见面之容,鉴于人者如吉与凶。
> ——《范雎蔡泽列传》
> 家贫思良妻,国乱思良相。
> ——《魏世家》
> 忠言逆耳利于行,毒药苦口利于病。
> ——《留侯世家》

蓬生麻中，不扶而直，白沙在泥，与之俱黑。

——《三王世家》

满而不损则溢，盈而不持则倾。

——《乐书》

　　这些歌谣谚语，是从社会生活中体验、总结出来的，具有一定的辩证思想，能给人以启发，也能给人以警戒，它们虽然简单，运用于某一篇之中，但实际上已具有普遍意义，即使到今天，仍具有一定的现实意义和借鉴作用。如《赵世家》中有："以书御者不尽马之情，以古制今者不达事之变。"《刘敬叔孙通列传》中有："千金之裘，非一狐之腋也；台榭之榱，非一木之枝也；三代之际，非一士之智也。"前者强调的是理论与实践的结合，随着时代的变化，制定政策也应变化。后者强调的是要成就一项大的事情，必须依靠广大群众，必须有长期的积累，无疑对我们有借鉴意义。

　　有些歌谣谚语对历史上的人物进行热情赞颂。

　　萧何与曹参是汉代开国初的两位相国，他们属于地主阶级中较为开明的政治家。在人们刚刚结束暴秦虐政压迫的情况下，他们恰当地采取了"休养生息"的政策，对农民做了某些让步，使人民在一定程度上得以恢复生产。老百姓为二人作歌说：

　　萧何为法，顜若画一；曹参代之，守而勿失。载其清净，民以宁一。

——《曹相国世家》

　　再如：

> 得黄金百斤，不如得季布一诺。

这是《季布栾布列传》中的一条楚人谚语。赞扬季布言必信、行必果的品德，表现了人们对真诚的期待。又如：

> 桃李不言，下自成蹊。

这是《李将军列传》中司马迁引用民谚对李广进行的评价。桃树李树虽然不会说话，但由于它们有丰硕的果实，所以引来许多人，树下自然走出一条路来。司马迁的意思在于：李将军虽然不善言辞，但他有才能，名传天下，因此得到了众人的拥戴，表达了人们对李将军的敬仰之情，就像传中所记的那样：李广自杀后，"广军士大夫一军皆哭。百姓闻之，知与不知，无老壮皆为垂涕"，足见人们的爱戴之情了。司马迁借用这一民谚，表现了自己对李将军的同情与敬仰之情。

《史记》中还有些民谚歌谣反映了一定的人情事理，如："人貌荣名，岂有既乎？"[①]"不知其人，视其友"[②]等；还有一些表现经济状况，如"天下熙熙，皆为利来；天下攘攘，皆为利往"[③]，"长袖善舞，多钱善贾"[④]等，内容十分丰富。

由于《史记》的记载，流传于民间的歌谣谚语在文字上得以固定，流传得更广泛和长远了，有许多至今活跃在群众的口语中。如

---

① 司马迁：《史记·游侠列传》，中华书局1959年版。
② 司马迁：《史记·张释之传》，中华书局1959年版。
③ 司马迁：《史记·货殖列传》，中华书局1959年版。
④ 司马迁：《史记·范雎蔡泽列传》，中华书局1959年版。

"前事不忘,后事之师"①,"养虎自遗患"②,"唇亡齿寒"③,"尺有所短、寸有所长"④,"利令智昏"⑤,"智者千虑,必有一失;愚者千虑,必有一得"⑥,等等。这些寓含哲理的通俗成语,即使在今天,仍有它的生命力。谚语属于人民的口头文学创作,它来源于生活,也需要熟悉生活的人用它更深入地观察生活。司马迁行万里路,发现并采撷它们,并将其运用到《史记》写作中去。它们或以经书中某些人物之口说出,或由作者直接引用,无论处于何种位置,都在发挥着论据的作用,它的哲理性与通俗性完美结合,有浓郁的生活气息。运用中又经司马迁筛选,因而在形成《史记》语言"博而肆"的独特风格方面起了强化、补益的作用。

《史记》中还运用了大量的方言口语,体现出民间文学的精神,我们在文中也有论述。

第三节 民间文学从《史记》中得到什么

司马迁为什么对民间文学如此热心呢?

首先,这是他进步历史观的体现。司马迁写《史记》,要表现自己的一家之言,他对历史有独到的见解,因此,他在传记中始终面对现实,不仅写出了上层的帝王将相,而且写了大量的下层人物,体现出社会发展的整体性。民间文学的真实性、讽谕性与他进步的

---

① 司马迁:《史记·秦始皇本纪》,中华书局 1959 年版。
② 司马迁:《史记·项羽本纪》,中华书局 1959 年版。
③ 司马迁:《史记·晋世家》,中华书局 1959 年版。
④ 司马迁:《史记·白起王翦列传》,中华书局 1959 年版。
⑤ 司马迁:《史记·平原君虞卿列传》,中华书局 1959 年版。
⑥ 司马迁:《史记·淮阴侯列传》,中华书局 1959 年版。

历史观产生了共鸣，使他能从民间文学中汲取营养，使自己的作品具有一定的人民性。

其次，客观条件发展的需要。司马迁为了写出一部"通古今之变"的通史，需要搜集大量的历史资料。可惜的是，秦始皇在文化上实行"燔灭文章，以愚黔首"的政策，不仅使本朝文化遭受厄运，而且使前代文化遭到毁灭。尽管汉初就废除了挟书律，奖励献书，提倡讲学，但文化的恢复也不是一朝一夕之事。司马迁为了求得丰富的资料，就亲自到民间采访。卫宏的《汉旧仪》说："司马迁……使乘传天下，求古诸侯之史记。"可见，诸侯史记散佚的不少。司马迁为了探索古今变化的社会规律，就必须到民间去寻访历史的遗迹了。

最后，与司马迁的生活经历有关。前文说过，司马迁少时耕牧，对下层民间生活有一定的体验，尤其是后来漫游天下以及随武帝出巡、出使西南等，更使他对民间文学产生了浓厚的感情。当李陵之祸发生后，他身陷囹圄，更看清了统治阶级的残酷面目，也感受到了世态的炎凉。于是，民间文学中那些批判精神，那些富有哲理性的语言，就涌入笔端。那些揭露社会现实，讽刺社会人情世态的民谣谚语，无不渗透着他个人的强烈的感情。

司马迁重视民间文学，对他的这一功劳我们应予以充分肯定。卢南乔先生曾指出：

> 表达"心声"的有言语，也有文字，把这一道理转用在"史原"上，当然可分为有形的史料——文件的，无形的史料——口头的。就其价值论，有时还后逾于前。历代史家，著述如林，而知此意者盖寡。"昔秦人不死，验苻生之厚诬，蜀老

犹存,知葛亮之多枉",刘知幾略知其意,但他却是"三为史臣,再入东观,竟不能勒成国史"的人,可置不论。真正躬行有得,我以为司马迁是过去三千年间,惟一堪许提名入选的。①

这个评论是十分中肯的。

《史记》从民间文学中汲取了丰富的营养,反过来说,《史记》对民间文学的发展也起了积极的推动作用。民间文学的许多精华的故事,歌谣谚语,俗语方言通过《史记》得以保存、流传,如果没有《史记》的保存,很可能就会散失掉。

从另一角度讲,后代的民间文学也从《史记》中得到了许多东西。《史记》的出现,进一步丰富了民间文学的内容,民间文学中许多故事就是从《史记》中演化而进一步发展的。小说、戏剧虽属文人作品,但在它的初期也是在勾栏瓦舍中演唱、讲唱的,其中许多内容就来自于《史记》,像讲史小说等。即使到今天,民间舞蹈、社火等,仍有《史记》故事,像"完璧归赵"、"霸王别姬"、"萧何追韩信"、"赵氏孤儿"等故事,已是民间文学中经久不衰的精品了。

《史记》还丰富了民间文学的语言。由于《史记》中的语言口语化、通俗化,容易为下层百姓接受,因此,《史记》中的许多语言已在民间文学中深深扎根。"前事不忘,后事之师","尺有所短、寸有所长"等,它们来自于民间,又实用于民间,使民间语言不断丰富壮大。

《史记》写人技巧也对民间文学产生了影响。由于《史记》写人时运用了许多艺术手法,故事生动曲折,人物形象鲜明突出,因此,

---

① 卢南乔:《论司马迁及其历史编纂学》,《文史哲》1955年第11期。

民间文学也从中得到借鉴，尤其是《史记》中的传奇笔法。司马相如与卓文君的爱情故事写得有情有致，田单的"火牛阵"写得有声有色，项羽的"巨鹿之战"写得紧张激烈，等等，这样的传奇笔法对民间文学的传奇性产生了一定的影响。

《史记》中的许多人物形象也已长久活在民间。人们从这些人身上得到了精神的启迪。像孔子、屈原、蔺相如、陈胜、吴广、项羽、李广等，包括司马迁本人，他们的精神，他们的追求，永远给人以鼓舞，给人以力量。

《史记》从民间文学中吸收了营养，民间文学也从《史记》中得到了许多东西。这种情况，对于我们今天的文学创作有一定的启示意义。要写出一部成功的文学作品，不能闭门造车，而应深入生活、深入实际，体会大众的感情以及他们的思想，并且真实、形象地反映他们。这样，作品才会有魅力，才会有生命力。

第十章 《史记》：中国文学语言的宝库

文学的第一要素是语言。《史记》之所以能产生强烈的美感效应，与它的语言美也有很大关系。司马迁善于对社会、人生进行细致的观察、分析，善于抓住人或事物的本质特征进行描绘，在语言运用方面取得了惊人的成就，使《史记》成为中国文学语言的宝库。

第一节　对先秦语言的总结与发展

《史记》是先秦文化的集大成者，从语言发展的角度看亦是如此。《史记》在描绘先秦历史时，首先遇到的是先秦时期保留下来的典籍，像《尚书》、《左传》、《国语》、《战国策》。司马迁立足当代，对先秦语言进行熔铸和改造，使那些佶屈聱牙的语言口语化、通俗化，成为汉代标准的书面语。这样的改造是十分必要的。

宋人王观国在《学林》卷一中说：

> 司马迁好异而恶与人同。观《史记》，用《尚书》、《战国策》、《国语》、《世本》、《左传》之文，多改其正文。改"绩用"为"功用"，改"厥田"为"其田"，改"肆觐"为"遂见"，改"宵中"为"夜中"，改"咨四岳"为"嗟四岳"，改

"协和"为"合和",改"方命"为"负命",改"九载"为"九岁",改"格奸"为"至奸",改"慎徽"为"慎和",改"烈风"为"暴风",改"克从"为"能从",改"浚川"为"决川",改"恤哉"为"静哉",改"四海"为"四方",改"熙帝"为"美尧",改"不逊"为"不训",改"胄子"为"稚子",改"维清"为"维静",改"天工"为"天事",改"底绩"为"致功",改"降丘"为"下丘",改"纳赐"为"入赐",改"孔修"为"甚修",改"夙夜"为"早夜",改"申命"为"重命",改"汝翼"为"汝辅",改"敕天"为"陟天",改"率作"为"率为",改"宅土"为"居土",如此类甚多。又用《论语》文分缀为《孔子弟子传》,亦多改其文,改"吾执"为"我执",改"毋固"为"无固",改"指诸掌"为"视其掌",改"性与天道"为"天道性命",改"未若"为"不如",改"便便"为"辩辩",改"滔滔"为"悠悠",如此类又多。子长但知好异,而不知反有割于义也。

王观国完全从泥古的角度对司马迁的改造古语持批评态度。实际上,对古语的改译,不只是字词本身的问题,它与人的思维、时代、教养、世界观等都有密切关系,改造古语实乃是语言进步发展的标志之一。我们从王观国所列举的大量例子,可以明显看出司马迁在古语今译方面所做出的巨大贡献。

我们看司马迁对《尚书》语言的改译,兹举两段:

《尚书·尧典》云:

> 帝尧,曰放勋。钦明文思安,允恭克让,光被四表,格于上

下。克明俊德，以亲九族。九族既睦，平章百姓。百姓昭明，协和万邦。乃命羲和，钦若昊天，历象日月星辰，敬授民时。

《史记·五帝本纪》改为：

帝尧者，放勋。其仁如天，其知如神。就之如日，望之如云。富而不骄，贵而不舒。黄收纯衣，彤车乘白马。能明驯德，以亲九族。九族既睦，便章百姓。百姓昭明，合和万国。乃命羲和，敬顺昊天，数法日月星辰，敬授民时。

司马迁改造的特点有两个，一是增加虚词，如"者"、"而"等，使语句更加连贯；二是增加比喻词，如"如"字，使叙事形象化。因此，《尚书》中不大明白的地方就容易理解了。又如：

《尚书·尧典》云：

帝曰："畴，咨，若时登庸？"放齐曰："胤子朱，启明。"帝曰："吁，臣讼，可乎？"帝曰："吁，静言庸违，象恭滔天。"帝曰："咨，四岳，汤汤洪水方割，荡荡怀山襄陵，浩浩滔天。下民其咨，有能俾乂？"佥曰："于，鲧哉！"帝曰："吁，咈哉，方命圮族。"岳曰："异哉，试可乃已。"帝曰："往，钦哉！"九载，绩用弗成。

《史记·五帝本纪》改为：

尧曰："谁可顺此事？"放齐曰："嗣子丹朱开明。"尧曰：

"吁，顽凶！不用。"尧又曰："谁可者？"讙兜曰："共工旁聚布功，可用。"尧曰："共工善言，其用僻，似恭漫天，不可。"尧又曰："嗟，四岳，汤汤洪水滔天，浩浩怀山襄陵，下民其忧，有能使治者？"皆曰："鲧可。"尧曰："鲧负命毁族，不可！"岳曰："异哉，试不可用而已。"尧于是听岳用鲧。九岁，功用不成。

经过司马迁的改造，原来艰涩难懂的语言变得比较清楚了，说话人的语气也更形象了。

像这样的例子在《史记》中很多。《五帝本纪》、《夏本纪》、《殷本纪》、《周本纪》、《秦本纪》，大都引用《尚书》；春秋时期的齐、晋、楚、郑、吴、越等世家多引用《左传》、《国语》；战国时期的韩、赵、魏等世家及苏秦、张仪、范雎、蔡泽、战国四公子等列传多引用《战国策》；《孔子世家》多引用《论语》。这些先秦典籍的语言，有的艰涩，有的典雅，有的简约，有的恣肆，司马迁根据实际情况，进行吸收并加以改造，使其通俗化、口语化。

司马迁对先秦语言的总结与发展，有如下几个明显的特点。

其一，保持原来的语言环境。我们说司马迁对先秦语言进行改造，但他并没有改变原来语言的环境。原作中历史人物的语言是在什么背景下说的并未改造，原作者叙述历史事件的前因后果也未改变，并使之更明晰。

其二，尽量保持原来的语言情韵。先秦典籍中有些著作的语言比较生动形象，也颇有情韵，如《左传》、《战国策》在刻画人物时，运用了许多个性化语言，司马迁对此保留，因此，我们读《史记》时，仍能感受到先秦语言的情韵。又如赋诗言志，这在春秋时代是极为普遍、极为风雅的事情,司马迁在描绘这段历史时,也尽量保留这种情韵。

其三,尽量保持原来语言的整体性。司马迁虽然对先秦语言进行了一定的改译,但没有割裂原来的语言,而是在改译的同时,保持原来的整体性,这样,使整部著作的语言趋于一致化。

其四,他把先秦时期一些佶屈聱牙的语言,尤其是一些生僻字用汉代的语言加以替代,使之通俗化,这是语言发展的必然规律。在改译过程中,司马迁能把先秦语言与汉代的语言相结合,但又不是生硬的组合,因此,避免了古今语言隔阂的矛盾发生。而且,司马迁增加了大量的个性化的语言,使作品更具形象性。

其五,进一步使语言书面化、规范化。先秦语言比较难懂的原因之一是语句还不够规范化,用以连贯句子的虚词也较少,司马迁对此加以改造,常常用"乃"、"而"、"则"、"者"、"也"等虚词连贯句子,使之畅达,而且逐步标准化、书面化。当然《史记》中也还有一些句子比较特殊,不够标准。

其六,经过改造、总结先秦语言,《史记》形成了自己的语言风格,成为典型的文言文,对后代语言的发展起了积极的作用。

第二节 《史记》的语言成就

《史记》的语言成就是多方面的,我们从以下几个方面来认识。

一、叙述语言生动传神

《史记》首先是一部历史著作。作为历史著作,基本要求就是线索清晰,前因后果一目了然,《史记》确实做到了这一点。司马迁对每个事件、每个人物的出处经历都有明确交代,即使再复杂的矛盾也是一清二楚。如《魏其武安侯列传》揭露统治阶级内部的矛盾斗争,窦婴、田蚡、灌夫三人的矛盾纠织在一起,难解难分,但司马迁笔力不凡,"以灌夫为纬,以窦王两太后为眼目,以宾客为线索,以梁王、淮南王、条侯……许多人为点染,以鬼报为收束,分合联络,错综周密,使恩怨相结,权势相倾,杯酒相争,情形宛然在目"①。《高祖本纪》写刘邦一生,既有本纪的纲领性,又有列传的生动细致性,大小事件纷繁多变,但司马迁写得有条不紊,"整中见乱,乱中见整,绝无痕迹"②。《李斯列传》通过李斯的一生,展现出秦王朝由盛到衰到亡的全过程,虽是列传却有本纪的特点,因此,明代茅坤说:"学者读《李斯传》,不必读《秦纪》矣。"③清代李景星说:"《李斯传》以'竟并天下'、'遂以亡天下'二句为前后关锁。'竟并天下'是写其前之所以盛,'遂以亡天下'是写后之所衰,盛衰之故,则皆由于斯。……似秦外纪,又似斯、高合传,而其实全为传李斯作用。"④《史记》把复杂多变的历史写得眉目清晰,这是它叙事语言成功之一。

《史记》叙事语言还能做到生动传神。如《项羽本纪》中的"巨鹿之战",是项羽一生的关键一仗,它打败了秦军主力,为起义军在军事上的彻底胜利奠定了基础。我们看作者对这场大战高潮的叙述:

> 项羽已杀卿子冠军,威震楚国,名闻诸侯。乃遣当阳君、

---

① 李景星:《史记评议》。
② 吴见思:《史记论文》。
③ 茅坤:《史记钞》。
④ 李景星:《史记评议》。

蒲将军将卒二万渡河，救巨鹿。战少利，陈馀复请兵。项羽乃悉引兵渡河，皆沉船，破釜甑，烧庐舍，持三日粮，以示士卒必死，无一还心。于是至则围王离，与秦军遇，九战，绝其甬道，大破之，杀苏角，虏王离。涉间不降楚，自烧杀。当是时，楚兵冠诸侯。诸侯军救巨鹿下者十余壁，莫敢纵兵。及楚击秦，诸将皆从壁上观。楚战士无不一以当十，楚兵呼声动天，诸侯军无不人人惴恐。……诸侯将入辕门，无不膝行而前，莫敢仰视。

作者不仅将项羽破釜沉舟过程、结果写得明了清晰，而且极为生动形象，"精神笔力，直透纸背，静而听之，殷殷阗阗，如有百万之军藏于陑糜汗青之中，令人神动"①。钱锺书先生在《管锥编》中对此段有精彩评论：

《考证》："陈仁锡曰：'叠用三无不字，有精神；《汉书》去其二，遂乏气魄。'"按陈氏评是，数语有如火如荼之观。……马迁行文，深得累叠之妙，如本篇末写项羽"自度不能脱"，一则曰："此天之亡我，非战之罪也"，再则曰："令诸君知天亡我，非战之罪也"，三则曰："天之亡我，我何渡为！"心已死而意犹未平，认输而不服气，故言之不足，再三言之也。又如《袁盎、晁错列传》记错父曰："刘氏安矣！晁氏危矣！吾去公归矣！"叠三"矣"字，纸上如闻太息，断为三句，削去衔接之词（asyndeton），顿挫而兼急迅错落之致。《汉书》却作："刘

---

① 吴见思：《史记论文》。

氏安矣而晁氏危，吾去公归矣！"索然有底情味？王若虚《滹南遗老集》卷一五苛诋《史记》文法最疏、虚字不妥，举"诸侯军无不人人惴恐"为"字语冗复"之一例。王氏谭艺，识力甚锐而见界不广，当时友生已病其"好平淡"而不"尚奇峭"，以"经义科举法绳文"（刘祁《归潜志》卷八）。玩其月旦，偏主疏顺清畅，饰微治细，至若瑰玮奇肆之格，幽深奥远之境，皆所未识；又只责字句之直白达意，于声调章法，度外恝置。是故弹射虽中，少伤要害，匹似逼察江河之挟泥沙以具下，未尝浑观其一派之落九天而泻千里也。即以《史记》此句论之。局于本句，诚如王氏所讥。倘病其冗复而削去"无不"，则三叠减一，声势随杀；苟删"人人"而存"无人"以保三叠，则它两句皆六字，此句仅余四字，失其平衡如鼎折足而将覆餗，别须拆补之词，仍著附之迹。宁留小眚，以全大体。经籍不避"重言"，《尚书》之"不遑暇食"，《左传》之"尚犹有臭"，孔颖达《正义》已道之。《汉书·项籍传》作"诸侯军人人惴恐"、"膝行而前"；盖知删一"无不"，即坏却累叠之势，何若迳删两"不有"，勿复示此形之为愈矣。①

又如信陵君，这是司马迁心目中敬仰的人物之一。《魏公子列传》写信陵君不耻下交、自迎侯生一段是这样的：

> 公子于是乃置酒大会宾客。坐定，公子从车骑，虚左，自迎夷门侯生。侯生摄敝衣冠，直上载公子上坐，不让，欲以观

---

① 钱锺书：《管锥编》第 1 册，中华书局 1979 年版，第 272—273 页。

公子。公子执辔愈恭。侯生又谓公子曰:"臣有客在市屠中,愿枉车骑过之。"公子引车入市,侯生下见其客朱亥,俾倪故久立,与其客语,微察公子。公子颜色愈和。当是时,魏将相宗室宾客满堂,待公子举酒。市人皆观公子执辔,从骑皆窃骂侯生。侯生视公子色终不变,乃谢客就车。至家,公子引侯生坐上坐,遍赞宾客,宾客皆惊。酒酣,公子起,为寿侯生前。

这样的叙述语言,使读者有身临其境之感。作者从不同的角度来刻画信陵君的恭谦态度,虽是叙述,但人物的神态、形象却非常生动。这类例子在《史记》中俯拾皆是。有时候,作者结合环境情况,采用参差错落的句式,达到生动传神的目的,如《刺客列传》写"荆轲刺秦王"一节:

秦王发图,图穷而匕首见。因左手把秦王之袖,而右手持匕首揕之。未至身,秦王惊,自引而起,袖绝。拔剑,剑长,操其室;时惶急,剑坚,故不可立拔。荆轲逐秦王,秦王环柱而走。群臣皆愕,卒起不意,尽失其度。……秦王方环柱走,卒惶急,不知所为,左右乃曰:"王负剑!"负剑,遂拔,以击荆轲,断其左股。荆轲废,乃引其匕首以掷秦王。不中,中铜柱。秦王复击轲,轲被八创。

由于刺秦王就在一刹那之间发生,极为紧张突然,因此,作者在叙述时也用极短促的语句,描绘出这个场面,带有力量、速度。

《史记》叙述性语言还常常带有作者的感情,或褒或贬,颇有韵味。我们先看《李将军列传》中一段:

> 广廉，得赏赐辄分其麾下，饮食与士共之。终广之身，为二千石四十余年，家无余财，终不言家产事。……广之将兵，乏绝之处，见水，士卒不尽饮，广不近水；士卒不尽食，广不尝食。宽缓不苛，士以此爱乐为用。

叙事看来很平常、淡然，但字里行间渗透着作者的感情，对于李将军的廉洁和爱护士卒的品格，作者是持褒扬态度的。

我们再看作者对一些人的讽刺。公孙弘是以谄谀、诡诈的手段赢得汉武帝信任的一个官僚形象。《平津侯列传》是这样叙述的：

> 每朝会议，开陈其端，令人主自择，不肯面折庭争。于是天子察其行敦厚，辩论有余，习文法吏事，而又缘饰以儒术，上大说之。二岁中，至左内史。弘奏事，有不可，不庭辨之，尝与主爵都尉汲黯请间，汲黯先发之，弘推其后，天子常说，所言皆听，以此日益亲贵。尝与公卿约议，至上前，皆倍其约以顺上旨。……左右幸臣每毁弘，上益厚遇之。

一个老于世故、善于奉承的滑头形象于此可见了。作者在这里，不仅讽刺公孙弘的善于逢迎的丑恶形象，而且讽刺汉武帝的昏庸。一个老滑头被他重用，并不断提拔，这是多么荒唐！

在《封禅书》中，作者讽刺历代帝王迷信神仙，语句极为委婉含蓄。"自威、宣、燕昭，使人入海求蓬莱、方丈、瀛州；此三神山者，其传在勃海中，去人不远；患且至，则船风引而去。盖尝有至者，诸仙人及不死之药皆在焉。其物禽兽尽白，而黄金银为宫阙。未至，望之如云；及到，三神山反居水下；临之，风辄引去，终莫能至云。世主莫不甘心焉。"作者用"焉"、"盖……焉"、"云"等虚词,造就了跌宕讽刺的神韵,嘲笑了"世主"的愚蠢,秦皇汉武莫不如此。作者在《封禅书》结尾说:"自此之后,方士之祠神者弥众,然其效可睹矣!"对于汉武帝封禅、求仙等种种荒唐行为一语推翻,"可睹矣"字句有"余音袅袅,不绝如缕"的讽刺效果。

再如《酷吏列传》,杀人成性的王温舒为什么如此凶暴呢?作者叙述说:"天子闻之以为能。"叙义纵和尹齐也说:"上以为能",叙杨仆也说:"天子以为能。"叙杜周也说:"大放张汤而善候伺,上所欲挤者,因而陷之;上所欲释者,久系待问,而微见其冤状。"原来这帮酷吏之所以胡作非为,是有皇帝在撑腰,他们按照皇帝的意图去行事。作者的讽刺目标不只在酷吏,更重要的是高高在上的汉武帝。《史记》中叙述语言中带有讽刺意味的作品是大量的,像《万石张叔列传》、《李斯列传》等都颇有讽刺意味。

《史记》的叙述语言有时为了节省文字,也用概括的语言来叙述,如用攻、击、守、追、围、战、下、破之、大破之等动词表明战争的过程,用定、得、取、斩、先登、陷阵等词语表示人的动作,《曹相国世家》即属此种情况。有时候则相反,为了加重语气,不惜用大量的重复语词,如《廉颇蔺相如列传》叙述"完璧归赵"的故事,"璧"字反反复复出现,《魏公子列传》全文用了100多个"公子",这都是作者极用意处。

《史记》叙述语言有时在交代人物身份、历史背景、地理环境等方面有重要作用。《史记》传记每篇开头总要介绍人物的出身、家世、职业等,看起来漫不经心,实乃是刻画人物很重要的一笔。就交代背景而言,有些事件十分复杂,它的发生原因、时间等都要有个说明。如司马迁写刘邦起义之事:"秦二世元年秋,陈胜等起蕲,至陈而王,号为张楚。诸郡县皆多杀其长吏以应陈涉。沛令恐,欲以沛应涉。"然后再写刘邦之事。这样,整个事件的来龙去脉就很清楚。就交代地理形势而言,"秦楚之际,兵所出入之途,曲折变化,唯太史公序之如指掌。以山川郡国不易明,故曰东、曰西、曰南、曰北,一言之下,而形势撩然。……盖自古史书兵事地形之详未有过此者,太史公胸中固有一天下大势"[①]。我们今天读《史记》中写战争的篇章,总会感到线索清晰,地理形势明了,这与司马迁的叙述语言有很大关系。

《史记》叙述语言有时在连贯事件的前后时间及因果关系方面也有重要作用。作者往往用"是时"、"当时是"、"久之"、"顷之"等词语来连缀事件的前后次序。如《刺客列传》写不同时代的刺客,在连缀上用"其后百六十有七年"、"其后七十余年"、"其后四十余年"、"其后二百二十余年"等语句,使整个传记连成一个体系。

总之,叙述语言在历史著作中是最基本的语言,司马迁运用自如,取得了可喜的成就。

二、人物语言个性鲜明

一般的历史著作作者用叙述语言把事件叙述清楚即可。而《史记》则不只如此,它还用人物自己的语言表情达意,这就由历史向文学迈进了一大步。人物自己的语言是人物个性的最好表现,对此,我们在前文中已略有涉及,这里再作一补充。

《史记》的人物语言具有个性化,符合人物的身份、性格、心理等。《郦生陆贾列传》写郦生的"狂",其言语绝对是一个"狂生"

---

① 顾炎武:《日知录》卷二十六,中国文史出版社 1999 年版。

而非"儒生"。《淮阴侯列传》中写韩信被拜为大将后,给刘邦分析天下形势,一段言辞写得头头是道,那绝对是一个军事家的眼光,人称这段言辞为"汉中对",可与诸葛亮的"隆中对"相媲美。本传中还写蒯通劝韩信反叛,其言辞滔滔不绝,气势充畅,那绝对是纵横家的语言。《史记》中多次写刘邦的口头禅"而公"(你老子我),其无赖行径跃然纸上。《魏其武安侯列传》"灌夫骂座"一段也极有个性:

> 饮酒酣,武安起为寿,坐皆避席伏。已,魏其侯为寿,独故人避席耳,余半膝席,灌夫不悦。起行酒,至武安,武安膝席曰:"不能满觞。"夫怒,因嘻笑曰:"将军贵人也,属之!"时武安不肯。行酒次至临汝侯,临汝侯方与程不识耳语,又不避席,夫无所发怒,乃骂临汝侯曰:"生平毁程不识不直一钱,今日长者为寿,乃效女儿呫嗫耳语!"武安谓灌夫曰:"程、李俱东西宫卫尉,今众辱程将军,仲孺独不为李将军地乎?"灌夫曰:"今日斩头陷胸,何知程、李乎!"坐乃起更衣,稍稍去。

灌夫的言辞,"是醉中事,怒中语,如闻其声"①,一个狂傲不羁的武夫形象展现在人们面前。又如吕不韦是商人出身,当他看到安国君的儿子子楚在赵国作人质时,就想利用他以"钓奇",作政治赌注,说:"此奇货可居!"这绝对是商人的语言。总之,《史记》中人物语言是极有个性的,而且是为刻画人物的形象服务的。

对话,是人物语言中很重要的一个方面。这是人物性格的直接

---

① 吴见思:《史记论文》。

外露。对话,可以体现出不同人物的个性特点,从艺术手法上说,明显带有对比的性质。如《平原君列传》写平原君准备与楚结盟,挑选文武双全者 20 人一起去楚国,结果:

> 得十九人,余无可取者,无以满二十人。门下有毛遂者,前,自赞于平原君曰:"遂闻君将合纵于楚,约与食客门下二十人偕,不外索。今少一人,愿君即以遂备员而行矣。"平原君曰:"先生处胜之门下几年于此矣?"毛遂曰:"三年于此矣。"平原君曰:"夫贤士之处世也,譬若锥之处囊中,其末立见。今先生处胜之门下三年于此矣,左右未有所称诵,胜未有所闻,是先生无所有也。先生不能,先生留。"毛遂曰:"臣乃今日请处囊中耳,乃颖脱而出,非特其末见而已。"

这段对话,显示出两个人的性格特征及其矛盾冲突,一个是不得意的食客,一个是以养士图虚名的贵族公子,而毛遂的语言,"英姿雄风,千载而下,尚可想见,使人畏仰之"①。《史记》中这类对话是很多的,如《廉颇蔺相如列传》写蔺相如同他的舍人对话:"于是舍人相与谏曰:'臣所以去亲戚而事君者,徒慕君之高义也。今君与廉颇同列,廉君宣恶言,而君畏匿之,恐惧殊甚,且庸人尚羞之,况于将相乎!臣等不肖,请辞去!'蔺相如固止之,曰:'公之视廉将军孰与秦王?'曰:'不若也。'相如曰:'夫以秦王之威,而相如廷叱之,辱其群臣,相如虽驽,独畏廉将军哉!顾吾念之,强秦之所以不敢加兵于赵者,徒以吾两人在也。今两虎共斗,其势不俱生,吾所以为

---

① 洪迈:《容斋五笔》卷五。

此者,以先国家之急而后私仇也。'"这段对话,既表现出舍人的目光短浅,又表现出蔺相如的大度,尤其是他"先国家之急而后私仇"的胸怀,深深地感动着人们。《留侯世家》写张良劝阻刘邦立国后代的一段对话也极有特点:

汉王方食,曰:"子房前!客有为我计桡楚权者。"具以郦生语告,曰:"于子房何如?"良曰:"谁为陛下画此计者?陛下事去矣。"汉王曰:"何哉?"张良对曰:"臣请藉前箸为大王筹之。"曰:"昔者汤伐桀而封其后于杞者,度能制桀之死命也。今陛下能制项籍之死命乎?"曰:"未能也。""其不可一也。武王伐纣封其后于宋者,度能得纣之头也。今陛下能得项籍之头乎?"曰:"未能也。""其不可二也。武王入殷,表商容之闾,释箕子之拘,封比干之墓。今陛下能封圣人之墓,表贤者之闾,式智者之门乎?"曰:"未能也。""其不可三也,发钜桥之粟,散鹿台之钱,以赐贫穷。今陛下能散府库以赐贫穷乎?"曰:"未能也。""其不可四矣。殷事毕,偃革为轩,倒置干戈,覆以虎皮,以示天下不复用兵。今陛下能偃武行文,不复用兵乎?"曰:"未能也。""其不可五矣。休马华山之阳,示以无所为,今陛下能休马无所用乎?"曰:"未能也。""其不可六矣。放牛桃林之阴,以示不复输积。今陛下能放牛不复输积乎?"曰:"未能也。""其不可七矣。且天下游士离其亲戚,弃坟墓,去故旧,从陛下游者,徒欲日夜望咫尺之地。今复六国,立韩、魏、燕、赵、齐、楚之后,天下游士各归事其主,从其亲戚,反其故旧坟墓,陛下与谁取天下乎?其不可八矣。且夫楚唯无强,六国立者复桡而从之,陛下焉得而臣之?诚用客之谋,陛下事去矣。"汉王辍食吐哺，骂曰："竖儒，几败而公事！"令趣销印。

郦食其建议刘邦分封六国后代，以此来牵制项羽。张良左一个"不可"，右一个"不可"，一连摆出八条理由，步步为营，使刘邦无言以对，体现出张良"王者师"的风度，而刘邦则文过饰非，将错误全推到郦食其身上。《李斯列传》写赵高同胡亥、李斯谋议夺权时，对话也颇为传神，"如观相扑，如听面谈，文心文笔，两者兼之"①，展现出三个人的卑劣个性。《淮阴侯列传》写刘邦和韩信谈论诸将将兵的才能，韩信以"善将将"和"将兵多多益善"概括刘邦和自己的个性、才能，也非常有神情。而像《魏其武安侯列传》"廷辩"一场，各种矛盾在辩论中展示出来，面对同一事件，每个人有自己的语言，个性极为鲜明。

心理独白也是人物自身语言的一种表现形式，它在展示人物心理、表现个性方面也具有重要作用。如《魏公子列传》中一段："公子行数里，心不快，曰：'吾所以待侯生者备矣，天下莫不闻，今吾且死，而侯生曾无一言半辞送我，我岂有所失哉？'复引车还，问侯生。"信陵君率军去救赵国，抱定必死的决心。路过夷门时，侯生只说了一句话与他告别："公子勉之矣，老臣不能从。"信陵君就产生了上面的心理。通过这样的内心独白，就表现出信陵君的精细之处。《史记》写人物的内心独白，有时可以构成全篇的一条线索，最突出的如《李斯列传》，李景星《史记评议》有精彩评论："行文以五叹为筋节……'于是李斯乃叹曰人之贤不肖'云云，是其未遇时而叹不得富贵也；'李斯喟然而叹曰嗟乎'云云，是其志满时而叹物

---

① 吴见思：《史记论文》。

极将衰也;'斯乃仰天而叹,垂泪太息曰'云云,是已坠赵高计中不能自主而叹也;'仰天而叹曰嗟乎悲夫'云云,是已居囹圄之中不胜怨悔而叹也;'顾谓其中子曰'云云,是临死时无可奈何以不叹为叹也,以上所谓'五叹'也。"整个传记,洋洋洒洒,几及万言,但却以李斯的五次叹息为内在线索,勾画出李斯在不同情况、不同处境时的内心世界,给人留下深刻印象。

《史记》内心独白,往往三言两语,但却极为传神。《酷吏列传》写王温舒任河内太守时,捕郡中"豪猾",连坐千余家,二三日内,大举屠杀,"至流血十余里"。汉朝惯例,春天不杀人,王温舒顿足曰:"嗟乎!令冬日益展一月,足吾事矣!"一句独白,就把一个杀人成瘾的酷吏形象展示出来。再如大家熟悉的项羽、刘邦,他们二人在观看秦始皇时发出不同的感叹。项羽说:"彼可取而代也",刘邦说:"嗟乎!大丈夫当如此也!"个性完全不同。"项之言悍而戾,刘之言则津津然不胜其歆羡矣。"[①]《万石张叔列传》有一处写石建的谨慎:"建为郎中令,书奏事。事下,建读之,曰:'误书,马者与尾为五,今乃四,不足一,上谴死矣。'其惶然。"由于"马"字的笔画少写了一点,就吓得要死,其人的个性就可想而知了。

《史记》人物自身语言往往也带讽刺,让人物自己揭露自己的嘴脸。如《高祖本纪》载:"未央宫成,高祖大朝诸侯,群臣置酒未央前殿,高祖奉玉卮,起,为太上皇寿,曰:'始,大人常以臣为无赖,不能治产业,不如仲力。今某之业所就,孰与仲多?'群臣皆呼万岁,大笑为乐。"刘邦虽然当了皇帝,但他自己的语言中仍带有无赖习气,作者写刘邦的言语,对其可恶的行径进行讽刺。又

---

① 王鸣盛:《十七史商榷》卷二,中华书局1985年版。

如《吕太后本纪》写吕后的残忍，幽禁饿死了赵王刘友："己丑，日食，昼晦。太后恶之，心不乐，乃谓左右曰：'此为我也。'"吕后的言语，真是做贼心虚，暴露出自己的丑恶一面。这样的讽刺语言在《史记》中也是很多的。

以上我们谈了《史记》人物语言的一些特点，由于这类语言是人物个性的直接展现，因此，在刻画人物时比叙述语言更为生动。

当然，《史记》叙述语言与人物语言并不是完全割裂的，而是有机地融合在一起。如《张丞相列传》中的一段：

> 周昌为人强力，敢直言，自萧、曹等皆卑下之。昌尝燕时入奏事，高帝方拥戚姬，昌还走，高帝逐得，骑周昌项，问曰："我何如主也？"昌仰曰："陛下即桀纣主也！"于是上笑之。然尤惮周昌。及帝欲废太子，立戚姬子如意为太子，大臣固争之，莫能得，而昌廷争之强，上问其说，昌为人吃，又盛怒，曰："臣口不能言，然臣期期知其不可。陛下欲废太子，臣期期不奉诏。"上欣然而笑。

既有叙述语言，交代事件的原因、人物的特点（如周昌口吃），又有人物语言，极富个性色彩，同时也极富讽刺意味，这也正是《史记》人物传记之所以生动传神的原因之一。

三、评论语言丰富多彩

司马迁在《史记》中经常以"太史公曰"的形式，或评论历史事件，或褒贬历史人物，或对复杂的历史现象做出某种说明。放在篇首的称"序"，放在篇末的称"赞"，这是司马迁首创的一种史论形式,是《史记》内容不可缺少的一部分。

这些评论语言或长或短,大都直抒胸臆。如《李将军列传》:

> 传曰:"其身正,不令而行;其身不正,虽令不从。"其李将军之谓也?余睹李将军,悛悛如鄙人,口不能道辞。及死之日,天下知与不知,皆为尽哀。彼其忠实心诚信于士大夫也。谚曰:"桃李不言,下自成蹊。"此言虽小,可以喻大也。

李广是一位悲剧人物,司马迁对他的不幸遭遇深表同情,赞中对李将军的人格进行了高度评价。再如《魏其武安侯列传》:"魏其、武安皆以外戚重,灌夫用一时决策而名显。魏其之举以吴楚,武安之贵在日月之际。然魏其诚不知时变,灌夫无术而不逊,两人相翼,乃成祸乱。武安负贵而好权,杯酒责望,陷彼两贤。呜呼哀哉!迁怒及人,命亦不延。众庶不载,意被恶言。呜呼哀哉!祸所以来矣!"这段评论,鲜明地表现了作者的态度:对窦婴比较肯定,对田蚡完全否定,对灌夫既有同情又有批评。作者反复咏叹,加强感情色彩。

评论语言有时则委婉含蓄。如《封禅书》开端:"自古受命帝王曷尝不封禅?盖有无其应而用事者矣,未有睹符瑞见,而不臻乎泰山者也。虽受命而功不至,至梁父矣而德不洽,洽矣而日有不暇给,是以即事用希。"表面看来说的是古帝王、说的是一定要封禅,实际上对封禅颇有讥刺,更重要的是,这实际是讽刺汉帝国"功不至"、"德不洽",语意含蓄委婉。《史记》中还有许多论赞,借秦讽汉,颇有韵味。《平准书》赞曰:"至于秦,卒并海内。虞夏之币,金为三品,或黄,或白,或赤;或钱,或布,或刀,或龟贝。……于是外攘夷狄，内兴功业，海内之士力耕不足粮食，女子纺绩不足衣服。古者尝竭天下之资财以奉其上，犹自以为不足也。无异故云，事势之流，相激使然，曷足怪焉。"表面上说秦，实乃讽汉。茅坤说"不及本朝，而以秦为言若此，其旨深矣"①。

《史记》评论语言有时曲折往复，极富变化。且看《项羽本纪赞》：

> 太史公曰：吾闻之周生曰："舜目盖重瞳子"，又闻项羽亦重瞳子。羽岂其苗裔邪？何兴之暴也！夫秦失其政，陈涉首难，豪杰蜂起，相与并争，不可胜数。然羽非有尺寸，乘势起陇亩之中，三年，遂将五诸侯灭秦，分裂天下，而封王侯，政由羽出，号为"霸王"，位虽不终，近古以来未尝有也。及羽背关怀楚，放逐义帝而自立，怨王侯叛己，难矣。自矜功伐，奋其私智而不师古，谓霸王之业，欲以力征经营天下，五年卒亡其国，身死东城，尚不觉寤而不自责，过矣。乃引"天亡我，非用兵之罪也"，岂不谬哉！

清人吴调侯、吴楚材的《古文观止》评此赞曰：

> 前后"兴""亡"二字相照，"三年""五年"，并见兴亡之速，俱关键。"过矣""谬哉"，唤应绝韵。一赞中，五层转折，唱叹不穷，而一纪之神情已尽。

对《项羽本纪赞》曲折往复的特点予以高度评价。我们再看

---

① 凌稚隆：《史记评林》引，天津古籍出版社1998年版。

《六国年表序》中的一段：

> 秦既得意，烧天下《诗》、《书》，诸侯史记尤甚，为其有所刺讥也。《诗》、《书》所以复见者，多藏人家，而史记独藏周室，以故灭。异哉，惜哉！独有《秦记》，又不载日月，其文略不具。然战国之权变亦有可颇采者，何必上古。秦取天下多暴，然世异变，成功大。传曰"法后王"，何也？以其近己而俗变相类，议卑而易行也。学者牵于所闻，见秦在帝位日浅，不察其终始，因举而笑之，不敢道，此与以耳食无异。悲夫！

这段评论，首先对秦国毁灭文化的政策表示惋惜，继而转到"何必上古"，以示战国之权变"亦有可颇采者"。再说秦国以暴力取天下，但又转到"成功大"上来，肯定秦统一天下的进步性。再转到现实，一些学者见秦国是短命王朝，就采取"举而笑之"的态度，不能对秦国历史进行公允评价，作者对此予以批评："此与以耳食无异"，并以"悲夫"收束。一段评论，多次转折，极尽曲折之能事，表现了作者对秦国历史的全面而深刻的认识。

另外如《五帝本纪赞》、《秦楚之际月表序》、《游侠列传序》等，都是极有特色的论赞。限于篇幅，我们不引原文，只引《古文观止》对这几篇论赞的评点，以见其风格。

评《五帝本纪赞》曰：

> 此为赞语之首，古质奥雅，文简意多。转折层曲，往复回环。其传疑不敢自信之意，绝不作一了结语，乃赞语中之尤超绝者。

评《秦楚之际月表序》曰：

> 前三段一正，后三段一反，而归功于汉。以四层咏叹，无限委蛇，如黄河之水，百折百回，究未尝著一实笔，使读者自得之，最为深妙。

评《游侠列传序》曰：

> 凡六赞游侠，多少抑扬，多少往复，胸中荦落，笔底抒写，极文心之妙。

这些评论，均能切中要害，有助于我们深刻理解《史记》评论语言的特色。

为了增加评论语言的力量，《史记》还常常引用格言来证实自己的评论，或篇首立论，或篇末明旨，《伯夷列传》、《李将军列传》、《酷吏列传》、《游侠列传》、《货殖列传》等论赞都是这样，前代先哲如老子、孔子、管子等人及一些经典中的名言，都成为作者论证自己观点的依据。如《酷吏列传》序：孔子曰："导之以政，齐之以刑，民免而无耻。导之以德，齐之以礼，有耻且格。"老子称："上德不德，是以有德；下德不失德，是以无德。法令滋章，盗贼多有。"一开始就引用孔子、老子的名言来阐明礼义道德的重要性，为后文打下了基础。

总之，《史记》评论语言丰富多彩，有直接明显的论断，有含蓄冷静的论断，有微言讥刺的论断，有言外之意的论断，也有貌似无关的论断，有哲理性的论断，还有叙事性实录性的论断。从语言的运用来看，有的运用重言迭句，有的故作反语，有的设疑问语，有的借他人语，有的引证古书或民间俗语[1]，都成为《史记》语言中一个重要的方面。

四、民间语言通俗有趣

《史记》一书博大精深。为了丰富自己的著作，司马迁从民间文学中汲取了不少营养，对此，我们在《〈史记〉与中国民间文学》一章中已有详述，这里主要谈谈司马迁对民间语言的运用。

司马迁对民间的方言俗语都注意采用，而且与人的身份地位相符合。如《陈涉世家》写陈胜称王之后，当年与他一起庸耕的人来见他：

> 扣宫门曰："吾欲见涉。"宫门令欲缚之。自辩数，乃置，不肯为通。陈王出，遮道而呼涉。陈王闻之，乃召见，载与俱归。入宫，见殿屋帷帐，客曰："夥颐！涉之为王沈沈者！"楚人谓多为夥，故天下传之，夥涉为王，由陈涉始。

这里的一言一行，完全符合一个泥腿子农民的身份。"夥颐"是楚地方言，"沈沈"是俗语，司马迁加以采用，增添了作品的趣味性。像这类方言俗语在《史记》中也不少。《留侯世家》曰："（张）良尝从容步游下邳圯上。"裴骃的《集解》："徐广曰：圯，桥也。东楚谓之圯，音怡。"可见"圯"字属方言。《张耳陈余列传》："赵相贯高、赵午等……乃怒曰：'吾王，孱王也。'"《集解》引孟康的话

---

[1] 白静生：《灵活多彩的"太史公曰"》，《河北师院学报》1985年第1期。

说:"冀州人谓懦弱为孱。"可见"孱"字属河北一带方言。《封禅书》:"神君者,长陵女子,以子死,见神于先后宛若。宛若祠之其室,民多往祠。"这里的"先后"二字,据颜师古《汉书·郊礼志》注引孟康云:"兄弟妻相谓先后。"颜师古进一步说:"先音苏见反(xian),后音胡构反(hou)。古谓之娣姒,今关中俗呼为先后,吴楚俗呼之为妯娌。"可见"先后"二字属陕西关中方言。《大宛列传》:"于是天子始种苜蓿、蒲陶肥饶地。""苜蓿"、"薄陶"(即"蒲陶")是西域一带的植物,张骞通西域时传入汉朝,可见这两个词是西域一带的词语。

《史记》运用方言、俗语,一般都与人物的出生地有密切联系。司马迁能够广泛搜集民间语言,并把它们写入《史记》中,这不只是语言运用问题,而是与作者的阶级出身、世界观有一定关系,司马迁能冲破一些文人偏见,吸收民间语言的精华,这种精神是值得肯定的。

《史记》还采用了大量各地的口语,这些口语经过司马迁的加工,基本符合书面语的规范。如《陈涉世家》中"苟富贵,毋相忘",《外戚世家》"武帝择宫中不中用者,斥出归之"中的"不中用","帝及太子诸窦不得不读黄帝、老子"中的"不得不"等,这些口语直到今天还有生命力。

第三节 《史记》是中国文学的语言宝库

《史记》在语言上所取得的成就,是人们有目共睹的。语言的发展代表着文学的发展。《史记》语言丰富多彩,以简约、畅达、自然著称于世,对中国文学语言产生了深远影响。

仅就《史记》中所产生的成语来说，千百年来，代代相传的约有300多条，对汉语词汇的丰富和发展做出了积极的贡献。

有些成语就是《史记》中的原句，如：一鸣惊人、不寒而栗、妒贤嫉能、多多益善、首鼠两端、刎颈之交、约法三章、沾沾自喜、三令五申、韦编三绝，等等。

有些成语是原语词的改动或节缩，如：作壁上观、决一雌雄、丧家之犬、脱颖而出、言听计从、悔过自新、图穷匕见、死灰复燃、一字千金、后来居上、鸟尽弓藏、兔死狗烹、家徒四壁，等等。

有些成语则是对历史故事、历史事件的提炼概括，如：破釜沉舟、完璧归赵、负荆请罪、毛遂自荐、指鹿为马、卧薪尝胆、鸡鸣狗盗、孙庞斗智、作法自毙、纸上谈兵、背水一战、暗度陈仓，等等。

不仅这么多的成语流传后世，而且《史记》语言成为后人学习的榜样。史学家学习它且不用说，就文学家而言，无不受其沾溉。

《史记》写人物传记时，善于把叙事语言和人物语言融为一体，使人物形象鲜明，首先是班固的《汉书》学习这种语言，以后的传记作家韩愈、柳宗元、欧阳修、苏轼、归有光、方苞等学习它，使之成为传记文学比较固定的语言。

《史记》语言波澜壮阔，纵横驰骋。后来的散文家学习它，尤其是政论家学习它。中国文学史上的散文大家，从司马迁之后，代不乏人，直到清代的桐城派，或学其"雄"，或学其"洁"，从《史记》语言中汲取营养。

《史记》语言富有个性特点，因此，小说家、戏剧家学习它。学习《史记》如何表现人的对话、独白，学习它叙事曲折生动，学习它的奇人奇语。

《史记》语言丰富多彩，辞赋家、诗人学习它。辞赋家学其语辞，诗人学其情韵，或铺排，或抒情，各有所得。

《史记》语言含蓄委婉，往往言在此而意在彼，颇有讽刺意味。后来的讽刺作家学习它，学习它的深沉，学习它的讽刺艺术。吴敬梓学到了它的真谛，因此写出了不朽名著《儒林外史》。

《史记》是语言的宝库，古今语言学家在学习它、研究它。这是一个巨大的迷宫，探之无穷，揽之不竭；这是一座宝山，人们只要努力去探寻，总会有所收获。

《史记》，永远是中国文学语言的宝库。

第十一章 《史记》文学经典的建构之路

《史记》与中国文学有密切的关系，并且对中国文学产生了多方面的影响，同时，历代文学的发展也对《史记》成为文学经典有重要的促进作用。

《史记》作为史学名著，它成为不朽经典，自有其许多道理，我们姑且不论。那么，一部史学著作为什么能跨出历史的门槛而成为文学领域的经典，以至于各种版本的《中国文学史》都要把《史记》作为汉代文学的重点进行论述？这是需要我们深思的。所谓经典不是作者自封的，而是由读者认可、肯定的。文学经典的建构，是一个长期的过程，而且有许多要素，如文本自身的价值、文本的传播、读者的消费与接受，等等。《史记》之所以能成为文学经典，首先在于它本身具有独特的文学价值，这是成为经典的根本和基础，尤其是《史记》中的本纪、世家、列传三种体例的叙事、写人，最能体现它的文学价值，对此，人们已有普遍认识和较多的研究[①]，我们也姑且不论。这里主要探讨《史记》文学经典建构的外部原因。《史

---

① 当代《史记》研究学者季镇淮、白寿彝、冯其庸、施丁、杨燕起、聂石樵、徐朔方、可永雪、宋嗣廉、郭双城、韩兆琦、张大可、吴汝煜、李少雍、赵生群、陈桐生、俞樟华、张强、陈曦等，在他们的《史记》研究论著中，从不同角度挖掘了《史记》的文学特征及其价值，这里不一一罗列。

记》作为文本产生以后，后代不同的读者对它产生不同的认识，而且经过不同时代的反复检验，《史记》作为文学经典逐渐被建构起来。在这个建构过程中，读者始终是主体。如果借用接受美学理论来认识这个过程，那么它包括普通读者阅读欣赏《史记》的"审美效果史"、评论家对《史记》的"意义阐释史"、文学家对《史记》学习而进行创作的"经典影响史"。这些方面综合在一起，共同促进了《史记》文学经典的建构。

第一节　汉至唐：《史记》文学经典地位的奠定

《史记》文学经典的建构之路从汉代起步，而且是与它史学地位的变化密切联系的，因为《史记》首先是历史著作。总体来看，其起步较为艰难。司马迁《史记》完成之日，正是汉武帝"罢黜百家、独尊儒术"的思想确立之时，人们的思想受到禁锢。在正统思想家眼里，《史记》是离经叛道之作，是"谤书"。东汉司徒王允说："昔武帝不杀司马迁，使作谤书，流于后世。"① 魏明帝说："司马迁以受刑之故，内怀隐切，非贬孝武，令人切齿。"② 他们视《史记》为洪水猛兽，因此，《史记》不可能成为经典，这是政治势力对经典建构的干预。同时，史学在两汉时期还没有它独立的地位，它被作为经学的附庸而列入《春秋》类中，这种文化背景也影响到《史记》文学经典的建构。而且，当时的文人学士，舞文弄墨，喜欢的是铺张扬厉、对偶工整、语言华丽的辞赋，而司马迁的《史记》则是用一

---

① 范晔：《后汉书·蔡邕传》，中华书局1965年版，第2006页。
② 陈寿：《三国志·王肃传》，中华书局1959年版，第418页。

种自由奔放、参差不齐的散体长短句，这就使得它的流传受到影响，正如司马贞《史记索隐序》所叹："（《史记》）比于班书，微为古质，故汉晋名贤未知见重，所以魏文侯听古乐则唯恐卧，良有以也。"这是文人对《史记》散文语言的不接受。由于这些原因，《史记》的传播遇到很大的阻力，一般读者无法见到这部著作。读者对《史记》的消费受到限制，其文学价值难以被挖掘和欣赏，也就影响了它的文学阐释以及经典的建构。直到东汉中期以后，《史记》才在社会上得到比较广泛的流传①。魏晋以来，强大的思想解放潮流冲击着儒家的传统思想，人们从禁锢中解放出来，思想认识有了新的变化。与此同时，学术上的一大变化就是：史学摆脱了经学附庸地位，在学术领域内形成一门独立的学科，《史记》史学的身价得以提高。同时文学也走上自己独立的道路，此时被学界称为"文学的自觉时代"。曹丕《典论·论文》称"文章者，经国之大业，不朽之盛事"，充分肯定文学的价值。范晔《后汉书》在《儒林列传》之外另设《文苑列传》，把文学与学术区别开来。《南史·宋文帝本纪》："元嘉十五年，立儒学馆于北郊，命雷次宗居之。十六年，上好儒雅，又命丹阳尹何尚之立玄学，著作左郎何承天立史学，司徒参军谢元立文学。各聚门徒，多就业者。"文学与儒学、玄学、史学并立学馆。文学自觉，使《史记》的文学价值得以展现，此期的史传和各种形式的杂传以及志人小说大都学习《史记》的写人方法。一些咏史诗也从《史记》中取材，如班固《咏史》、陶渊明《咏荆轲》、

---

① 据陈直先生《太史公书名考》一文考证，《史记》原名《太史公书》，称《史记》开始于东汉桓帝之时（《文史哲》1956年第6期）。清人梁玉绳《史记志疑》云："取古'史记'之名以命迁书，尊之也。"（中华书局1981年版，第1489页）书名的变化表示人们对《史记》的尊崇，也说明此期《史记》的传播较为广泛。

虞羲《咏霍将军北伐》等。以诗的形式歌咏历史人物，使历史人物身上具有了诗的意味，进入文学的殿堂。

汉魏六朝时期，就《史记》传播而言，司马迁的外孙杨恽是《史记》的第一个传播者[①]。后来，《史记》在流传中有所残缺，褚少孙又补续了某些篇章，使《史记》成为完璧。另据《汉书·艺文志》、《史通·正史篇》等资料，在班彪、班固父子之前，续写《史记》的还有冯商、卫衡等16人。桓宽《盐铁论》、刘向《别录》已开始节引或直接引用《史记》原文，高诱用《史记》注释《吕氏春秋》、《战国策》，他们对《史记》的传播都做出了一定的贡献。有了传播，就有了读者的消费阅读。魏晋以后，读《史记》的风气愈来愈浓，如《梁书·曹景宗传》说曹景宗"颇爱史书，每读穰苴、乐毅传，辄放卷叹息曰：丈夫当如是！"《梁书·文学传》说袁峻"抄《史记》、《汉书》，名为二十卷"。《隋书·李密传》：李密师事包恺，"受《史记》、《汉书》，励精忘倦，恺门徒皆出其下"。《晋书·孝友传》："刘殷有七子，五子各授一经，一子授《太史公》，一子授《汉书》。一门之内，七业俱兴。北州之学，殷门为盛。"而且，据李延寿《北史·高丽传》载高丽"书有五经、三史、《三国志》、《晋阳秋》"，可见唐以前《史记》已传到了国外。

汉魏六朝时期，评论家的言论对《史记》能否成为文学经典产生了重要作用。扬雄、班氏父子、王充、张辅、葛洪、刘勰等人都对《史记》进行了评论。既有史学的，也有文学的，也有综合性的。就文学方面而言，刘勰《文心雕龙》是一部系统的文学理论著

[①] 《汉书·司马迁传》："迁死之后，其书稍出。宣帝时，迁外孙平通侯杨恽祖述其书，遂宣布焉。"（中华书局1962年版，第2737页）

作,其中有《史传》篇,把《史记》列入大文学范围进行评述。萧统《文选》不收历史记载,但收录"事出于沉思,义归乎翰藻"的史论13篇,却没有《史记》论赞,可见萧统对《史记》文学价值的认识有一定偏颇。从各家对《史记》评论方面看,主要涉及以下几个方面的问题。

第一,对司马迁叙事才能的认可。尽管当时人们对《史记》有许多不同的看法,但对司马迁的叙事有比较一致的意见。扬雄《法言·重黎篇》:"或曰:《周官》,曰立事;《左氏》,曰品藻;《太史迁》,曰实录。"《后汉书·班彪传》班彪说司马迁"善述序事理,辨而不华,质而不野,文质相称,盖良史之才也"。班固《司马迁传》云:"自刘向、扬雄博极群书,皆称迁有良史之才,服其善序事理,辨而不华,质而不俚,其文直,其事核,不虚美,不隐恶,故谓之实录。"这些评论,肯定了司马迁的叙事才能,尤其是肯定了司马迁秉笔直书的实录精神。这些评论也说明《史记》的叙事成就是建立在历史真实之上的,这是《史记》成为文学经典的基础,也是异于一般纯虚构文学作品的关键点。

第二,对《史记》"爱奇"倾向的认识。扬雄《法言·君子篇》:"多爱不忍,子长也。仲尼多爱,爱义也;子长多爱,爱奇也。"谯周也曾说司马迁"爱奇之甚"[①]。刘勰《文心雕龙·史传篇》则说《史记》有"爱奇反经之尤"。以上各家,初步认识到《史记》独特的文学审美倾向,但没有深入"奇"的真正内涵,只认识到"奇"的表面现象,甚至把"奇"与"义"、"奇"与"经"对立看待。

第三,班氏父子提出"史公三失"问题。扬雄曾指出,司马迁

[①] 《史记·孟子荀卿列传》司马贞《索隐》引,中华书局1959年版,第2346页。

"不与圣人同，是非颇谬于经"①。可以说看出了《史记》一书的独特之处，但带有贬义。班彪、班固继承了扬雄的观点，更明确地说司马迁有三个方面的失误："是非颇谬于圣人，论大道则先黄老而后六经，序游侠则退处士而进奸雄，述货殖则崇势利而羞贱贫，此其所蔽也。"②他们的评价对后代影响很大，以至于成为整个封建社会《史记》研究的一条主线③。这种评论，实质上也涉及《史记》的人物选择问题。司马迁选择游侠、货殖人物入传，以表现一家之言，这既是史学问题，也是文学问题。

第四，班马优劣之论。《史记》、《汉书》是汉代两部有代表性的史传著作，汉魏六朝时期，人们已经开始对它们进行比较研究了，在比较中较多地涉及文学方面。"王充著书，既甲班而乙马，张辅持论，又劣固而优迁。"④王充《论衡》中说班氏父子"文义浃备，纪事详赡，观者以为胜于《史记》"，着眼于"文义"和"叙事"。晋人张辅撰《班马优劣论》，认为"迁之著述，辞约而事举，叙三千年事，唯五十万言；班固叙二百年事，乃八十万言，烦省不同，不如迁一也"⑤。这是以文字的多少、叙事的详略来判断《史记》、《汉书》的优劣。范晔《后汉书·班固传》曰："迁文直而事核，固文赡而事详。"较公允地指出了两书的不同特征，也特别注重文学叙事。他们的评论，在后代也引起了无休止的争议，甚至成为一门学问。

另外，魏晋南北朝时期是中国古代文学理论发展的重要时期。

---

① 班固：《汉书·扬雄传》，中华书局1962年版，第3580页。
② 班固：《汉书·司马迁传》，中华书局1962年版，第2737—2738页。
③ 鹿谙慧：《试论封建社会史记研究的主线》一文，《学术月刊》1986年第1期。
④ 刘知幾：《史通·鉴识》。浦起龙《史通通释》（上），上海古籍出版社1978年版，第204页。
⑤ 房玄龄等：《晋书·张辅传》，中华书局1974年版，第1640页。

司马迁在《史记·太史公自序》和《报任安书》中提出的"发愤著书"理论在文学理论方面得到新的发展和提升。钟嵘《诗品》提出"怨愤说"、刘勰《文心雕龙》提出"蓄愤说",都是继承和发展司马迁的思想,说明司马迁的著述理论已进入文学的领域而被人接受①。

汉魏六朝时期对《史记》文学经典的建构刚刚起步,初步显示出一定的文学认可。到了唐代情况有了很大变化,《史记》文学经典的地位得以正式奠定。主要原因在于:

第一,从文化背景来看,由于统治者对修史的重视,史学地位的提高,尤其是"正史"地位之尊,使《史记》备受尊崇,纪传体成为修史之宗。唐代编纂的八部史书(《晋书》、《梁书》、《陈书》、《北齐书》、《周书》、《隋书》、《南史》、《北史》)全都采用纪传体。这是从实践上对《史记》纪传体的肯定。从文学角度看,纪传体的长处在于以人为核心组织材料,故事完整,情节生动。特别值得注意的是,唐代以《史记》、《汉书》、《后汉书》为"三史",并把三史作为科举考试的一科,可以说从制度方面有力促进了《史记》的广泛传播②,形成了学习《史记》的良好风气,如《旧唐书·儒学传》载李元植、高子贡等精学《史记》,《新唐书·孝友传》载陆士季学

---

① 笔者《六朝新文学理论的先声——司马迁对魏晋南北朝文论影响三题》一文对此有详述,《陕西师范大学学报》1997 年第 2 期。
② 中唐时期殷侑《请试史学奏》云:"历代史书,皆记当时善恶,系以褒贬,垂谕劝戒。其司马迁《史记》,班固、范蔚宗两《汉书》,旨义详明,惩恶劝善,亚于六经,堪为代教。伏惟国朝故事,国子学有文史直者,宏文馆宏文生并试以《史记》、两《汉书》、《三国志》。又有一史科,近日已来,史学都废。……伏请量前件史料,每史问大义一百条、策三道,义通七、策通二以上为及第。能通一史者,白身请同五经一传例处分。其有出身及前资官应者,请同学究一经别处分。其有出身及前资官,稍优与处分。其三史皆通者,请录奏闻,特加奖擢。仍请班下两都国子监,任生徒习之。"《全唐文》(第八册)卷七百五十七,中华书局 1985 年版,第 7855 页。

习《史记》之事,等等。

第二,对《史记》文学特点的评论,加快了《史记》的文学经典化进程。司马贞、张守节、刘知幾、皇甫湜等人,对司马迁易编年为纪传的创新精神作了许多肯定性的评论。尤其是皇甫湜,旗帜鲜明地提出废除编年而弘扬纪传的主张,认为司马迁"革旧典,开新程,为纪为传为表为志,首尾具叙述,表里相发明,庶为得中,将以垂不朽"①。刘知幾是历史上第一个广泛评论《史记》的史学理论家,他的《史通》尽管有"抑马扬班"倾向,但对《史记》的评论有许多精采的见解,对《史记》纪传体的优点也予以肯定:"《史记》者,纪以包举大端,传以委曲细事,表以谱列年爵,志以总括遗漏,逮于天文、地理、国典朝章,显隐必该,洪纤靡失,此其所以为长也。"②尤其是对"六家"、"二体"的总结,以及对每部史传著作的总结,都显示了他独特的眼光,对于文学性较强的《左传》、《史记》、《汉书》等多有评论。他还总结了史传写法、史传目的、史传语言等方面的问题,对于读者认识史传的文学价值具有积极意义。

第三,唐代注释《史记》是其文学经典化的重要因素,如顾柳言《史记音解》三十卷、许子孺注《史记》一百三十卷、《史记音》三卷、刘伯庄《史记音义》二十卷、《史记地名》二十卷、王元感注《史记》一百三十卷、李镇注《史记》一百三十卷、徐坚注《史记》一百三十卷、裴安时《史记纂训》二十卷等(这些注本都已散佚),而成就最大的是司马贞的《史记索隐》与张守节的《史记正义》。这

---

① 皇甫湜:《皇甫持正集》卷二,四部丛刊初编第158册,第7页。
② 刘知幾:《史通·二体》。浦起龙:《史通通释》(上),上海古籍出版社1978年版,第28页。

两部书和南朝刘宋年间裴骃所作的《史记集解》，被后人合称为《史记》三家注，三家注的形成是《史记》研究史上第一座里程碑。三家注从文字考证、注音释义，到注人、注事、注天文历法、山川草木、鸟兽虫鱼、典章制度等，无所不备，成为后人阅读理解《史记》的重要参考书，对于《史记》的广泛传播具有积极意义。关于《史记》人物的选择与安排，司马贞认为《秦本纪》、《项羽本纪》不当列入本纪；对于世家，司马贞、刘知幾认为它有当立不立、不当立而立等升降失序之病，如《陈涉世家》、《孔子世家》等；对于列传，司马贞、刘知幾也提出一些不同意见。唐人对《史记》人物选择问题的认识，具有史学、文学双重内容。

第四，唐代掀起的古文运动，举起了向《史记》文章学习的旗帜，使《史记》所蕴藏的丰富的文学宝藏得到前所未有的认识和开发，这是《史记》文学经典建构的重要因素。韩愈爱好《史记》的文章，如柳宗元所说："退之所敬者，司马迁、扬雄而已。"① 韩愈自己在《答刘正夫书》中也说："汉朝人莫不能文，独司马相如、太史公、刘向、扬雄之为最。"在《进学解》中说自己作文时，"上规姚姒，浑浑无涯；下逮庄骚、太史所录"。清人刘熙载说："昌黎谓柳州文雄深雅健，似司马子长。观此评，非独可知柳州，并可知昌黎所得于子长处。""太史公文，韩得其雄。"② 可见韩愈文章的雄健风格来自于司马迁。柳宗元以"峻洁"称赞《史记》的总体风貌，在《报袁君陈秀才避师名书》中说"太史公甚峻洁，可以出入"，在《答韦中立书》中说"参之太史以著其洁"，在《与杨凭兆书》中说

---

① 柳宗元：《柳宗元集》（第三册）卷三四，中华书局1979年版，第882页。
② 刘熙载：《艺概·文概》，上海古籍出版社1978年版，第13页。

"峻如马迁",可见司马迁对柳宗元的影响。尤其是韩愈、柳宗元等人从文学实践上学习《史记》,从人物传记的类型到文章的章法结构,从创作风格到语言的运用,都向《史记》学习,奠定了《史记》在文学史上的地位。如韩愈的《毛颖传》、《圬者王承福传》等作品,宋代李塗《文章精义》说:"退之《圬者王承福传》,叙事议论相间,颇有太史公《伯夷传》之风。"①

还应注意的是,唐诗中许多作品运用《史记》人物和事迹的典故,如涉及《李将军列传》的典故就有一百多篇,有的咏史诗直接取材于《史记》,如胡曾《咏史》组诗等②。大量的咏史诗进一步扩大了历史人物在文学领域中的影响。唐代传奇小说,在人物刻画、形式结构上学习《史记》人物传记的特点③。唐代类书《初学记》、《艺文类聚》等大量引用《史记》,如《艺文类聚》有180多处引用《史记》的人和事。这些都说明《史记》在唐代已得到广泛的流传,并且产生了多方面的影响。宋人王应麟《玉海》卷四六《唐十七家正史》云:"司马氏《史记》有裴骃、徐广、邹诞生、许子儒、刘伯庄之音解。……《史记》之学,则有王元感、徐坚、李镇、陈伯宣、韩琬、司马贞、刘伯庄、张守节、窦群、裴安时。"称"史记学"为《史记》之学,并认为其形成于唐代,基本符合事实。可以说,从汉魏六朝到唐代,《史记》作为文学经典逐渐被建构起来,尤其是唐代的科举考试、古文运动以及文学作品对《史记》的学习借鉴,对

---

① 李塗:《文章精义》,人民文学出版社1998年版,第64页。
② 赵望秦《唐代咏史组诗考论》(三秦出版社2003年版)、《胡曾咏史诗研究》(中国社会科学出版社2008年版)以及《史记与咏史诗》(三秦出版社2012年版)等著作对此问题进行了全面研究,可供参考。
③ 李少雍《司马迁传记文学论稿》一书,对《史记》与唐传奇的关系问题进行了全面而深入的探讨。(重庆出版社1987年出版)

《史记》文学经典建构具有重要作用。

第二节 宋元:《史记》文学经典地位的确立

宋元时期,《史记》文学经典的建构步入一个新的阶段。

宋代由于统治者对修史的重视,加之活字印刷术的发明,刊刻印行《史记》较为普遍①,为人们研读《史记》提供了方便。而且,科举考试也促进了《史记》的广泛流传。据《玉海》卷四九引《两朝志》:"国初承唐旧制,以《史记》、两《汉书》为三史,列于科举。有患传写多误,雍熙中,始诏三馆校定摹印。"这种文化背景对于《史记》的广泛传播起了促进作用,我们看宋代文学家对《史记》人和事的评论,就可以知道他们学习《史记》的热情②。

宋代文学家也注重学习《史记》的作文之法,这是"经典影响史"的具体体现。欧阳修、曾巩、王安石、"三苏"等人都是宋代古文大家,他们继承唐代古文运动的传统,提倡学习《史记》,并身体力行,取得了可喜成果,《史记》在文学史上的地位有了进一步提高。欧阳修作为文坛领袖,其创作深受《史记》影响。如他编纂的《新五代史》,学习《史记》纪传体写人艺术,成就突出。《四库全书总目提要》评价曰:"褒贬祖《春秋》,故义例谨严;叙述祖《史记》,故文章高简。"③而其大量的杂传作品,在艺术上也颇得《史记》

---

① 张玉春《史记版本研究》对两宋时期的《史记》刻本有细致研究,可参看。(商务印书馆 2001 年出版)
② 如人物评论,苏洵有《项籍论》等 3 篇,苏轼有《留侯论》等 10 余篇,王安石有《读孟尝君传》等 9 篇,张耒有《司马相如论》等 17 篇,等等。这些人物评论,从一个侧面反映出宋代文学家学习《史记》的风气。
③ 永瑢等:《四库全书总目提要》卷四十六,中华书局 1963 年版,第 411 页。

精髓[1]。

宋代始开评论《史记》之风气，或论史事，或评人物，或谈文章，有褒有贬，不宗一派。大部分学者对《史记》持肯定态度。尤其注意用"通"的思想认识历史、认识《史记》，如司马光的《资治通鉴》、郑樵的《通志》。郑樵对《史记》甚为推崇，在《通志·总序》中称《史记》为"六经之后，惟有此作"，指出司马迁的重大贡献在于"通"，这是第一个在理论上从"通"的角度评论《史记》的人。黄震的《黄氏日钞·史记》、叶适的《习学纪言·史记》也都是评论《史记》的重要著作。就文学评论而言，宋人在前人研究的基础上，提出了两个新的重要课题：

其一，苏洵首先发明司马迁写人叙事的"互见法"：

> 迁之传廉颇也，议救阏与之失不载焉，见之赵奢传；传郦食其也，谋挠楚权之缪不载焉，见之留侯传。……夫颇、食其……皆功十而过一者也，苟列一以疵十，后之庸人必曰："智如廉颇，辩如郦食其，……而十功不能赎一过。"则将苦其难而怠矣。是故本传晦之，而他传发之，则其与善也，不亦隐而彰乎！[2]

"本传晦之，而他传发之"，这就是《史记》的互见法。这个发现，开拓了《史记》文学研究的新领域，为人们进一步认识《史记》

---

[1] 关于欧阳修《新五代史》的传记特征，笔者《褒贬祖〈春秋〉，叙述祖〈史记〉——欧阳修〈新五代史〉传记风格探微》一文有详述（《陕西师范大学学报》2012年第2期）。欧阳修杂传的成就及特点，笔者亦有专文论述，收入刘德清等编：《欧阳修研究》，学林出版社2008年版。

[2] 苏洵著，曾枣庄等笺注：《嘉祐集笺注》，上海古籍出版社1993年版，第232页。

的写人叙事、褒贬色彩提供了新的思路。

其二,苏辙、马存认为,司马迁壮游天下的阅历对他性情的陶冶、文章风格的形成产生了极大的影响,这是知人论世的剀切之言。苏辙《上枢密韩太尉书》认为,"太史公行天下,周览四海名山大川,与燕赵间豪俊交游,故其文疏荡,颇有奇气"。马存说:

> 子长平生喜游,方少年自负之时,足迹不肯一日休,非直为景物役也,将以尽天下大观,以助吾气,然后吐而为书。今于其书观之,则其生平所尝游者皆在焉。南浮长淮,溯大江,见狂澜惊波,阴风怒号,逆走而横击,故其文奔放而浩漫;望云梦洞庭之波,彭蠡之渚,涵混太虚,呼吸万壑而不见介量,故其文停蓄而渊深;见九嶷之芊绵,巫山之嵯峨,阳台朝云,苍梧暮烟,态度无定,靡蔓绰约,春装如浓,秋饰如薄,故其文妍媚而蔚纡;泛沅渡湘,吊大夫之魂,悼妃子之恨,竹上犹有斑斑,而不知鱼腹之骨尚无恙者乎?故其文感愤而伤激;北过大梁之墟,观楚汉之战场,想见项羽之喑噁,高帝之谩骂。龙跳虎跃,千兵万马,大弓长戟,俱游而齐呼,故其文雄勇猛健,使人心悸而胆栗;世家龙门,念神禹之大功,西使巴蜀,跨剑阁之鸟道,上有摩云之崖,不见斧凿之痕,故其文斩绝峻拔而不可攀跻;讲业齐鲁之都,睹夫子之遗风,乡射邹峄,彷徨乎汶阳洙泗之上,故其文典重温雅,有似乎正人君子之容貌。①

《史记》奔放而浩漫、停蓄而渊深、妍媚而蔚纡、感愤而伤激、

---

① 凌稚隆:《史记评林》卷首引,天津古籍出版社1998年版,第161页。

雄勇猛健、斩绝峻拔、典重温雅等文章风格都与司马迁的经历密切相关。把司马迁的经历与《史记》文章风格联系在一起的评论方法和观点，也是《史记》文学评论中一个新的亮点。其他一些评论也能切中要害，如李塗《文章精义》评《项羽本纪》："史迁项籍传最好，立义帝以后一日气魄一日；杀义帝以后，一日衰飒一日，是一篇大纲领。至其笔力驰骤处，有喑噁叱咤之风。"①类似的评论已经特别注意从文学角度认识《史记》了。

　　本时期的评论，还把汉魏六朝时期提出的"班马优劣"问题发展到一个新的阶段，苏洵、郑樵、朱熹、叶适、黄履翁、洪迈、王若虚等人都发表过评论，各种看法都有。郑樵《通志·总序》扬马抑班："自《春秋》之后，惟《史记》擅制作之规模，不幸班固非其人，遂失会通之旨，司马氏之门户自此衰矣。班固者，浮华之士也，全无学术，专事剽窃，……"明显扬马抑班。而王若虚《史记辨惑》却扬班抑马："迁记事疏略而剩语甚多，固记事详备而删削精当，然则迁似简而实繁，固似繁而实简也。"在宋代，出现了倪思、刘辰翁《班马异同评》、娄机《班马字类》这样的专门著作，使这一问题的研究向前推进一步。《汉书》中有四篇纪、六篇表、三篇书、四十篇传根据《史记》改写而成，倪思、刘辰翁的《班马异同评》将这些篇目逐字逐句加以比较，让读者看到班固是怎样修改《史记》的。在此基础上，刘辰翁又加以评点，从中分析优劣，并且对《史记》的文法有专门的品评，如评《项羽本纪》："叙楚汉会鸿门事，历历如目睹，无毫发渗漉，非十分笔力，模写不出。"可以说，《班马异同评》是较早把《史记》当作艺术品进行鉴赏的，许多结论也较

---

① 李塗：《文章精义》，人民文学出版社1998年版，第72页。

为公允，其研究方法也颇有独特之处。当然，从总的倾向上看，对《史记》还是比较偏爱，对《汉书》修改《史记》的地方往往讽刺为"儿童之见"。《班马字类》采摘《史记》、《汉书》中的古字、假字，辨别声音，考证训诂，对于阅读《史记》亦有帮助。宋代对班马优劣问题的研究，为明清乃至于当代《史记》研究产生了重要影响。

以《班马异同评》为代表，可以说是评论家细读《史记》文本的开始。这种特点，也体现在古文选本对《史记》作品的选择和点评，如真德秀《文章正宗》选择《史记》叙事、议论的作品五十四篇（段）作为散文的典范，这种做法对明清古文选本有一定影响。

由于时代的局限，本时期对司马迁和《史记》也有批评和指责的。如苏轼评说司马迁："吾尝以为迁有大罪二，其先黄老，后六经，退处士，进奸雄，盖其小者耳。所谓大罪二，则论商鞅、桑弘羊之功也。……秦之所以富强者，孝公务本力穑之效，非鞅流血刻骨之功也。而秦之所以见疾于民，如豹虎毒药，一夫作难而子孙无遗种，则鞅实为之。至于桑弘羊，斗筲之材，穿窬之智，无足言者。"[①]对司马迁《史记》人物选择进行指责。王若虚撰《史记辨惑》分采摭失误、取舍不当、议论不当、文势不相承接、姓名冗复、字语冗复、重叠载事、疑误、用虚字多不安、杂辨十类，对《史记》的取材、立论、体例、文字等方面的失误，广为疑惑，并略作辨证，多有偏激之辞。尽管这些评论着眼点不在文学，但实际上仍与文学有关，尤其是人物选择、材料选择、文势字句等方面，都是文学的重要体现。这些评论，在一定程度上对《史记》文学经典的建构起了消解作用。

---

① 苏轼：《东坡志林》卷五，中华书局1981年版，第107—108页。

元代在《史记》文学经典建构方面有两大成就。一是刊刻《史记》和评论《史记》，如彭寅翁刊刻的《史记集解索隐正义》，在《史记》版本史上具有重要意义[①]。评论方面继承前代并有所发展，如刘因、马端临、王恽等人肯定司马迁的史才和创造新体例之功。二是把《史记》中的历史人物、历史事件搬上戏剧舞台，进行广泛的传播。元代是中国戏曲成熟的黄金时期，许多戏剧的剧目取材于《史记》，仅据傅惜华《元代杂剧全目》所载就有180多种，如《渑池会》、《追韩信》、《霸王别姬》、《田单复齐》等，这些剧目的流传，反过来又扩大了《史记》的影响。这是前代所没有的成就，也是《史记》文学经典化的重要途径。接受的群体进一步扩大，《史记》不再局限于高雅的文士之中，普通大众可以通过戏曲认识《史记》，元代的这一成就是值得肯定的。

总之，宋元时期各个层次的读者以不同的方式学习《史记》、评论《史记》、传播《史记》，使《史记》的文学经典地位得以确立。

第三节 明清：《史记》文学经典地位的进一步巩固

《史记》文学经典地位在明清时期得到进一步巩固。明代前期，由于文化上实行高压政策，禁锢了人们的思想，因而学术空疏。中叶以后，文化思想方面发生重要变化，出现了以王艮为代表的"王学左派"，他们发展了王守仁哲学中的反道学的积极因素，富有叛逆精神，在思想文化界引起震动，产生了积极影响，文化学术也出现了新的局面，《史记》文学经典化随之进一步加强。

---

① 详见张玉春：《史记版本研究》，商务印书馆2001年版，第264页。

第十一章 《史记》文学经典的建构之路

明代由于印刷技术的提高，给刻印《史记》提供了有利条件，明代刻印《史记》达 20 多种，如南北两监本、北京都察院本、陕西及山西两布司本、苏州府本、徽州府本、福州府学本、秦定王朱惟焯翻刻宋建安黄善夫本、丰城游明翻雕元中统本、震泽王延喆本、凌稚隆《史记评林》本等①，对于推动《史记》研究起了积极的作用。尤其是套版印刷的兴起，给评点《史记》提供了方便。万历四十八年闵振业等人辑刻的《史记钞》九十一卷，表明套版印刷技术已到非常精湛的地步了。陈继儒《史记钞》序文云："自冯道、毋昭裔为宰相，一变而为雕版，布衣毕昇再变而为活版，闵氏三变而为朱评，书日富亦日精。吴兴朱评书既出，无问贫富好丑，垂涎购之，然不过一二卷或数卷而止；若《史记》卷帙既重，而品骘尤真。"把套版印刷的意义与冯道推行印儒经、毕昇发明活字印刷相提并论。另外如凌蒙美刻印《史记纂》二十四卷，也是套版印刷《史记》方面的重要著作。

明代由于文学复古运动的出现，《史记》的文学声价随之提高，其文学经典的建构更加突出。如前后七子李梦阳、何景明等人，"文称左、迁，赋尚屈、宋，诗古体尚汉、魏，近律则法李、杜"②。"文自西京，诗自中唐而下，一切吐弃，操觚谈艺之士翕然宗之"③。《史记》成为他们效法、学习的榜样。唐宋派代表人物唐顺之、归有光、茅坤、王慎中等人，也对《史记》推崇备至，并且都评点或评钞过《史记》。方苞《书归震川文集后》说归有光："其气韵盖得之子长，

---

① 参见张秀民著，韩琦增订：《中国印刷史》（上），浙江古籍出版社 2006 年版，第 321 页。
② 李贽：《续藏书·何景明传》。张建业主编《李贽文集》（第四卷），社会科学文献出版社 2000 年版，第 577 页。
③ 张廷玉：《明史·文苑传序》，中华书局 1974 年版，第 7307 页。

故能取法于欧、曾而少更其形貌耳。"① 文学家对《史记》的学习促进了经典传记的流传。

宋代形成的文本细读、评点风气，到明代达到兴盛阶段。除综合性评论外，大部分是逐篇评点批注，即"评点"、"评钞"，这种著作在明代多达三十余种，如杨慎的《史记题评》、唐顺之的《荆川先生精选批点史记》、何孟春的《史记评钞》、王慎中的《史记评钞》、董份的《史记评钞》、钟惺的《钟敬伯评史记》等，其中最有代表性的是茅坤的《史记钞》和归有光的《归震川评点史记》。随着各种评点的出现，辑评工作应运而生。《史记评林》搜集整理历代百余家的评论，汇为一编，给研究者提供了便利，茅坤在序中称之为"渡海之筏"。当然，凌氏除了集各家之说外，在许多地方还有自己的评论，且能启人耳目。后来，明代的李光缙在《史记评林》基础上进行了增补，使该书更加完备。另外，朱东观《史记集评》，葛鼎、金蟠《史记汇评》，陈子龙、徐孚远《史记测义》也进行了辑评工作，且大都着眼于文学方面，为后人的研究提供了一定的资料。总的来看，明代《史记》文学评论的主要成就有：

传统评论课题的进一步发展。汉魏以来的评论，或评司马迁的史才，或评历史人物，或评历史事实，或评编纂思想与体例，或评文学手法。这些方面在明代继续发展，评论中涉及许多传统课题，但有新的进展。如班马异同问题，许相卿《史汉方驾》一书，是对宋代《班马异同评》著作的发展，从文字比较中分析《史记》、《汉书》的特点。在具体评论中，各有不同看法，如凌约言说："子长之文豪，如老将用兵，纵骋不可羁，而自中于律；孟坚之文整，方之

---

① 方苞著，刘季高校点：《方苞集》，上海古籍出版社1983年版，第117页。

武事，其游奇布列不爽尺寸，而部勒雍容可观，殆有儒将之风焉。"①认为两人各有风格。茅坤《刻汉书评林序》认为："《史记》以风神胜，而《汉书》以矩镬胜。惟其以风神胜，故其遒逸疏宕如餐霞，如啮雪，往往自眉睫之所及，而指次心思之所不及，令人读之，解颐不已；惟其以矩镬胜，故其规划布置，如绳引，如斧劀，亦往往于其复乱庞杂之间，而有以极其首尾节奏之密，令人读之，鲜不濯筋而洞髓者。"而《史记钞·序》说《史记》"指次古今，出风入骚，譬之韩、白提兵而战山河之间，当其壁垒部曲，旌旗钲鼓，左提右挈，中权后劲，起伏翱翔，倏忽变化，若一夫舞剑于曲旃之上，而无不如意者，西京以来，千古绝调也。即如班掾《汉书》，严密过之，而所当疏宕遒逸，令人读之，杳然神游于云幢羽衣之间，所可望而不可挹者，予窃疑班掾犹不能登其堂而洞其窍也，而况其下乎！"胡应麟《少室山房笔丛》卷十三评《史记》、《汉书》的长短："子长叙事喜驰骋，故其词芜蔓者多。谓繁于孟坚可也，然而胜孟坚者，以其驰骋也。孟坚叙事尚剪裁，故其词芜蔓者寡，谓简于子长可也，然而逊于子长者，以其剪裁也。执前说可与概诸史之是非，通后说可与较二史之优劣。"可见，明代在班马异同问题上表现出一定的矛盾性，但从大的方面看，仍然比较肯定司马迁，尤其是肯定《史记》的文学成就。

明代对于《史记》的创作目的、审美价值、刻画人物形象的方法、多样化的艺术风格等都进行了有益的探索②。如对于《史记》文章的审美价值，许多评论注意到它叙事的简练、褒贬倾向的寄寓、

---

① 凌稚隆：《史记评林》卷首引，天津古籍出版社1998年版，第172页。
② 详参张新科、俞樟华：《史记研究史略》第四章《明人评点史记的杰出成就》，三秦出版社1990年版。

多变的手法。凌约言说:"太史公叙事,每一人一事,自成一片境界。"① 茅坤《史记钞》卷首《读史记法》:"于中欲损益一句一字处,便如于匹练中抽一缕,自难下手。"王维桢评《史记》笔法说"或由本以之末,或操末以续颠,或繁条而约言,或一传而数事,或从中变,或自旁入。意到笔随,思余语止"②。对于《史记》刻画人物的成就,茅坤《史记钞》卷首《读史记法》从个性化角度总体上分析了《史记》中的历史人物形象,指出:"言人人殊,各得其解,譬如善写生者,春华秋卉,并中神理矣。"并且用"太史公所得之悲歌慨者尤多"、"文多感"、"太史公所慨于心者"指明太史公写人物时充满着强烈的感情。茅坤特别说到读《史记》的效果:"读游侠传即欲轻生,读屈原、贾谊传即欲流涕,读庄周、鲁仲连传即欲遗世,读李广传即欲力斗,读石建传即欲俯躬,读信陵、平原君传即欲好士。"李贽说:"《史记》者,迁发愤之所为也,其不为后世是非而作也,明矣。其为一人之独见也者,信非班氏之所能窥也欤。"③ 视《史记》为发愤之作,这是有一定道理的。对于《史记》的艺术风格,方孝孺《与舒君》一文认为,《史记》之文,"如决江河而注之海,不劳余力,顺流直趋,终焉万里。势之所触,裂山转石,襄陵荡壑,鼓之如雷霆,蒸之如烟云,澄之如太空,攒之如绮縠,回旋曲折,抑扬喷伏,而不见艰难辛苦之态,必至于极而后止"④。王世贞《弇州山人四部稿》中用"衍而虚"、"畅而杂"、"雄而肆"、"宏而壮"、"核

---

① 凌稚隆:《史记评林》卷四引,天津古籍出版社 1998 年版,第 225 页。
② 凌稚隆:《史记评林》卷首引,天津古籍出版社 1998 年版,第 171 页。
③ 李贽:《藏书》卷四十。张建业主编《李贽文集》(第三卷),社会科学文献出版社 2000 年版,第 795 页。
④ 方孝孺:《逊志斋集》卷十一,四部丛刊初编第 324 册,第 274 页。

而详"、"婉而多风"、"精严而工笃、磊落而多感慨"等概括《史记》的多种风格。屠隆评《史记》艺术风格:"贾马之文,疏朗豪宕,雄健隽古,其苍雅也如公孤大臣,庞眉华美,峨冠大带,鹄立殿庭之上,而非若山夫野老之翛然清枯也;其葩艳也如王公后妃,珠冠绣服,华轩翠羽,光采射人,而非若妖姬艳倡之翩翩轻妙也。"① 在具体篇目评点时,他们都看到了《史记》文章多样化的风格。如:

《曹相国世家》:"'清静'、'宁一'四字,一篇之大旨也。"(茅坤《史记钞》卷二八)

《陈丞相世家》:"太史公通篇以'奇计'两字作案。"(茅坤《史记钞》卷三十)

《万石张叔列传》:"传中凡用'恭敬'、'醇谨'、'孝谨'字皆一篇领袖。"(唐顺之《精选批点史记》卷二)

《酷吏列传》:"'法令者治之具,而非制治'清浊之源',一篇大纲。"(唐顺之《精选批点史记》卷五)

《孙子吴起列传》:"通篇以'兵法'二字作骨。"(《史记评林》卷六五)

《商君列传》:"通篇以'法'字作骨,……血脉何等贯串!"(《史记评林》卷六八)

《樗里子甘茂列传》:"滑稽多智是一篇骨子。"(《史记评林》卷七一)

《外戚世家》:"总叙中突出一'命'字,作全篇主意,逐节

---

① 屠隆:《由拳集》卷二十三。《四库全书存目丛书》(集部 180 册),齐鲁书社 1997 年版,第 674 页。

叙事，不必明言命字，而起伏颠倒，隐然有一命字散于一篇之中，而使人自得之。"（葛鼎、金蟠《史记》卷四九）

《李将军列传》："以'不遇时'三字为主。"（陈仁锡《陈评史记》卷一百九）

《卫将军骠骑列传》："以'天幸'二字为主。"（陈仁锡《陈评史记》卷一百九）

这些评点，抓住了作品的特征，对于读者阅读《史记》很有帮助。

由于明代小说的繁荣，人们对《史记》的文学认识也开辟了新的角度，探讨《史记》与小说的关系，这是前所未有的新成就。天都外臣《水浒传序》把《史记》与《水浒传》从精神到艺术都进行了比较，甚至把《水浒传》中"警策"之处与《史记》的"最犀利者"相提并论，认为有相同之处。李贽不仅指出《史记》是发愤之作，而且在容与堂刊百回本《忠义水浒传序》中也说"太史公曰：《说难》、《孤愤》，圣贤发愤之所作，……《水浒传》，发愤之所作也"。把《水浒传》看作与《史记》一样是发愤之作。金圣叹虽然没有留下一部完整的《史记》评本，但在他评点的《才子古文》中保存了他评选的《史记》序赞90余篇，而且在《水浒传》和《西厢记》评点中多处涉及《史记》，对《史记》的发愤之作有充分的认识，对《史记》的艺术手法也多有赞扬，尤其是对《史记》与小说关系的认识在当时是独树一帜的。他用读《水浒传》的方法读《史记》，又用读《史记》的方法读《水浒传》，令人耳目一新。如他在《读第五才子书法》中说：

《水浒传》方法，都从《史记》出来，却有许多胜似《史记》处。

《史记》是以文运事,《水浒》是因文生事。以文运事,是先有事生成如此如此,却要算计出一篇文字来,虽是史公高才,也毕竟是吃苦事。因文生事却不然,只是顺着笔性去,削高补低都由我。

《水浒传》一个人出来分明便是一篇列传,至于中间事迹,又逐段逐段自成文字。①

金圣叹肯定了《史记》写法对《水浒传》的影响,并且指出了历史与小说的不同之处。他在《水浒传序一》、《水浒传序三》,乃至于整个《水浒传》的回评、夹评中常常把二者相提并论,如第三十四回回评:"读清风寨起行一节,要看他将车数、马数、人数通记一遍,分调一遍,分明是一段《史记》。"这些评论,为后代进一步认识《史记》与小说的关系问题奠定了良好的基础。

明代的古文选本,如陈仁锡《先秦两汉文脍》、《古文奇赏》,冯有翼《秦汉文钞》等,都对《史记》作品有收录和点评,这是宋代以来古文选本、古文学习的进一步发展,也从一个侧面加强了《史记》文学经典的建构。

清代是《史记》文学经典化的高峰期。从文化背景来说,有两点值得注意。第一,统治者为了加强修史工作,钦定前代的二十四部史书为正史,《史记》是"二十四史"之首,并且在编纂《四库全书》时被放在史部最前面。这种做法,虽是着眼于历史,但同样对

---

① 金圣叹:《读第五才子书法》。林乾主编《金圣叹评点才子全集》(第三卷),光明日报出版社1997年版,第19页。

《史记》的文学经典化具有积极的促进作用，使《史记》在更广的范围传播。第二，由于统治者实行高压政策，屡兴文字狱，文人学者只好埋头于古籍之中，以免遭祸，于是，考证、细读点评《史记》蔚然成风。由于这样的文化背景，《史记》得到各方面的重视。据统计，清代研究《史记》并有文章著作的学者有300多人，著作如储欣《史记选》、何焯《读史记》、王鸣盛《史记商榷》、赵翼《史记札记》、王念孙《史记札记》、吴见思《史记论文》、王治皞《史记榷参》、方苞《史记注补正》、王又朴《史记七篇读法》、汤谐《史记半解》、牛运震《史记评注》、邱逢年《史记阐要》、丁晏《史记余论》、林伯桐《史记蠡测》、梁玉绳《史记志疑》、张文虎《校勘史记集解索隐正义札记》、郭嵩焘《史记札记》、李慈铭《史记札记》、尚镕《史记辨证》等，都是颇有特色的著作。其他如顾炎武《日知录》、李晚芳《读史管见》、刘大櫆《论文偶记》、章学诚《文史通义》、刘熙载《艺概》等，也对《史记》发表了许多值得重视的评论。考证姑且不说，就文学评论而言，也颇有特点。许多学者是考中有评，如章学诚《文史通义》，虽不是专门评论《史记》的著作，但其中多处涉及对《史记》的评论，且有创新意义，如他认为"《骚》与《史》，千古之至文也；其文之所以至者，皆抗怀于三代之英，而经纬乎天人之际者也"[①]。赵翼说："司马迁参酌古今，发凡起例，创为全史，本纪以序帝王，世家以记侯国，十表以系时事，八书以详制度，列传以志人物"，"自此例一定，历代作史者，遂不能出其范围，信史家之极则也"。[②] 顾炎武在《日知录》卷二十六中

---

① 章学诚著，叶瑛校注：《文史通义校注》（上），中华书局1985年版，第222页。
② 赵翼著，王树民校证：《廿二史劄记校证》（上），中华书局1984年版，第3页。

曾赞叹说:"古人作史,有不待论断而于序事之中既然见其指者,惟太史公能之。《平准书》末载卜式语,《王翦传》末载客语,《荆轲传》末载鲁句践语,《晁错传》末载邓公与景帝语,《武安侯田蚡列传》末载武帝语,皆史家于序事中寓论断法也。"顾炎武的评论,提出一个重要话题,即《史记》"寓论断于叙事之中",作者把自己的思想、感情寄寓在字里行间①。

清人《史记》文学评论的问题十分广泛,有些是传统课题,有些是新出课题,许多见解十分精辟。如《史记》中的"太史公曰",前代对此评论不一,清人对此却十分重视,牛运震《史记评注》卷一说:"太史公论赞或隐括全篇,或偏举一事,或考诸涉历所亲见,或征诸典记所参合,或于类传之中摘一人以例其余,或于正传之外撼轶事以补其漏,皆有深义运神,诚为千古绝笔。"牛氏的评论,对"太史公曰"的作用进行了精辟的概括。又如班马异同问题,前代对此多有评论,清代进一步发展。杨于果《史汉笺论》、杨琪光《史汉求是》是两部专门研究马、班异同的著作。蒋中和、徐乾学、沈德潜、浦起龙、邱逢年等都有专文论述,其他如钱谦益、顾炎武、牛运震、王鸣盛、赵翼、章学诚等也有一定的评论。涉及马班思想比较、文字比较、体例比较、风格比较等方面。有宏观,有微观。钱谦益说:"读马班之书,辨论其同异,当知其大段落、大关键,来龙何处,结局何处,手中有手,眼中有眼,一字一句,龙脉历然。又当知太史公所以上下五千年纵横独绝者何处,班孟坚所以整齐《史记》之文而瞠乎其后不可及者又在何处。"②提出辨别马班异同的关

---

① 白寿彝《司马迁寓论断于序事》一文对顾炎武提出的问题进行了深入探讨,《北京师范大学学报》1961 年第 4 期,后收入《史记新论》一书,求实出版社 1981 年版。
② 钱谦益:《牧斋有学集》卷三八。《钱牧斋全集》(六),上海古籍出版社 2003 年版,第 1310 页。

键所在。浦起龙《班马异同》指出两书"体制不同"、"格力不同"、"意致不同"等,"然固之书,实有未及迁者"。[①] 邱逢年《史记阐要·班马优劣》说:"故夫甲班乙马,与夫甲马乙班之已甚,皆非平心之论也。然则二史无所为优劣乎?又非是。分而观之,各有得失之互见,合而观之,量其得失之多少,吾知其得之多者必在马,失之多者必在班。"指出两人的不同特点,但总体上还是认为《史记》高于《汉书》。章学诚《文史通义·书教下》的评论可以说是最为精采的:"马则近于圆而神,班则近于方以智","迁书通变化,而班氏守绳墨"。对两人的不同特点进行了高度概括,至今仍具有权威性。再如《史记》与小说关系问题,明代提出这一问题,清代进一步探讨,主要是一些小说理论家的认识。如戚蓼生《红楼梦序》说《红楼梦》"殆稗官野史中之盲左、腐迁",看出《红楼梦》与《左传》、《史记》在艺术上有相似之处。冯镇峦《读聊斋杂说》:"《聊斋》以传记体叙小说之事,仿《史》、《汉》遗法。"何彤文《注聊斋志异序》:"《聊斋》胎息《史》、《汉》,浸淫魏晋六朝,……至其每篇后异史氏曰一段,则直与太史公列传神与古会,登其堂而入其室。"看出《聊斋志异》与《史记》的关系。樵余《水浒后传论略》:"有一人一传者,有一人附见数传者,有数人并见一传者,映带有情,转折不测,深得太史公笔法。"张竹坡《批评第一奇书金瓶梅读法》:"《金瓶梅》是一部《史记》。然而《史记》有独传,有合传,却是分开做的。《金瓶梅》却是一百回共成一传,而千百人总合一传,内却有断断续续、各人自有一传。固知作《金瓶梅》者,必能作《史

[①] 浦起龙:《酿蜜集》卷二。清代诗文集汇编编纂委员会《清代诗文集汇编》(第246册),上海古籍出版社2010年版,第26页。

记》也。""《金瓶梅》到底有一种愤懑的气象,然则《金瓶梅》断断是龙门(按:指司马迁)再世。"毛宗岗评《三国演义》第41回张飞大闹长坂坡:"予尝读《史记》,至项羽垓下一战,写项羽,写虞姬,写楚歌,写九里山,写八千子弟,写韩信调兵,写众将十面埋伏,写乌江自刎,以为文章纪事之妙莫有奇于此者,及见《三国》当阳长坡之文,不觉叹龙门之复生也。"这些评论,是对明代《史记》与小说关系认识的进一步发展。

  清人对《史记》文学成就进行了多方面的评述。如桐城派代表人物方苞用"义法"论《史记》,他在《又书货殖传后》中说:"《春秋》之制义法,自太史公发之,而后之深于文者亦具焉。义即《易》之所谓言有物也,法即《易》之所谓言有序也。"在《古文约选序例》中又说:"义法最精者莫如《左传》、《史记》。"刘大櫆《论文偶记》中用"奇"、"高"、"大"、"疏"、"远"、"变"来概括《史记》文章的特点。除桐城派外,许多学者对司马迁变化多端的叙事、高超的写人艺术等进行评论。刘熙载说:"《史记》叙事,文外无穷,虽一溪一壑,皆与长江大河相若。"① 汤谐说:"《史记》之文,一篇自有一法,或一篇兼具数法。烟云缭绕处,几于勺水不漏,而寄托遥深,迷离变幻,使人莫可端倪。一片惨澹经营之意匠,皆藏于浑浑沦沦浩浩落落之中,所以为微密之至,而其貌反似阔疏也。"② 李晚芳《史记管见》、吴见思《史记论文》、牛运震《史记评注》等,都在评论《史记》艺术美方面做出了成就。如李晚芳《读史管见》评《项羽本纪》:"羽纪字字是写霸王气概,电掣雷轰,万夫辟易,大

---

① 刘熙载:《艺概·文概》,上海古籍出版社1978年版,第12页。
② 汤谐:《史记半解·杂述》,康熙慎余堂刻本。

者如会稽斩守、巨鹿破秦、鸿门会沛公、睢水围汉王三匝；小者浙江观秦皇、广武叱楼烦、垓下叱赤泉侯、斩将刈旗，至死犹不失本色。或正写，或旁写，处处活现出一拔山盖世之雄，笔力直透纸背，真是色色可人。"可见《史记》写人艺术的高超。吴见思评《高祖本纪》："高祖开创之时，事务极多，多则便难抟捖矣。看他东穿西插，纵横不乱，如绣错，如花分，突起忽往，络绎不绝，如马迹，如蛛丝。或一齐乱起，如野火，如骤雨；或一段独下，如澄波，如皓月。万余字组成一片，非有神力，安能辨此。"将《高祖本纪》叙事特征揭示无余。牛运震《史记评注》评《魏公子列传》："太史公出力写魏公子，善于旁处衬托，虚处描摹，复处萦绕，情致有余而光景如生，真佳传也。"评《酷吏列传赞》："赞语与列传意义各别，列传多深疾酷吏之词，满腹痛愤；赞语即摘酷吏之长，以为节取，此褒贬之互见，而抑扬之并出者也。"评《廉颇蔺相如列传》"完璧归赵"一节中的"璧"字："一璧耳，变出易璧、奉璧、完璧、授璧、得璧、求璧、取璧、持璧、破璧、送璧、归璧、留璧，字虽非经意，却有多少生情处。"孙琮《山晓阁史记选》选《史记》作品 105 篇，许多评点着眼于文学手法，在评论方面具有一定的代表性。

清代由于评点《史记》的人愈来愈多，辑评工作继续发展。其中有代表性的如程余庆的《史记集说》，继承了《史记评林》的传统，但所集大都是《评林》后，如徐与乔、方苞、吴见思、牛运震等人之说，亦往往间有程氏之自评[①]。邵晋涵《史记辑评》收录《史记》95 篇作品的评点，亦间以己意，如评《蒙恬列传赞》说："轻百

---

① 关于《史记集说》的价值，详见高益荣《〈史记集说〉初评》一文，《陕西师范大学学报》1994 年第 1 期。《史记集说》一书由高益荣、赵光勇、张新科标点整理，三秦出版社 2011 年出版。

姓力易见也，阿意兴功难见也，深文定案，使贤者不能以才与功自解罪，此史家眼力高处。"这些辑评著作，大都偏重于文学方面，对《史记》文学经典的建构具有积极意义。

清代许多古文选本都收录《史记》作品并予以评论。如吴调侯、吴楚材《古文观止》收14篇，姚鼐《古文辞类纂》收7篇，《古文渊鉴》收14篇，浦起龙《古文眉诠》收44篇，汪基《古文喈凤新编》收8篇，林云铭《古文析义》初编、二编共收36篇，蔡世远《古文雅正》收10篇，李光地《古文精藻》收5篇，等等。这些评论基本以文学为主，也很有见地，如《古文观止》评《项羽本纪》的"太史公曰"："前后'兴'、'亡'二字相照，'三年'、'五年'，并见兴亡之速，俱关键。'过矣'、'谬哉'，唤应绝韵。一赞中，五层转折，唱叹不穷，而一纪之神情已尽。"颇能抓住《史记》文章的要害进行评点。

总之，清代的《史记》文学评论、评点，主要涉及叙事和写人两大方面。叙事而言，评论者说《史记》有整叙、散叙、虚叙、实叙、单叙、双叙、分叙、合叙、插叙、补叙、夹叙夹议、以议代叙、以叙为议、即事以寓情、寓论断于叙事等多种手法。就写人而言，评论者谓《史记》有正面写人、侧面写人、大处写人、细处写人等方法。

清代文学家对《史记》的学习，尤其是桐城派对《史记》笔法的学习，以及历史小说对《史记》题材的挖掘和艺术手法的借鉴，也都是《史记》文学经典建构中的重要组成部分。

明清以来，大量的"史抄"、"史评"等风气盛行，于是，出现了各种形式的《史记》选本，如《史记纂》、《史记萃宝评林》、《史记钞》、《史记选》、《史记菁华录》、《山晓阁史记选》等。《史记》

选本对《史记》文学经典地位的巩固起了重要作用。总体来说，历代建构起来的《史记》文学经典是整部著作，不是具体哪一篇。当然，每个人都有自己心目中最有文学色彩的篇目，我们举明清以来的四种选本以见基本面貌，如下表所示：

茅坤《史记钞》（100篇）	储欣《史记选》（57篇）	姚苧田《史记菁华录》（51篇）	汤谐《史记半解》（68篇）
五帝本纪、周本纪、秦始皇本纪、项羽本纪、高祖本纪、吕太后本纪、孝文本纪、三代世表、十二诸侯年表、六国年表、秦楚之际月表、汉兴以来诸侯王年表、高祖功臣侯者年表、惠景间侯者年表、建元以来侯者年表、建元已来王子侯者年表、汉兴以来将相名臣年表、礼书、乐书、律书、历书、天官书、封禅书、河渠书、平准书、吴太伯世家、卫康叔世家、晋世家、越王句践世家、赵世家、魏世家、田敬仲完世家、陈涉世家、齐悼惠王世家、萧相国世家、曹相国世家、留侯世家、陈丞相世家、绛侯周勃世家、三王世家、伯夷列传、管晏列传、老子韩非列传、司马穰苴列传、孙子吴起列传、伍子胥列传、商君列传、苏秦列传、张仪列传、白起王翦列传、孟尝君列传、平原君虞卿列传、魏公子列传、春申君列传、范	五帝本纪、项羽本纪、高祖本纪、三代世表、十二诸侯年表、六国年表、秦楚之际月表、汉兴以来诸侯王年表、高祖功臣侯者年表、建元以来侯者年表、封禅书、平准书、齐太公世家、鲁周公世家、燕召公世家、郑世家、魏世家、孔子世家、陈涉世家、外戚世家、萧相国世家、曹相国世家、留侯世家、陈丞相世家、绛侯周勃世家、伯夷列传、管晏列传、老子韩非列传、孙子吴起列传、伍子胥列传、商君列	秦始皇本纪、项羽本纪、高祖本纪、六国年表、秦楚之际月表、高祖功臣侯者年表、封禅书、河渠书、平准书、越王句践世家、陈涉世家、外戚世家、齐悼惠王世家、萧相国世家、曹相国世家、留侯世家、陈丞相世家、绛侯周勃世家、伯夷列传、老子韩非列传、司马穰苴列传、商君列传、张仪列传、孟子荀卿列传、孟尝君列传、平原君虞卿列传、魏公子列传、范	秦始皇本纪、项羽本纪、孝文本纪、孝景本纪、孝武本纪、三代世表、十二诸侯年表、六国年表、秦楚之际月表、汉兴以来诸侯王年表、高祖功臣侯者年表、惠景间侯者年表、建元以来侯者年表、律书、封禅书、河渠书、平准书、陈涉世家、外戚世家、萧相国世家、曹相国世家、留侯世家、绛侯周勃世家、梁孝王世家、伯夷列传、管晏列传、老子韩非列传、司马穰苴列传、商君列传、孟子荀卿列传、魏公子列传、范雎蔡泽列传、乐毅列传、廉颇蔺相如列传、田单列传、屈原贾生列传、吕

续表

茅坤《史记钞》（100篇）	储欣《史记选》（57篇）	姚苎田《史记菁华录》（51篇）	汤谐《史记半解》（68篇）
睢蔡泽列传、乐毅列传、廉颇蔺相如列传、田单列传、鲁仲连邹阳列传、屈原贾生列传、吕不韦列传、刺客列传、李斯列传、蒙恬列传、张耳陈馀列传、黥布列传、淮阴侯列传、韩信卢绾列传、田儋列传、樊郦滕灌列传、郦生陆贾列传、傅靳蒯成列传、刘敬叔孙通列传、季布栾布列传、袁盎晁错列传、张释之冯唐列传、万石张叔列传、田叔列传、吴王濞列传、魏其武安侯列传、韩长孺列传、李将军列传、匈奴列传、卫将军骠骑列传、平津侯主父列传、南越列传、东越列传、朝鲜列传、西南夷列传、司马相如列传、淮南衡山列传、汲郑列传、儒林列传、酷吏列传、大宛列传、游侠列传、滑稽列传、货殖列传、太史公自序。	传、苏秦列传、张仪列传、白起王翦列传、孟子荀卿列传、孟尝君列传、平原君虞卿列传、魏公子列传、范睢蔡泽列传、廉颇蔺相如列传、屈原贾生列传、李斯列传、蒙恬列传、张耳陈馀列传、魏豹彭越列传、淮阴侯列传、刘敬叔孙通列传、季布栾布列传、张释之冯唐列传、魏其武安侯列传、李将军列传、司马相如列传、儒林列传、酷吏列传、游侠列传、货殖列传、太史公自序。	睢蔡泽列传、廉颇蔺相如列传、屈原贾生列传、刺客列传、张耳陈馀列传、淮阴侯列传、韩信卢绾列传、郦生陆贾列传、刘敬叔孙通列传、季布栾布列传、张释之冯唐列传、扁鹊仓公列传、魏其武安侯列传、李将军列传、匈奴列传、卫将军骠骑列传、司马相如列传、淮南衡山列传、汲郑列传、酷吏列传、游侠列传、滑稽列传、货殖列传、太史公自序。	不韦列传、刺客列传、李斯列传、张耳陈馀列传、黥布列传、淮阴侯列传、田儋列传、张丞相列传、郦生陆贾列传、刘敬叔孙通列传、季布栾布列传、张释之冯唐列传、万石张叔列传、田叔列传、扁鹊仓公列传、吴王濞列传、魏其武安侯列传、韩长孺列传、李将军列传、卫将军骠骑列传、平津侯主父列传、司马相如列传、淮南衡山列传、循吏列传、汲郑列传、儒林列传、酷吏列传、大宛列传、游侠列传、佞幸列传、滑稽列传、日者列传、货殖列传、太史公自序。

在以上四种选本中都被选录的作品有31篇，它们是：《项羽本纪》、《六国年表序》、《秦楚之际月表序》、《高祖功臣侯者年表序》、《封禅书》、《平准书》、《陈涉世家》、《萧相国世家》、《曹相国世家》、《留侯世家》、《陈丞相世家》、《绛侯周勃世家》、《伯夷列传》、《老

子韩非列传》、《商君列传》、《魏公子列传》、《范雎蔡泽列传》、《廉颇蔺相如列传》、《屈原贾生列传》、《张耳陈馀列传》、《淮阴侯列传》、《刘敬叔孙通列传》、《季布栾布列传》、《张释之冯唐列传》、《魏其武安侯列传》、《李将军列传》、《司马相如列传》、《酷吏列传》、《游侠列传》、《货殖列传》、《太史公自序》。这些作品基本都是文学色彩较浓厚的作品,这说明这些篇章经过不同时代、不同读者的检验,仍然受到人们的欢迎。

第四节 近现代:《史记》文学经典地位的加强

近现代时期是《史记》作为文学经典的加强时期。学者们一方面沿袭"乾嘉之学",在校勘、考证、训诂意义、评注诸方面用力较勤;另一方面此时的史学界正经历着一场翻天覆地的变化,梁启超提倡"史界革命",顾颉刚等形成"古史辨学派",都对传统史学进行了批判。梁启超主张来一场彻底的革命,以新史学代替旧史学。顾颉刚等"古史辨学派",以"疑古"为旗帜,以考辨古史资料为职志,大胆疑古辨伪,认为先秦史书多不可信,或不可尽信,特别是顾颉刚的"积累的造成的中国古史"观,张扬了理性的怀疑精神。

与史学的怀疑之风不同,《史记》文学经典的建构却进一步加强,人们对《史记》的文学成就仍予以极大关注。吴汝纶《点勘史记读本》、曾国藩《求阙斋读书录》、庄适《史记选》、魏元旷《史记达旨》、李笠《史记订补》、杨启高《史记通论》、刘咸炘《太史公书知意》、齐树楷《史记意》、李景星《史记评议》、靳德峻《史记释例》、郑鹤声《史汉研究》、施章《史记新论》、李长之《司马迁之人格与风格》等,都是有影响的著作。其他如章炳麟、梁启超、王国维、顾颉刚、鲁迅、范文澜、吕思勉、余嘉锡、罗根泽、郭沫若、翦伯赞、周谷城、郑振铎等著名学者，在自己的著作中也程度不同地论述了《史记》的文学价值。

　　此期关于《史记》文学的总体评价，在前人基础上取得了一定的新认识。多数学者认为，司马迁创作《史记》，是对中华民族三千年历史文化的全面系统清理总结，其气魄之宏伟，识力之超人，态度之严谨，罕有其匹。除整体上充分评价《史记》的价值之外，在一些具体问题的认识上，也比前人有了进步。就纪传体体例而言，梁启超的《要籍解题及其读法》认为《史记》体例的意义有四个方面：第一，以人物为中心写史；第二，具有历史的整体观念；第三，组织之复杂及其联络，五体之间互相调和、互保联络；第四，叙列之扼要而美妙。蔡尚思《中国历史新研究法》列举《史记》纪传体所包含的编年体、纪事本末体、政书体、史评体、史论体等七个方面的内容，认为《史记》体例包罗万象，是"纵通"的通古史，又是"横通"的社会史。他们不仅充分肯定了《史记》创造纪传体通史这一贡献，而且初步挖掘了《史记》体例的丰富内涵及其五体结构在社会史等角度上的结构意义。关于《史记》的成因，徐浩、杨启高、李长之等从司马谈遗命，司马迁壮游各地，李陵之祸影响，司马迁个人素质，汉代大一统的时代背景等方面进行考察，比前代更为周全细致。林纾是桐城派最后一位代表人物，他在《春觉斋论文》中，对《史记》文章情韵之美的分析，对司马迁委曲逼真地描绘人情世态的分析，对重要篇章"筋脉"、"风趣"、"收笔"艺术的分析，都颇有新意。李景星的《史记评议》，在继承前代评点成就基础上，重点从文学方面分析《史记》的文章结构、写人艺术等，颇有特色，如评《李斯列传》："行文以五叹为筋节，……'于是李斯乃叹曰人之贤不肖'云云，是其未遇时而叹不得富贵也；'李斯喟然而叹曰嗟乎'云云，是其志满时而叹物极将衰也；'斯乃仰天而叹，垂泪大息曰'云云，是已坠赵高计中不能自主而叹也；'仰天而叹曰嗟乎悲夫'云云，是已居囹圄之中不胜怨悔而叹也；'顾谓其中子曰'云云，是临死时无可奈何，以不叹为叹也，以上所谓'五叹'也。"评《魏其武安侯列传》："以魏其武安为经，以灌夫为纬，以窦王两太后为眼目，以宾客为线索，以梁王、淮南王、条侯……许多人为点染，以鬼报为收束，分合联络，错综周密，使恩怨相结，权势相倾，杯酒相争，情形宛然在目。"类似评论非常精彩。而像《史记》文章风格，李长之《司马迁之人格与风格》一书可以说是第一部系统研究《史记》文章风格的著作，认为司马迁人格和《史记》的风格是一事，那就是浪漫的自然主义精神。作者对《史记》的美学风格也进行了细致分析，并探讨了《史记》的史诗特征、《史记》与中国小说戏剧的关系、《史记》的讽刺艺术等问题，在此基础上高度评价《史记》在中国文学史上的地位。作者突破了传统的研究方法，使《史记》文学研究向前大大推进了一步。

此期的《史记》传播也有较大成就。各种版本的《史记》相继出现，如影印殿本、国学基本丛书本、万有文库本、四部备要本等，还有胡怀琛《史记选注》、高步瀛《史记举要》等通俗本的出现，为广泛传播《史记》起了积极作用。梁启超《要籍解题及其读法》、《中学作文教学法》等对《史记》读法的论述、指导，也有积极的意义。梁启超在《史记》一百三十篇中独具慧眼挑出"十大名篇"。他认为《史记》中《项羽本纪》、《信陵君列传》、《廉颇蔺相如列传》、《鲁仲连邹阳列传》、《淮阴侯列传》、《魏其武安侯列传》、《李将军列传》、《匈奴列传》、《货殖列传》、《太史公自序》等十篇"皆肃括宏深，实叙事文永远之标范"[①]。可以说这是文学经典的再次加强。除了这些作品的思想价值外，主要还是"叙事文永远之标范"，这是文学经典的高度概括。

此期值得注意的是《中国文学史》著作的编纂。如林传甲《中国文学史》，学界对其是否为国人所著的第一部《中国文学史》有不同看法，对此我们姑且不论，就著作本身而言，作者用大文学史观念认识文学，其中"史汉三国四史文体"题目下，对《史记》格外重视，"《史记》为经天纬地之文；《史记》通六经自成一家之文体；《史记》本纪世家文体之辨；《史记》世家列传文体之辨；《史记》十表创统计学之文体；《史记》列传文体之奇特；褚少孙、裴骃、司马贞、张守节诸家增补《史记》文体；归震川评点《史记》之文体"等，全面论述《史记》的价值，尤其是文学价值。鲁迅《汉文学史纲要》高度评价《史记》是"史家之绝唱，无韵之离骚"，既是史学评价，也是文学评价。此期其他文学史著作，如郑振铎《插图本中国文学史》（1932）、陆侃如和冯沅君《中国文学史简编》（1932）、刘大杰《中国文学发展史》（1941）、林庚《中国文学史》（1947）、谭丕模《中国文学史纲》（1956年）等，都程度不同地对《史记》文学成就进行论述。把《史记》列入中国文学史，这是《史记》文学经典建构的重要途径。《史记》通过不同形式、不同时期、不同作者的文学史论述，名正言顺地成为中国文学的经典著作，其文学地位更加稳固。

[①] 梁启超：《要籍解题及其读法》，《饮冰室全集》（第九册）之《饮冰室专集》（72），中华书局1989年版，第31页。

第五节 《史记》文学经典建构的意义

《史记》文学经典的建构,从汉代起步,到近现代写入中国文学史,走过了漫长的道路。《史记》经过不同时代的读者认可,其经典榜样已经树立。到20世纪后期,人们对《史记》文学特征的认识更加丰富,更加深入①,而且随着中外文化交流,《史记》在海外的影响也日益广泛。从《史记》文学经典的建构过程可以看出,《史记》文学经典的建构是与其史学经典的建构密切相关,起步阶段比较艰难,唐代以后,其文学价值逐渐得到挖掘和普遍认可,愈来愈受到人们的重视。文学经典的建构过程与史学经典的建构过程基本一致,但由于是文学家视域中的《史记》,所以又与史学的经典建构有不同之处。经典建构过程是与社会政治、文化背景等有密切关系的,如唐宋古文运动、明代复古运动等。经典建构过程也是多元化的,从建构方式说,有直接的,有间接的;有明显的,有隐蔽的。从体裁说,传记、散文、小说、戏剧、诗歌等不同的文体都从《史记》中汲取营养,又促进《史记》进入这些文学家园之中。从建构的读者层次来说,既有文学家的学习、评论家的引导、文选家的传播,也有普通百姓的欣赏与接受。经过不同时代、不同读者对《史记》的消费与接受,《史记》的文学经典地位得以建构,并愈来愈稳固。

《史记》文学经典建构的意义首先在于扩大了《史记》的文化价值。随着文学经典的建构,《史记》受众面不断扩大,不仅雅文化、主流文化学习它,视之为经典,而且俗文化也从中吸收许多有用的

---

① 20世纪50年代以后的《史记》文学经典建构,取得了丰硕成果,《史记》作为文学经典的地位更加巩固,受众更加广泛,认识也更深刻,对此,笔者将另文论述。

东西，在民间有较大的影响，一些说唱作品、戏曲、小说等或多或少、或直接或间接学习《史记》。史学著作被文学化，而且成为文学经典，这并不影响《史记》的史学价值。从某种意义来说，反而促进了《史记》的史学经典化。因为《史记》不是纯文学，它与历史密切联系，它的文学表现受历史真实的限制，如同"戴着镣铐跳舞"。所以，在历史真实的前提下，把《史记》纳入文学领域，更显示了《史记》多方面的价值。

《史记》文学经典建构的意义还在于促进了中国文学的发展。从经典影响史来说，中国文学中的传记、散文、小说、戏曲乃至于诗歌等文体，都受《史记》的影响，有些甚至直接取材于《史记》。正如李景星《史记评议序》所说："由《史记》以上，为经为传诸子百家，流传虽多，要皆于《史记》括之；由《史记》以下，无论官私记载，其体例之常变，文法之正奇，千变万化，难以悉述，要皆于《史记》启之。"如果从文学主题说，《游侠列传》、《刺客列传》所引发的侠客文学，以《伍子胥列传》为代表的复仇文学，《屈原列传》所表现的忠奸斗争，《司马相如列传》描写的才子佳人故事，《秦始皇本纪》、《吕太后本纪》所展现的宫闱秘史、宫廷斗争，《伯夷列传》所引发的隐士文学，以及大量描写战争的作品所展现的军事文学，等等，都显示了《史记》文学经典的影响力。

《史记》文学经典建构的意义还在于使有价值的历史人物走向永恒的时间和无穷的空间。"子长同叙智者，子房有子房风姿，陈平有陈平风姿。同叙勇者，廉颇有廉颇面目，樊哙有樊哙面目。同叙刺客，豫让之于专诸，聂政之于荆轲，才出一语，乃觉口气各不相同。高祖本纪，见宽仁之气动于纸上；项羽本纪，觉喑噁叱咤来薄人。"① 司马迁把死的人物变成活的生命体，随着文学经典化过程，《史记》中所描绘的人物不只是历史人物，也成为文学典型，具有永久的艺术魅力。

　　从文学价值学角度看，从文学创造到文学消费的过程，又是文学价值产生、确立和确证的过程。"所谓价值，是指客体对主体需要的满足或效应，也就是说，是指客体对主体的价值。"② 《史记》作为读者（主体）欣赏的对象（客体），显然对读者具有特殊的价值和意义，这种价值是一种特殊的艺术价值。这种艺术价值存在于整个文学活动的大周期中。《史记》文学的经典建构过程，在这个大周期中并没有停止在原点，而是在历时与共时的存在范畴里，不断实现着自我的保值与增值的过程。应该说，读者的消费与接受，使《史记》的文学价值得以实现，而且也是《史记》不断增值的重要渠道。这种增值与保值，说到底，就是《史记》不断被经典化的过程。

---

① 〔日〕泷川资言：《史记会注考证·史记文章》引，上海古籍出版社1986年版。
② 敏泽、党圣元：《文学价值论》，社会科学文献出版社1997年版，第197页。

结束语

《史记》的文学成就是多方面的,也是空前的。《史记》文章,"浑浑噩噩,如长川大谷,探之不穷,揽之不竭,蕴藉百家,包括万代"[1],在中国文学史上树起了一座巍峨的里程碑。

《史记》是先秦文学的集大成者。先秦时期的《诗经》、《楚辞》孕《史记》那丰厚情韵;先秦时期的诸子百家著作激励着司马迁发表惊世骇俗的"一家之言";先秦时期的历史散文又给司马迁的《史记》提供了丰富的资料;而先秦时期许多发愤著书之人如孔子、屈原等人物,从精神上给司马迁以极大的鼓舞和鞭策。

《史记》气魄宏大,内容丰富,人物生动,语言优美,是中国文化史上不朽的史诗。吴德旋曰:"《史记》如海,无所不包,亦无所不有,古文大家,未有不得力于此书者。"[2] 正是由于它"无所不包"、"无所不有",所以,对中国文学中的散文、传记、小说、戏曲、辞赋以及抒情文学、悲剧文学、浪漫主义文学、民间文学等都产生了深远影响。从内在精神到艺术手法,从历史人物到现实生活,无不影响着后代的文学创作。宋代郑樵在《通志·总叙》中所说的"百

---

[1] 茅坤:《史记钞·读史法》。
[2] 吴德旋:《初月楼古文绪论》,人民文学出版社1998年版。

代而下，史官不能易其法，学者不能舍其书"，无论对史学和文学来说都是恰当的。我们无论从哪个角度去探讨它对中国文学的影响，都不算过分。

而当我们认识这些成就时，还不能忘记，这些成就都是建立在历史真实基础之上的。《史记》无论是叙事写人，还是发表议论，都没有脱离历史的真实。历史真实犹如镣铐一般，给司马迁施展文学才华带来了许多困难，但司马迁却能以自己的德、识、才、学，使历史与文学达到完美结合，体现出卓越的文学才能。金圣叹曾说："夫修史者，国家之事也；下笔者，文人之事也；国家之事，止于叙事而止，文非其所务也；若文人之事，固当不止叙事而已，必且心以为经，手以为纬，跱躇变化，务撰成绝世奇文焉。""是故马迁之为文也，吾见其有事之巨者，而隐括焉；又见其有事之细者，而张皇焉；或见其有事之缺者，而附会焉；又见其有事之全者，而轶去焉：无非为文计，不为事计也。"① 是的，司马迁为了真实形象地反映历史，为了最大限度地发表自己的一家之言，对三千年历史进行详细地爬罗剔抉，找到自己下笔的地方。经过他的精心努力，终于创造出世间少有的奇文。

"奇文共欣赏，疑义相与析。"② 《史记》文章奇气凌云，古今纵横，似滔滔黄河，千秋流传。当我结束这篇拙稿时，衷心期望我们对司马迁及《史记》研究能不断深入，以丰硕成果告慰司马迁的在天之灵。

---

① 《水浒传》第二十八回评。
② 陶渊明：《移居》诗其一，龚斌：《陶渊明集校笺》，上海古籍出版社1996年版，第114页。

附录一：《史记》与中华民族精神塑造

司马迁是我国西汉时期左冯翊夏阳（今陕西韩城市）人，伟大的史学家、思想家、文学家，1956年被列为世界文化名人。他的巨著《史记》，展现了从传说中的黄帝到汉武帝时期三千年的中华民族历史，是中国文化史上一座巍峨的丰碑。《史记》以其深刻的思想，丰富的精神，对中国文化产生了广泛而深远的影响。今天和大家讨论的话题是《史记》与民族精神。

大家知道，中华民族精神产生于先秦时期，到汉代基本确立，此后不断发展。《史记》正好是先秦至汉武帝时代中国历史最为丰富的载体，也就是说中华民族精神产生和发展的过程在《史记》中得以集中体现。要认识中华民族精神，《史记》是最好的切入点。

一、《史记》记载了中华民族形成的历史过程

要谈民族精神，首先需要了解我们民族形成的基本历史。先秦至西汉时期，是中华民族形成的重要时期，《尚书》、《国语》、"春秋三传"等著作对此都有一些零星记载，但最有代表性的著作则是《史记》，它是一部通史，是先秦以来中国历史记载的集大成著作。

中华民族的源头可以追溯到远古传说中的三皇五帝时代。但

《史记》略去三皇,直接以黄帝作为全书的开端,这是具有深刻意义的安排。首先,黄帝作为大一统的开始,奠定了中华民族的基本思想观念,即社会的发展需要统一而不是分裂;其次,把黄帝作为中华民族的祖先,中原和周边民族都是黄帝的子孙,形成了我们中华民族完整系统的民族谱系,中华民族的历史线索就从黄帝开始,一直延续下来,清人李景星《史记评议》就指出:"太史公史,始于五帝,重种族也,盖五帝始于黄帝,为我国种族之所自出。"《三代世表》也是从黄帝开始,夏商周一线贯穿,清人汪越《读史记十表》说此表"以黄帝为主",显示出黄帝的崇高地位。《五帝本纪》记载,黄帝时期,"东至于海,登丸山,及岱宗。西至于空桐,登鸡头。南至于江,登熊、湘。北逐荤粥,合符釜山,而邑于涿鹿之阿。"经过不懈努力,出现了"万国和"的局面。此后,颛顼、帝喾、唐尧、虞舜都是黄帝的子孙,中华民族的血脉绵绵不断。如虞舜时期"四海之内咸戴帝舜之功",《史记正义》对"四海"的解释是:"《尔雅》云:九夷八狄七戎六蛮谓之四海",可见虞舜时期各部落、民族的大融合。又如《夏本纪》:"禹者,黄帝之玄孙而颛顼之孙也。"《殷本纪》:"殷契,母曰简狄,有娀氏之女,为帝喾次妃。"《周本纪》:"周后稷,名弃,其母有邰氏女,曰姜原。姜原为帝喾元妃。"《楚世家》:"楚之先祖出自帝颛顼高阳。高阳者,黄帝之孙,昌意之子也。"《越王句践世家》:"越王句践,其先禹之苗裔,而夏后帝少康之庶子也。"《匈奴列传》:"匈奴,其先祖夏后氏之苗裔也。"可见中原及周边各部族都与黄帝有千丝万缕的联系。春秋战国时期,社会急剧变化,诸侯兼并形成七大国家,随着兼并,民族迁徙、融合也愈来愈突出。

秦始皇统一中国,标志着我国统一的多民族国家历史的开始。

《秦始皇本纪》记载秦统一天下后:"地东至海暨朝鲜,西至临洮、羌中,南至北向户,北据河为塞,并阴山至辽东。""六合之内,皇帝之土。西涉流沙,南尽北户。东有东海,北过大夏。人迹所至,无不臣者。"秦王朝的中央集权制,统一货币、度量衡、文字等,为统一的民族意识的形成奠定了基础。司马迁在《六国年表序》中也高度赞扬秦的统一是"世异变,成功大。"可见秦的统一在民族历史上的重要性。汉朝的建立,进一步实现了民族大一统,并且形成以汉族为主体、以中原王朝为核心的多元一体的政治格局,匈奴等周边民族也成为中华民族的重要组成部分。

夏商周至秦汉时期,在汉族的先民——华夏族开发黄河流域的同时,各少数民族也在开发周边的地区,与中原华夏民族一起创造中华民族的历史。中华民族在文明历史的进程中,中原一带开化较早,文化较为发达,正如《赵世家》中公子成所说:"中国者,盖聪明徇智之所居也,万物财用之所聚也,贤圣之所教也,仁义之所施也,《诗》《书》礼乐之所用也,异敏技能之所试也,远方之所观赴也。"司马迁之前,人们的民族观中一直是歧视周边民族,并视为蛮夷。如《诗经》称"戎狄是膺,荆舒是惩",《左传》宣扬"尊王攘夷",《公羊传》强调"内诸夏而外夷狄"。司马迁则以独特的思想,创立民族史传,如《匈奴列传》、《南越列传》、《东越列传》、《朝鲜列传》、《西南夷列传》、《大宛列传》等,把四周少数民族纳入华夏民族的版图之内,并且将它们看成汉天子的臣民。司马迁在《太史公自序》中对民族列传的设立原因有明确的交待,如:"汉既平中国,而佗能集杨越以保南藩,纳贡职。作《南越列传》。""吴之叛逆,瓯人斩濞,葆守封禺为臣。作《东越列传》。""燕丹散乱辽间,满收其亡民,厥聚海东,以集真藩,葆塞为外臣。作《朝鲜列传》。""唐蒙使略通夜郎,而邛筰之君请为内臣受吏。作《西南夷列传》。"由此可见大一统时代下周边民族对中原政权的认可。同时,周边各族与中原民族密切关系。如《南越列传》载:"南越王蔚佗者,真定人也,姓赵氏。秦时已并天下,略定杨越,置桂林、南海、象郡,以谪徙民,与越杂处。"南越王是中原人,"杂处"说明不同民族的融合。《东越列传》记述了东越与中原的历史渊源:"闽越王无诸及越东海王摇者,其先皆越王句践之后也,姓邹氏。"不仅如此,东越还参与了中原的战争,无诸、摇率越归鄱阳令吴芮,随诸侯灭秦。后来又率越人佐汉。《朝鲜列传》着重记述朝鲜变为汉朝四郡的过程。《西南夷列传》记述了西南地区(包括今云南以及贵州、四川西部)许多部落国家同汉王朝的关系,描述了夜郎、滇等先后归附汉王朝、变国为郡、设官置吏的过程,也就是不同民族的融合过程。这些传记,在描述民族融合的同时,也写出各民族的生活环境和风俗习惯。如《匈奴列传》记载匈奴民族特点:"逐水草迁徙,毋城郭常处耕田之业,然亦各有分地。毋文书,以言语为约束。""其俗,宽则随畜,因射猎禽兽为生业,急则人习战攻以侵伐,其天性也。""自君王以下,咸食畜肉,衣其皮革,被旃裘。""其俗有名不讳,而无姓字。"在历史的发展过程中,各民族之间还有通婚现象,《晋世家》载晋公子重耳因骊姬之乱逃亡至狄,赵衰随从。狄伐咎如(赤狄),得二女,翟以其少女为重耳妻,长女为赵衰妻。《匈奴列传》载周襄王娶戎狄女为后,还有汉初与匈奴的"和亲"情况,《大宛列传》记载张骞在匈奴时娶胡人妻并生子。中原国家也吸纳其他民族的人才为己所用,如春秋时期秦国,"秦穆公得由余,西戎八国服于秦。"特别是《货殖列传》还记载中原与周边民族之间的经济往来,《大宛列传》记载张骞在大夏时"见邛竹杖、蜀布",更显示出民族之间的融合。司马迁站在汉代大一统的立场上，较为全面地记载各民族的历史，并且特别注意汉朝与周边民族的政治、军事等方面的交往，尤其是武帝时期，征服匈奴，在河西设立郡县，在西南和两越地区推行郡县制，并派张骞通西域，都是促进民族融合的关键措施。司马迁还注意汉朝派往周边民族的使者为大一统社会所做出的贡献，如《西南夷列传》中的唐蒙、司马相如、公孙弘和王然于等，《南越列传》中的陆贾，《大宛列传》中的张骞，等等。从当时的社会背景和历史发展情况来看，司马迁打破"种别域殊"的界限，把中国境内各民族看作一个统一的整体，这无疑是进步的、积极的。

《史记》展现出来的中华民族历史，是由原始部落到大一统封建帝国的建立，由众多民族不断的融合到以汉族为主的多民族统一体的形成。这个过程，经历了不同的社会形态，出现了不同的民族，不同的人物，但总的趋势是走向融合、认同，这就为各民族共同的精神追求、价值取向奠定了基础。

二、《史记》展现了中华民族精神

《史记》在展现中华民族发展、融合历程的同时，也就展现出中华民族所具有的精神风貌和价值取向。大家知道，民族精神是一个民族生命力、创造力和凝聚力的集中体现，是一个民族赖以生存和发展的精神支柱。民族精神的形成是与该民族所处的地理自然环境有一定的关系。中华民族，尤其是中原地区民族，面朝黄土背朝天，较少幻想成分，形成注重现实的精神特质。当然，民族精神的形成也与这个民族的社会特性有关，如宗法制社会，就特别注重伦理道德。总的来看，中国地域辽阔，不同民族各有特点，各有精神追求，但经过长期积淀，互相包容，达到普遍认同，形成共同的核心价值目标。尤其是汉武帝时期，儒家思想统治地位的确立，对中华民族精神产生重要影响。《史记》所体现的中华民族精神主要有以下几个方面：

1. 维护统一。《史记》展现了中华民族三千年的奋斗历史，尽管这个历程极为曲折艰难，但统一始终是人心所向。从黄帝开始，就为一统天下而"修德振兵"，此后，"虞夏之兴，积善累功数十年，德洽百姓，摄行政事，考之于天，然后在位。汤武之王，乃由契、后稷修仁行义十余世，不期而会孟津八百诸侯，犹以为未可，其后乃放弒。秦起襄公，章于文、穆，献、孝之后，稍以蚕食六国，百有余载，至始皇乃能并冠带之伦。以德若彼，用力如此，盖一统若斯之难矣。"(《秦楚之际月表序》)这是司马迁对先秦以来统一天下艰难历程的概括。统一是人心所向。司马迁在《太史公自序》中对三十世家体例的解释说："二十八宿环北辰，三十辐共一毂，运行无穷，辅拂股肱之臣配焉，忠信行道，以奉主上，作三十世家。"并且对每篇的写作目的进行了说明，在20篇中使用了"嘉"字。这个充满赞誉性情感的"嘉"字绝大多数集中在周代诸侯国辅佐周王室和汉初维护中央统一的人物身上。如"嘉鞅讨周乱，作赵世家第十三。""嘉厥辅晋匡周天子之赋，作韩世家第十五。""七国叛逆，蕃屏京师，唯梁为扞，……嘉其能距吴楚，作梁孝王世家第二十八。"如果诸侯分裂、反叛中央，将被钉在历史的耻辱柱上。西周王朝建立初年，成王年少，管叔蔡叔发动叛乱，依靠周公讨伐才维护了大一统；汉初吴楚七国之乱，司马迁没有把吴王、淮南王、衡山王等列入"世家"，而是放入"列传"，这从体例上明显看出司马迁对叛乱者的态度,而且《淮南衡山列传》最后,司马迁对叛乱行为予以指责:"淮南、衡山亲为骨肉,疆土千里,列为诸侯,不务遵蕃臣职以承辅天子,而专挟邪僻之计,谋为畔逆,仍父子再亡国,各不终其身,为天下笑。"《史记》中专门设立匈奴、朝鲜等民族列传,也是大一统思想的体现。传记之外,《史记》"十表",每一表也都体现了这部著作大一统的思想(详见笔者《大一统:＜史记＞十表的共同主题》一文,载《学术月刊》2003年第6期)。

2. 开拓进取。社会发展需要不断地开拓进取,夏禹"披九山,通九泽,决九河,定九州",就是开拓精神的体现。《史记》中体现进取精神的首先是帝王。中华民族的奋斗不能没有理想和目标,帝王就是这种理想和目标的代表,王迹兴衰变化体现着民族的奋斗历程。《史记》以帝王为中心,这是时代的必然,我们不必苛求司马迁。尽管像三代圣君、秦皇汉武等不可避免地带有个人野心,但当他们在结束分裂、统一天下时,或在巩固自己新兴政权时,表现出非凡气魄和力量,顺应了时代发展的潮流,因而受到人们的称赞。

社会发展是由各个阶层的人物共同推动的结果,天子毕竟是少数,因此,最能体现我们民族开拓进取精神的当是社会各阶层人物。以将相名臣而言,有的忠心耿耿,辅佐国君成就大业,如周公辅成王、管仲辅桓公、萧何辅汉王等;有的大臣敢于进谏,为国着想,如触龙说赵太后,张释之、冯唐面折汉文帝,汲黯直言汉武帝,等等;有的正直廉洁,奉公守法,如《循吏传》所记的孙叔敖、郑子产等"循吏";有的为民请愿,除暴安良,如西门豹治邺等;有的出使四方,不辱使命,如蔺相如"渑池会"、张骞通西域等。三千年历史,战火不息。因而传记中出现了许多军事家,有的运筹帷幄,如张良、陈平等,有的驰骋疆场,如孙武、孙膑、司马穰苴、田单、廉颇、白起、王翦、韩信、卫青、霍去病、李广等，像霍去病"匈奴未灭，何为家为"的豪言壮语，代表了这类人物的进取精神。

《史记》人物中，值得我们注意的还有那些思想家。他们为了建构自己的理论体系，积极开拓，表现出强烈的历史责任感和创新精神。如春秋战国时代，百家争鸣，产生了一大批思想家，孔子、老子、墨子、孟子、荀子、庄子、韩非子等，经过他们的努力，各种统一天下的理论才被创造出来。秦汉以后，仍有许多思想家，如陆贾、董仲舒乃至司马迁本人等，表现出大胆的探索精神。还有文学家如屈原、贾谊、司马相如等，他们中的许多人又是思想家、政治家。他们以生花之笔，或诗或文，或辞或赋，给中华民族精神宝库创造了许多动人的篇章。文学家的创造，体现了我们民族在精神领域中的探索精神。还有《史记》中的天文、历法、医学等领域的特殊人物，也体现了我们民族的智慧和力量。

《史记》中还有大量的下层人物，如游侠、刺客、商贾、俳优、卜者等，他们为自己的理想而奋斗。如司马迁在《刺客列传》中对这类人予以称赞："自曹沫至荆轲五人，此其义或成或不成，然其立意较然，不欺其志，名垂后世，岂妄也哉！"可以说，下层人物虽然做的事情不一定惊天动地，但他们的进取精神同样应予以肯定。人类社会是由多阶层组成的，如果缺少了下层人物的进取奋斗，那么，社会这座"金字塔"也就缺少了坚实的基础。

3. 坚韧不拔。司马迁在《太史公自序》中说明列传的原因："扶义俶傥，不令己失时，立功名于天下。"但封建制度并没有给每个人建功立业创造条件，"功者难成而易败，时者难得而易失"（《淮阴侯列传》），因而，建功立业是非常艰难曲折的。也正惟其难，才更显出奋斗者顽强不屈的精神，也更具有生命的价值。《孔子世家》

记载孔子是一个热心救世的人物,他有宏伟的抱负,很想在政治上有所作为。他周游列国,宣传自己治国平天下的政治主张。尽管到处碰壁,但他"知其不可为而为之",这种精神给后代志士仁人以极大鼓舞。屈原为实现自己的"美政"理想与党人进行了顽强不屈的斗争,甚至自己被赶出朝廷后,仍在不断地追求。"路漫漫其修远兮,吾将上下而求索",就是这种追求的真实写照与高度概括。司马迁身受宫刑,奇耻大辱使他痛不欲生,想一死了之。但是,《史记》还没有完成,如果以死了之,岂不是"若九牛亡一毛,与蝼蚁何异!"他坚强地活了下来,以惊人的毅力完成了《史记》。司马迁在《史记》中还写了许多"隐忍就功名"的烈丈夫:伍子胥报仇,名垂后世;句践卧薪尝胆,称霸天下;范雎逃难,历尽艰险,终于权重秦国;季布为人奴而不死,终为汉名将。正是这些人,给《史记》增添了生命力量,千载而下,仍使人激动不已。

4. 革故鼎新。当旧的生存环境已经老化,没有生机、没有朝气时,一些有志之士,尤其是统治阶级内部较为清醒的人物,极力想给它注入新的活力。或革新,或革命,以改变或摧毁现实、建立新的生存环境为目标。《赵世家》记载赵武灵王胡服骑射,这是一项重大的军事改革,保守派以"变古之教,易古之道"指责他,但他坚决不动摇,坚守"制国有常,利民为本"的原则,使改革取得胜利。改革,意味着改变传统,改变旧有的观念和做法,尤其是改革触动贵族利益时,往往遭到保守势力的反对。《商君列传》记载商鞅变法时,先以雄辩和果敢打消了秦孝公的疑虑,然后又与甘龙、杜挚等保守势力进行斗争,终于使秦国获得新生。但后来,保守势力又一次抬头,商鞅被车裂,成为悲剧人物。再如《晁错传》所记,西汉初年,中央集权和地方势力之间存在着尖锐的矛盾,晁错从加强中央集权的愿望出发,提出许多变革的策略,最重要的一条就是削弱郡国势力,这引起了一场轩然大波,诸侯对他恨之入骨。结果,晁错被身斩东市,同样成为悲剧人物。

如果说革新还只是对现实进行轻微的改造的话,那么,革命则是更激烈的改造现实的方式。《史记》所载的汤伐桀,武王伐纣,乃是改朝换代。《易·革》云:"天地革而四时成。汤武革命,顺乎天而应乎人,革之时大矣哉!"《易·系辞》也说:"穷则变,变则通,通则久。"一个王朝因为政治敝坏而走向覆灭,但同时又意味着另一受民众欢迎的王朝的新生。对华夏民族来说,这是暂时的曲折和苦难,我们民族不屈不挠的精神也就体现在这伟大的变革之中。"本纪"就是这个变革的具体体现。与改朝换代相联的是起义。也正由于这些起义,推动了社会的向前发展,从一个侧面反映出我们民族积极进取、勇于革命的精神。《周本纪》记载周厉王残暴,不听召公劝谏,阻止国人议论朝政,最终爆发"国人起义",把周厉王流放到彘地。又如《陈涉世家》记载陈胜、吴广领导农民起义,在他们身上体现着生命的斗争精神。司马迁在《太史公自序》中对他们伐无道、诛暴秦的功绩予以高度评价:"桀纣失其道而汤武作,周失其道而《春秋》作,秦失其政而陈涉发迹。"尽管起义以失败而告终,但最终给后人的,却是一种可歌可泣的精神。

5. 忧国爱国。忧患,这是个体生命一种普遍的精神现象。春秋战国时以孔子、孟子为代表的儒家学派,则把这种忧患意识扩大到整个社会。忧患意识有着深刻而丰富的内涵,它弥漫着生命的热情,是人的生命意志的顽强表现,促使人发奋努力,促使人追求"生"的价值。《屈原列传》就是这方面的代表。屈原所处的楚国,国君昏庸,小人得势。他的一片爱国之心换来的是流放。"众人皆醉我独醒",他对楚国的前途表示深深的忧虑。他忧愁幽思而作《离骚》,将个人的不幸遭遇与强烈的爱国之情、忧国之泪融为一体。忧患引发了他勇敢奋斗的信心,使他以坚强的精神去斗争,去牺牲。当社会处于分裂、动荡之时,忧患意识会成为一种积极的时代风尚,一大批有志之士,为社会的统一、安定而忧虑。如春秋战国时代,之所以出现百家争鸣局面,与思想家们的忧患意识分不开的,尽管各家学说不完全相同、甚至针锋相对,但有一个共同的时代主题,就是如何结束战乱、统一天下。诸子百家的著作中,都有这些思想家自我形象,透过他们的理论主张,也不难看出他们的忧患意识。《史记》对这些思想家的忧患意识也都有表现。当然,在天下一统、新王朝刚刚建立之时,统治者为巩固政权也往往产生忧患意识,因而也会有共同的时代课题。如西汉初年,围绕着如何巩固政权问题,出现了一大批忧患人物,《史记》中记载的陆贾、贾谊、邹阳等,都为国家的长治久安而忧患,甚至在盛世也会出现"危言"。贾谊生活在"文景之治"的盛世,朝廷上下都以为可以坐享太平,独有贾谊深谋远虑,发出振聋发聩的忧世之言,表现出超前性的忧患意识。忧患意识是与爱国精神是紧密相联的。忧国,正是为了爱国。在中国古代,爱国精神在不同阶段有不同表现,而且往往与忠君连在一起,但它已作为我们的民族心理,深深地积淀下来。《史记》所记蔺相如在渑池会上奋不顾身维护国家尊严,在内部不愿与廉颇争功,而是"先国家之急而后私仇",霍去病为国家忘自家、克己奉公,卜式输财助边,济国家之困,李广反击匈奴,保家卫国等,都体现了爱国精神。

6. 崇尚德义。西周时,"敬德"思想就已成为衡量国君的一个重要条件。此后,社会急剧变化,人从神的桎梏中解脱出来,人成为主宰自己行动的主人。而要真正做人，就必须注重道德修养。孔子的仁学思想就是这个时代的产物。就个体人格而言，孔子强调"三军可夺帅也，匹夫不可夺志也"（《论语·子罕》），孟子更追求大丈夫人格："富贵不能淫，贫贱不能移，威武不能屈"（《孟子·滕文公下》），尤其是儒家杀身成仁、舍生取义的人格追求，给有志之士以巨大的鼓舞力量。在《史记》中，我们可以看到，从传说中的黄帝开始，许多国君德厚仁爱，受到民众拥护爱戴；而暴虐如桀纣的国君，则被民众推翻。《郑世家》记载子产的话语："为政必以德，毋忘所以立。"为了维护自己的统治，执政者不得不实行一些于民有利的措施，以显示自己的仁德，尤其是新王朝建立之初，更是如此。像商汤、周文王、周武王、汉文帝等，被人称为仁爱之君。即使像"春秋五霸"，也时常打出仁德的旗号，以争取人心。《孝文本纪》记载："汉兴，除秦苛政，约法令，施德惠，人人自安，难动摇。"当然，在《史记》中，我们更多的是看到志士仁人的高风亮节。伯夷、叔齐不愿食周粟而饿死；屈原为保持高洁人格而沉江自杀；鲁仲连宁愿"蹈东海而死"，也不忍秦国称帝；齐国义士王蠋不为利诱威胁所动；信陵君礼贤下士，受人敬重。还有《游侠列传》《刺客列传》中许多侠义之士，路见不平拔刀相助。尤其是《赵世家》记载"赵氏孤儿"故事中的公孙杵臼、程婴等义士，为保护赵氏孤儿而牺牲自己，用正义写出了一曲动人的乐章。与此相反，那些无德义节操、无独立人格的人，虽然在传记中也时有出现，但他们作为一种反衬，愈显出德厚者的高风亮节。

　　《史记》所表现的民族精神，除以上所述外，还有：维护正义、反对邪恶；团结友爱、忠于职守，等等。

三、《史记》对民族精神塑造所起的重要作用

人以其个体的自然属性来说，生命总会终了，但人又具有社会属性，这就确定了人的生命的社会属性。西方哲学家柏格森的生命哲学认为，生命的基本特征，是生命的绵延与生命的冲动。所谓绵延，是说生命具有一种超空间的无限延续的特征，生命是一股无限的"流"。正是由于生命的绵延性，世间才有创造一切的、不断地"创化"过程。《史记》所表现的中华民族的生命及其精神，并没有随着时代的消逝而消逝，也没有随着历史的过去而凝固，而是一个继续流淌着的跨时间的文化流程，它是传统精神，但经过净化、升华之后又变为现实精神，并指向未来。

《史记》对于中华民族精神的塑造起了重要作用。民族精神不是抽象空洞的，是由无数个实实在在的个体身上所体现的精神而形成的，流淌在我们民族的血液中。恩格斯在谈到社会发展时指出：社会发展的最终结果总是从许多单个的意志相互冲突中产生出来的，"这样就有无数相互交错的力量，有无数个力的平行四边形，而由此就产生出一个总的结果，即历史事变。""每个意志都对合力有所贡献，因而是包括在这个力里面的。"（《马克思恩格斯选集》第4卷478页）民族精神的发展也是如此。单个人的精神力量是有限的，但无数人的精神凝聚在一起就有了强大的力量。黄帝作为中华民族的祖先，我们的民族精神就从这里开始发源。民族生命、民族精神犹如一江春水，细大不捐，兼蓄并收。在三千年的发展过程中，河流愈来愈宽，声势愈来愈大，力量愈来愈强。如果把整个中华民族精神比作一个母系统的话，那么中华大地上各个民族的精神就是一个子系统。在这些子系统里，有无数个富有生命活力的个体生命

在跃动。它的跃动，使整个系统都充满了活力。《史记》中许多人物积极进取、刚强不息、勇于革命，也正是活力的体现。鲁迅先生在《中国人失掉自信力了吗》一文中曾指出："我们自古以来，就有埋头苦干的人，有拼命硬干的人，有为民请命的人，有舍身求法的人，……虽是等于为帝王将相作家谱的'正史'，也往往掩不住他们的光辉，这就是中国的脊梁"（鲁迅《且介亭杂文》）。一个民族的大厦需要全民族的人来支撑。而《史记》中大量的优秀人物、脊梁人物，在支撑民族大厦过程中起了中坚作用，对民族精神的形成作出了重要贡献，

作为一部史书，《史记》通过独创的编撰体制展现我们的民族精神。司马迁第一次把中华民族三千年历史纳入一个巨大而又有系统性的载体之中。《史记》是纪传体著作，以人为核心反映历史的变化，所以，对于民族精神的展现主要是通过各阶层人物来实现，这些人身上有我们民族精神的徽记。本纪、世家、列传三体各有侧重，从不同的层面展现帝王、贵族、社会各阶层的人物。三体的开篇颇有深意，它们具有共同的思想特征，即以"德"和"义"立意，已经体现出我们民族的价值追求。本纪开篇《五帝本纪》，突出五位帝王的"德"和"让"，有德者有天下。世家第一篇《吴太伯世家》，司马迁在《自序》中阐明创作主旨："嘉伯之让，作《吴世家》"。列传第一篇《伯夷列传》亦是如此："末世争利，维彼奔义；让国饿死，天下称之。作《伯夷列传》。"所以，司马迁选择人物，其中就蕴含着他的精神追求。一些高官厚禄之人没有进入史书反而一些下层人物入选，目的就是要突出有价值、有意义的人物。《史记》选择人物的过程，实质上就是人物精神的选择过程。"八书"展现不同时代的文化典章制度，揭示人与自然、人与社会、人与人之间的关系，

为认识中华民族精神提供丰富的社会和自然环境背景。"十表"则以大事年表的形式清晰展现中华民族三千年历史的流程。因此,《史记》五种体例互为补充,是一个完整的系统。中华民族精神就是在这个系统中得以体现。

《史记》对于民族精神塑造的又一贡献在于,较为真实全面地记载了各民族逐渐融合的过程。通过这个融合过程,也体现了我们民族兼容并包的精神。如前所说,《史记》设立专门的民族列传,真实反映了各民族之间的关系,这里再举一例。《大宛列传》云:"乌孙使既见汉人众富厚,归报其国,其国乃益重汉。其后岁余,骞所遣使通大夏之属者皆颇与其人俱来,于是西北国始通于汉矣。然张骞凿空,其后使往者皆称博望侯,以为质于外国,外国由此信之。"反映了中原与周边不同民族之间的互相交往,互相信任。《史记》其他篇章中也往往注意民族融合问题。如《吴太伯世家》:"余读《春秋》古文,乃知中国之虞与荆蛮句吴兄弟也。"说明吴国与中原之间的密切关系。又如《自序》所言:"嘉句践夷蛮能修其德,灭强吴以尊周室,作《越王句践世家》。"强调句践与中原的关系。《晋世家》记载晋悼公时重用魏绛,"使和戎,戎大亲附。"晋悼公称赞道:"自吾用魏绛,九合诸侯,和戎、翟,魏子之力也。"体现出不同民族之间和平共处的特点。

《史记》为了展现人物的精神追求和价值取向,采用了一些独特手法。因为精神不是空洞的,而是通过具体的行为体现出来,所以往往在人物传记中放大某些事件。虞舜至孝,禹分九州,句践卧薪尝胆,商鞅变法强国,蔺相如渑池相会,田单复齐,项羽破釜沉舟,韩信背水一战,晁错削藩,李广治军,张骞通西域,司马迁发愤著书等重大事件,最能表现人物的精神,《史记》也就特别用浓墨重彩去描写。有时则通过一个小小的细节，体现人物的精神品格，如《吴太伯世家》记载，季札出使，北行时造访徐国国君。徐君喜欢季札的宝剑，但没敢说，季札心里也明白徐君之意，但因还要出使中原各国，所以没献宝剑给徐君。出使回来又经徐国，徐君已死，季札解下宝剑，挂在徐君坟墓树木之上才离开。随从人员不解其意，季札曰："始吾心已许之，岂以死倍吾心哉！"表现了季札诚信的人格精神。廉颇"负荆请罪"表现知错就改，"公仪休拒鱼"表现廉政，甚至不知名姓的"漂母"，其助人精神也感动后人。另外，《史记》常常通过人物的语言描写、心理描写以及对比描写等手法表现人物的精神追求，也给人留下深刻印象。

当然，司马迁敏锐的思想，独特的价值观、历史观，渗透在《史记》中，对我们民族精神的塑造起了关键性作用。梁启超《要籍解题及其读法》曰："迁著书最大目的乃在发表司马氏一家之言，与荀况著《荀子》，董生著《春秋繁露》性质正同，不过其一家之言乃借史的形式以发表耳，故仅以近代史的观念读《史记》，非能知《史记》者也。"司马迁是思想家，他要"究天人之际"，通过三千年历史找到了答案，推动社会巨轮前进的是人不是天，而每个人身上所体现的精神正是社会力量的集中体现。他要"通古今之变"，强调从"变"中观察一切，社会在变，人的精神也在变，我们的民族精神也正是在不断的发展变化中逐渐形成。司马迁也正是在究天人之际、通古今之变过程中，大胆突破传统思想观念，表达了不同于一般思想家的"一家之言"。正是由于司马迁独特的历史观、价值观，使《史记》成为"史家之绝唱"，成为我们民族精神的载体。司马迁用自己的心血铸成了我们中华民族历史的长城，把我们民族的精神揭示出来，其贡献值得肯定。

《史记》所展现的先秦至汉代的中华民族精神，经过不断的扬弃、净化，成为我们民族宝贵的精神财富。时代发展到今天，我们既要弘扬传统精神，又要呼唤更高层次的民族精神，为民族复兴提供强大的精神动力。

（本文刊于《光明日报》2017年4月16日）

附录二：《史记》在海外的传播与研究

　　司马迁的《史记》，不仅是中华民族的宝贵文化遗产，而且是具有世界意义的历史学巨著。司马迁不仅是中国的史学之父，也是世界古代最伟大的历史学家之一。《史记》流传到国外以后，引起了国际汉学家们的广泛兴趣，研究者日益增多，还出现了一批《史记》研究的专家，像日本、朝鲜、法国、德国、美国等国家的《史记》研究，都取得了一定成就，其中尤以日本为最。可是由于种种原因，我们对国外《史记》研究的成果了解甚少，这里所介绍的，只是我所知见的一部分，疏漏之处，在所难免，期望能引起更多文史研究者对此问题的关注。

一、基本情况

　　《史记》流传到海外的具体时间已经难以稽考。依据史书记载，大约在魏晋南北朝时就已经传播到海外了。如唐初李延寿所撰《北史》卷九四《高丽传》记载，唐以前"三史"已传到高丽。又《旧唐书·高丽传》说，高丽"俗爱书籍"，"其书有《五经》，及《史记》、《汉书》、范晔《后汉书》、《三国志》、孙盛《晋阳秋》、《玉篇》、《字统》、《字林》，又有《文选》，尤爱重之"。据高丽朝金富轼（1075—1151）编写的《三国史记·高句丽本纪》记载，公元372

年，高句丽在中央"立太学，教育子弟"，太学里除讲授以"五经"为代表的儒家经典之外，还讲授"三史"，即《史记》、《汉书》、《东观汉记》。这说明《史记》、《汉书》等史籍在唐代以前传到高丽，并且受到高度重视。所谓高丽，即是今天的朝鲜。朝鲜人民至今仍然保留着雅爱《史记》的热情。在韩国，《史记》有广泛的影响，据韩国《出版杂志》1988年2月5日号介绍，韩国汉城大学人文科学研究所出版了《史记》的抄译本，作为《大学古典丛书》中的一卷。把《史记》作为大学生的基本阅读书，这在国外还是不多见的。这个抄译本为了最大限度地反映原作的意图和方便本国读者的阅读理解，编译者李成珪对《史记》的结构和叙述方式做了阐释，又对《史记》的序例做了新的编排。如译本第一编的"序部"，由反映司马迁著述动机和基本立场的《太史公自序》，以及相当于列传序的《伯夷列传》组成。第二编"秦朝兴亡"，重点叙述战国时代以后从秦朝建立到灭亡的政治过程。为了超越政治兴衰过程和王朝的秩序，重视社会和文化的发展等问题。该书的第三编设立了"古代的社会和文化"一目。这部书编排比较合理，既基本体现了《史记》的特色，又适合韩国读者的阅读习惯，对帮助韩国人民了解《史记》这部历史巨著，无疑起了积极作用。另据有关资料，自20世纪60年代中期至1994年，韩国出版韩文《史记》翻译本（包括全译本和节译本）共十余种，其中第一部《史记》韩文翻译本《史记列传》1965年由崔仁旭先生完成，为广大初学者提供了极大方便，后来，此书译者在原韩译本的基础上，又与金荣洙先生合作重新修改和补充，并完成《史记列传》二册。1973年李英根先生翻译的《史记》（共六册），是第一部韩文全译本，由汉城新太阳社出版，从此韩国有了《史记》韩文全译本。1973年另一部韩译本《史记列传》出于中国语言文学研究专家文璇奎先生之手，全书共三册，此书以具有中等以上文化程度的广大读者为对象，在强调通俗性的同时，对传播和普及中华民族优秀的传统文化也有重视，可以说是中国古籍韩译事业的一种新的尝试。几年后，此书译者在原韩译本的基础上，重新做了修订工作，并完成《史记列传》二册，作为"世界古典全集"之一种出版发行。1977年史学家洪锡宝先生也完成另一部韩译本《史记列传》，并将此书作为"世界思想全集"之一种，使《史记》成为世界思想文化宝藏的重要部分。到八九十年代，《史记》在韩国的翻译和介绍又出现了一批新成果。1983年汉学家南晚星先生译注的《史记列传》（共二册），由汉城乙酉文化社出版发行，并将此书作为"世界思想全集"第三、四卷。1986年汉学家李相玉先生译注的《史记列传》（共三册），由汉城明文堂出版社发行。1988年"《史记》列传讲读会"译注的《故事史记列传》（共三册），由汉城清雅出版社发行。1991年姜英敏先生译注的《实录史记列传》由汉城昌佑出版社发行。1991年汉学史家权五铉先生译注的《史记列传》，由汉城一信书籍出版社发行。1993年崔大林先生译注的《史记本纪》、《史记世家》等书，均由汉城洪信文化社出版。除此以外，1992年以来，在中国文学研究专家丁范镇先生的率领下，以成均馆大学中文系博士研究生为中心的青年学者共同参与了《史记》全文的韩译工作。丁先生在首册里的《解说》中，对《史记》的名称、体例和成书经过以及司马迁的时代、生平和思想分别做了较全面的论述与评价。书末还附有《自夏至前汉的历代系表》以帮助一般读者了解和认识《史记》内容所涉及的历史年代概念[①]。从这些介绍可

---

① 〔韩〕诸海星：《史记在韩国的译介与研究》，载袁仲一等主编：《司马迁与史记论集》，陕西人民出版社1996年版。

以看出,《史记》作为世界性优秀著作正在受到更多的关注。

《史记》传入日本已有 1400 多年的历史,对日本的政治、文化等产生了重要影响。在日本,《史记》研究成果非常丰富,我们将在第三部分作专门介绍。

在国外《史记》研究中,苏联也很重视司马迁和《史记》。1955 年 12 月 22 日,苏联的东方学家、高等学校的教师和研究中国历史、语言、文学的青年学生等,在莫斯科举行晚会,纪念伟大的文学家和史学家司马迁诞生 2100 周年。会后,雅·沃斯科波依尼科夫写了一则消息,发表在 1955 年 12 月 27 日的《光明日报》上。从这篇报道中,我们可以了解苏联学者对司马迁和《史记》的重视与评价。文章说:"主持晚会的是苏联科学院通讯院士古别尔,他在简短的开幕词中称司马迁是中国的第一个历史学家、最伟大的文学艺术家和古代中国的一位卓越学者和《史记》的编辑者。""历史学硕士图曼在会上对司马迁的生活和活动做了一篇很长的和富有内容的报告。他指出了司马迁对中国文化宝库的伟大贡献,他又着重指出了中国人民的这个伟大儿子的著作为中国人民带来了光荣,并且使他的祖国永远地扬名于国外。图曼说,司马迁真正应当在大家公认的世界科学和文化泰斗中占有重要的地位。"可以看出,苏联学者对司马迁和《史记》非常推崇。目前,《史记》在俄罗斯也有广泛的影响。

除以上所述外,世界其他各国对司马迁的《史记》也有程度不等的重视。在法国,汉学家沙畹(1865—1918)曾翻译《史记》,并有很好的注释和序跋,这在法国是个有一定影响的《史记》读本,而且是第一部西方《史记》翻译,总共五本。沙畹去世之后,他的学生 Max Kaltenmar 在 1969 年,把沙畹留下的三卷世家和他自己翻译的两卷，编成第六本①。沙畹在《导言》最后对司马迁及《史记》予以高度评价："我们不能否认司马迁及其父谈在史学上创造之功的最大之处，乃是为我们发明了一部通史的写法。……我们且不能不以兴奋的心情去惊喜其父子能以如此耐烦的功力去搜集史料，与其不可及的天才去写了出来。《史记》之声光真足以与中华民族共垂不朽也！"②可见《史记》在法国人眼中的地位。前几年，法国巴黎还成立了《史记》研究中心，这是国际上第一个专门的《史记》研究机构，它对法国汉学家们研究《史记》，起了很好的组织推动作用。在美国，汉学家瓦特逊著有《司马迁传》，罗彻斯特大学魏汉明教授正在选译《史记》，他准备通过他的教学和翻译，向青年学生介绍司马迁，介绍《史记》。还有美国威斯康辛大学教授郑再发、倪豪士等人也正在进行《史记》翻译工作，计划共九本，目的是为了给学术界的英文读者一套附有注解、可以介绍司马迁史学的英文《史记》。倪豪士先生还多次来中国，参加《史记》学术讨论会，交流《史记》研究成果。还有像英、德汉学家也翻译过《史记》中的一些名篇。1979年，我国外文出版社出版的英文版《史记选》，也为外国朋友阅读《史记》提供了方便。从1956年司马迁被列为世界文化名人以后，尊敬司马迁的人就更多了，研究司马迁和《史记》的人也更多了。

---

① 〔美〕倪豪士：《一百年史记翻译（1895—1995）》，载袁仲一等主编：《司马迁与史记论集》。
② 李璜：《沙畹：司马迁史记的法文译注卷首导言》，载《法国汉学论集》，珠海书院出版委员会1974年版。

二、研究状况

国外的《史记》研究，由于历史的原因，呈现出不平衡状态。相对来说，欧美国家起步较晚，成果不如东亚丰富，这里略做介绍。

在欧美，关于《史记》的史料问题曾引起过较大的争议，如：欧美学者在研究《司马相如列传》时，发现了这篇传记在语言文字上的一些问题。如法国学者吴德明在题为《论史记和汉书文献的相对价值》①一文中说，他为了翻译《司马相如列传》，特意将《史记》和《汉书》中的这两篇列传做了仔细的比较工作，结果发现这两篇列传中的主要歧异处相当多，有800多例。对于这800多处歧异的半数来说，作者认为没有任何理由在这两种释读之间进行选择，因为这两种释读是相同的，或者即使不同的话，也没有任何客观理由使我们相比较而偏重于其中一方。然而，对于另外400多处歧异，我们完全可以相比较而偏重其中一方。作者的研究结论是，有利于《史记》的为120例，有利于《汉书》的为292例，因此作者认为，《史记》的史料价值不如《汉书》。

吴德明的文章没有把这几百个例子都一一罗列出来，他只是通过几个字的分析，来说明《汉书》的写法优于《史记》。如说："《史记》中的一个'兮'字使用得很不得体，而它在《汉书》中的用法则恰得其所。"又说："《史记》中的'卒'字由《汉书》中的'薨'字所取代，后者似乎明显为最佳，因为在谈到一位王殁没的时候就是这样讲的，而本处所指的则恰恰又是梁孝王。""我们在《史记》中发现的'唐尧'一词，在汉代尚非常罕见，只是在后来才变

---

① 《国外中国学研究译丛》第一辑，青海人民出版社1986年版。

得常用起来。这样一来就导致我们更加偏爱《汉书》的文献，因为它仅满足于记载'尧'"。总之，作者的主要意思是，《汉书》中的古代字数目要比《史记》中多得多，"唯有它才代表着最古老的写法"，因此，《汉书》的价值更应该肯定。吴氏的分析比较功夫很细致，这种钻研精神令人钦佩，但是他就文字的今古来评判《史记》、《汉书》的高下，扬彼抑此，其结论是值得商榷的。我们认为，司马迁改古字为俗字，这是一种进步，班固故作古雅，多用古字，这是一种退化，前者值得肯定，而后者则不宜提倡。吴德明则舍前者而取后者，还据此得出"前者的史料价值不如后者"的结论，显然是不妥当的。

吴德明的文章还提到了美国学者卜德对《司马相如列传》的认识，说："卜德在《中国的第一次统一》中说明，《史记》中有数卷，至少是这几卷中的内容不可能是司马迁的作品。最有价值的证明是作者针对《司马相如列传》中所作的解释。我们发现该卷的末尾提到了扬雄，而扬雄则生活在司马迁之后的四十年，当然没有任何人会否认这是一段新增入的内容。但是卜德先生认为对《史记》和《汉书》两种文献仔细比较之后就会看到后者是原文。"《史记》是抄袭《汉书》的。发现《司马相如列传》后面的"太史公曰"已经被后人所窜乱，这不是件新鲜事。我国清代学者赵翼等人早已指出，但是他们都没有因此而说此传整篇都是抄袭《汉书》的。卜德的意见比较大胆，吴德明说卜德在文章中举了许多例证来论述这个问题，我们没有见到原文，不知道他是怎样论证的，理由是否充分，不好妄加评论，但是不管怎样说，对《司马相如列传》是全盘承袭《汉书》的这个结论，我们是不能苟同的。

认为《史记》有抄袭《汉书》的地方，持这种观点的不只是卜德一人，吴德明的文章还提到说，法国学者哈隆曾证明《史记·大宛列传》中有很大一部分是综合《汉书·张骞传》和《西域传》而成的。另外一位德国汉学家弗里茨·耶格尔以专长研究《史记》文献而著名,他在《现阶段的史记研究》一文中,也暗示了《史记》抄袭《汉书》的种种可能性,但没有提出更多的证据。2002年,在陕西咸阳举行的"司马迁与班固文化比较学术讨论会"上,美国汉学家倪豪士介绍了西方国家《史记》研究的现状,其中特别强调了在西方有些学者多次提出《史记》抄袭《汉书》的问题。这样看来,《史记》抄袭《汉书》,已是许多国外学者的普遍看法。造成这种认识的原因之一是《史记》中确实掺和进了《汉书》的内容,最明显的就是国外学者屡屡提及的《司马相如列传》太史公曰:"扬雄以为靡丽之赋,劝百讽一,犹驰骋郑卫之声,曲终而奏雅,不已亏乎!"南宋王应麟《困学纪闻》即说:"雄后于迁甚久,迁得引雄辞,何哉?盖后以《汉书》赞附益之。"但从已有的研究成果表明,这种附益是零散的、少量的,任何夸大其说的做法,都是不可取的。

造成《史记》抄袭《汉书》的认识的第二个原因,是东汉杨终曾奉章帝之命将52万余字的《史记》删节成10多万字。所以有人就认为,《史记》经过杨终删节,已是面目全非,现在《史记》仍是足本,乃是后人抄录《汉书》补充而成的。其实这也是一种误解。杨终受诏删《史记》,见于《后汉书·杨终传》,原文说:"(终)后受诏删《太史公书》为十余万言。"这条史料只能说明《史记》在流传过程中曾出现过一个删节本,至于这个节本出现后,是否就毁掉了原本和所有的抄本,从史料上看不出来,所以没有任何理由说有了简本,《史记》就已面目全非了。国外学者的这些观点,我国近代就有人提过,并受到了批评。如陈直说,"有人说现存的《史记》不是太史公的原本,而是杨终的删本","我看这种说法,是极端错误的。古代删定的书，与原书皆是同时并存，不是删本一出，原本就湮没不传，例如楚太傅铎椒，摘录《左传》的《铎氏微》，晋杨方有《吴越春秋》削繁，两种在当时并行不悖，目下《左传》及《吴越春秋》二书均存，而摘录削繁的书反而不存。杨终的书，久经亡佚，绝不能指现存的原书，而代替已佚的书，说此者不仅是好奇，而且是无识"。① 总的来说，认为《史记》已经面目全非以及夸大《史记》抄袭《汉书》内容的做法，都是不确切的。

欧美国家对《史记》的研究也有较深入的地方。法国汉学家沙畹先生在翻译《史记》时，前面有长达 250 页的前言和导言，对司马迁及《史记》进行了全面深入的分析，是西方汉学史上研究《史记》最为权威的著作。前言主要确立了自己研究《史记》的基本原则和方法。导言共五章，探讨的主要问题有：（一）司马迁的生平及其著作；（二）汉武帝在位的那一个时代；（三）《史记》编著中的史料来源；（四）司马迁的写作方法及其见解；（五）《史记》的遇合，其附加者、注释者与评论者②。作者在这些专论中，依据大量资料，系统分析了司马迁与《史记》研究中的许多疑难问题，如司马迁生卒年、"太史公"官职、《史记》资料来源、《史记》的缺补等，给读者全面介绍《史记》的来龙去脉，显示了作者极为深厚的史学功底，在国外《史记》研究史上具有重要意义。美国学者杜润德先生通过对《史记》的分析，认为《史记》"创立了中国通俗'历史小说'风格。实际上，中国历来在'史书'和'小说'之间的分界线比西方还要模糊不清，而这种界线不明的现象多少是受了《史

---

① 陈直：《汉晋人对史记的传播及其评价》，《四川大学学报》1957 年第 3 期。
② 李璜：《沙畹：司马迁史记的法文译注卷首导言》，载《法国汉学论集》，珠海书院出版委员会 1974 年版。

记》文体的影响。例如《史记》经常采用对话,有时还采用独白的形式,发展情节、刻画人物,而这种对话、独白,史书作者大都无从听到。从人物的摹写向象征性描写的发展趋势又是另一个对之后的中国小说产生影响的'小说成分',尤其是对《三国演义》和《水浒传》这类历史传奇小说产生了重大影响。小说人物可以分为几类,如:忠臣、昏君、伯乐、妖精等。大多数象征性描写中的人物,一旦进入角色,便赋有了这种人物的所有特征——他的个性渐渐化入了人物的象征"[1]。这种认识是比较符合《史记》实际的。美国另一位学者王靖宇先生认为:"《史记》叙事的最大特色也正是它在历史叙述中所流露的浓郁的文学性,而司马迁在叙事上最大的成就,也就在于他能将平铺直叙的史笔与活泼生动、变化多端的文笔自然糅合一处,浑为一体。"作者还提出一个问题:"在古代以简牍书写的困难条件下,司马迁为何不满足于简单的平铺直叙的方式,而是要花费大量时间与精力去致力于文学效果?"作者从司马迁的个性以及他写作《史记》的目的两方面分析了这个问题,颇有理论深度[2]。美国学者汪荣祖《史传通说——中西史学之比较》[3]一书,结合古今中外史学的大量例证,系统分析了司马迁的经历、思想渊源、《史记》的体例、史料来源、创作主旨、文章风格以及在中国史学史上的地位等问题,许多见解令人深思。如司马迁将陈胜放入"世家",历来史家颇有微辞,汪氏认为:"若陈胜者,虽无世可传,却开新世之运。迁曰:'陈胜虽已死,其所置遣侯王将相竟亡秦,由涉首事也。'

---

[1] 〔美〕杜润德:《试评史记》,载王守元、黄清源主编:《海外学者评中国古典文学》,济南出版社1991年版。
[2] 〔美〕王靖宇:《中国早期叙事文研究》,上海古籍出版社2003年版。
[3] 〔美〕汪荣祖:《史传通说——中西史学之比较》,中华书局1989年版。

则胜之居所,譬如北辰,众将相拱之;譬如众轮所凑之心,运行无穷。迁《秦楚之际月表》曰:'初作难,发于陈涉;虐戾灭秦,自项氏;拨乱诛暴,平定海内,卒践帝祚,成于汉家。'历史之转折乃明。迁以陈涉为世家,一如以项氏为本纪,正见史公识见,以确定陈涉、项氏、汉家之'历史地位',故不必若钱辛眉所谓意在尊汉黜秦也。"又如,对于司马迁的历史观,作者说:"《太史公书》固非史实之汇编,复有史家之生命在焉。迁精神所贯注者,乃欲'究天人之际,通古今之变,成一家之言'耳。究天人分际,盖欲明'史中之动力'。西洋中古之世,耶教鼎盛,基督史家,莫不以'上帝'为史之动力,神魔相高,善恶竞胜,而神必制魔,善必剋恶。故史者乃'上帝选民之圣事',而由圣事以见'无尚天帝之筹划'。亦即梯格尔氏所谓'神力左右史事'也。当马迁之世,天人感应,五德终始,方士求仙,皆风尚不衰。作史者不可无记,而迁独能疑之,别究天人之际,其识可谓高矣。"这种分析是非常深刻的。

东亚国家的《史记》研究,日本、韩国较为突出,尤其是日本,成就最大,我们在第三部分作专门介绍。韩国自20世纪60年代以来,对《史记》的研究呈现出逐步发展的趋势。据国立汉城大学徐经浩教授编纂的《国内中国语文学研究论著目录(1945—1990)》(汉城正一出版社,1991年10月)提供的材料看,70年代以前在韩国关于司马迁及《史记》的研究,除大学教材《东方文化史》和《中国文学史》的一些简略介绍之外,几乎找不到任何一篇论文和专著。虽然1958年历史学家洪淳昶先生在《邱大学报》第32号上发表《司马迁与史记》一文,但是所有的介绍和解说性的文章还算不上是真正进入研究阶段。从学术研究的角度考察,直到1971年起,韩国学者对《史记》一书的研究才有了起步。至今韩国对《史记》

研究的发展速度可以说是相当快的，自 1971 年至 1994 年的 24 年间，在韩国国内学术刊物上发表的研究论文 26 篇，研究专著 4 部，硕士学位论文 7 篇（包括韩国留学生在中国台湾撰写的硕士论文 3 篇），博士学位论文 5 篇（包括韩国留学生在中国台湾撰写的博士论文 4 篇），其数量和内容都有长足的发展。从研究的范围看，主要有司马迁的生平和思想研究、《史记》的历史性质研究、《史记》的语法研究、《史记》的文学性质研究、《史记》的写作技巧和人物描写研究、《史记》总体研究、《史记》与《汉书》比较研究等方面。这些多方面的研究成果，无论从学术研究的方法上，还是从内容和水平上都开创了一个新时代①。

关于司马迁的生平和思想方面的研究论著有：1974 年李章佑先生在《中国文学报》第 1 号上发表的《〈汉书·司马迁传〉考释》；1979 年郑杜熙先生在《全海宗博士华甲纪念史学论丛》（汉城一潮阁出版社）上发表的《关于〈史记·伯夷列传〉的考察——司马迁的思想倾向》；1985 年李寅浩先生撰写的《司马迁述儒道法思想之研究》（台湾大学中文研究所硕士学位论文），1988 年在《中国语文论丛》（高丽大学中国语文研究会）第 1 辑上发表的《司马迁之思想渊源》；等等。

关于《史记》的历史性质方面的研究论著有：李成珪先生 1957 年在《文理大学报》（国立汉城大学）第 29 号上发表的《〈史记〉中的历史人物》，1975 年在《文理大学报》第 29 号上发表的《关于〈史记〉的历史与人间》，1984 年在《外国文学》杂志冬季号上发表

---

① 〔韩〕诸海星：《史记在韩国的译介与研究》，载袁仲一等主编：《司马迁与史记论集》，陕西人民出版社 1996 年版。

的《〈史记〉历史叙述的特征》，1985年在《中国的历史认识》（闵斗基编，创作与批评社）上发表的《〈史记〉的历史叙述与文史一体》，1991年在《东方学志》上发表的《司马迁的时间观与〈史记〉的叙述》，1992年在《震檀学报》上发表的《朝鲜后期士大夫的〈史记〉理解》，同年在《汉城大学东洋史学科论集》上发表的《朝鲜人之〈史记〉研究二种介绍》；洪淳昶先生1979年在《全海宗博士华甲纪念学论丛》上发表的《〈史记〉的世界》；张基槿先生1982年在《新东亚》杂志第218号上发表的《〈史记〉的人间学》；金美贞先生1989年撰写的《关于〈史记〉的历书思想与统一的研究》；李昊映先生1992年撰写的《秦汉宗教思想与封禅研究——以〈史记·封禅书〉为中心》；等等。

关于《史记》的语法方面的研究论著有：许璧先生1974年撰写的《〈史记〉称代词与虚词研究》，尹上林先生1989年撰写的《〈史记〉被动文类型研究》等。

关于《史记》的文学性质方面的研究论著有：李汉祚先生1971年在《大同文化研究》第8辑上发表的《伯夷与司马迁——作为〈史记〉总序的〈伯夷列传〉》，1972年在《淑大论文集》第12辑上发表的《关于〈项羽本纪〉》；李章佑先生1972年在《东洋学》第2辑上发表的《〈史记·伍子胥列传〉的构成》；洪淳昶先生1981年在《中国语文学》第3辑上发表的《论司马迁的文学观——以〈屈原贾生列传〉为中心》；林春城先生1986年在《中国学研究》（韩国外国语大学）第3辑上发表的《司马迁的文学理论与文艺批评——以〈史记〉议论文为中心》；朴宰雨先生1987年在《韩国外文论文集》第20辑上发表的《〈史记〉的文学性质及其特性考》。另外如李星、郭廷植、权锡焕等先生发表了探讨《史记》与小说关系的论文。

关于《史记》的写作技巧与人物描写，朴宰雨、金圣日发表了大量论著，其中金圣日的《史记列传人物描写技巧研究》是韩国国内第一部研究《史记》的博士论文，作者从西方传记、现代小说的文章运用技法、人物描写论、对话方法论等写作技巧理论角度入手，对《史记》列传的写人技巧做了较为深入的探讨。此论文不仅重点论述了描写人物的基本态度和具体方法（包括场面描写、要约、记述、评论、互见）及两个观点（褒贬、因果报应），而且将提示人物的具体方法分为两种：一是直接提示方法，二是间接提示方法（包括事件描写、背景提示、行为描写、对话描写、独白描写、心理描写、逸闻描写、对比描写、烘托），并分别对这些具体方法做了较为详细的论述。

1991年李寅浩先生撰写的《〈史记〉文学价值与文章新探》（台湾师范大学国文研究所博士学位论文），全书内容大约分历来研究《史记》文章的概况、《史记》的文学价值、《史记》的文章新探三个部分，主要对以往研究成果进行系统、全面的梳理，并对《史记》的文章和文学价值做了较为详细的分析与探讨。值得注意的是，在《〈史记〉之文学价值（描绘人物之上品）》一文中，他将《史记》全书的人物描写技法分为说明与暗示、浮刻、侧面描写、对话、心理描写五种技法，并对这些技法一一做了详细的说明和例证。1994年他在《中国语文论丛》第7辑上发表《〈史记〉人物描写研究——〈史记〉人物描写研究史略》。

另外，1986年林春城先生撰写的《〈史记〉议论文的内容与技法分析》（韩国外国语大学中国语系硕士学位论文），同年在《中国语文论集》第3辑上发表《〈史记〉议论文的修辞技巧分析》；1989年金苑先生撰写的《〈史记〉列传义法研究》（台湾政治大学中文研究所博士学位论文)。

关于《史记》总体方面的研究论著有：1982年洪淳昶先生撰写的《〈史记〉的世界》，由岭南大学出版部发行。此书内容主要有：司马迁的生平、《史记》的时代、《史记》的写作过程、《史记》的体裁及内容、《史记》的世界。文末附有司马迁及《史记》年谱，所以大部分文章从文学的角度来理解，也是很有价值的。

关于《史记》与《汉书》的比较方面的研究论著，以朴宰雨先生《〈史记〉〈汉书〉比较研究》为代表。这是作者的博士论文，1994年作为"中外学者学术丛书"之一，由北京中国文学出版社出版。《史记》研究专家韩兆琦先生对此书有较高的评价，在《序言》中说："首先分析总结了历代研究'史汉异同'的状况，涉猎广博，条理清晰，使人一览之下，顿时将这一部分学术史了然于心。接着这本书便从'史汉总体'、'史汉传记文的编纂体例、形式、人物'与'史汉传记文的写作技巧'三方面将《史记》、《汉书》的相关部分条分缕析地一一进行了详细勘比。其用功之勤，其思想之细，其所表达的观点之准确明晰，都是令人叹服的。例如朴先生将《史记》、《汉书》所显示的各自作家思想倾向的区别概括为'《史记》通变古今与《汉书》尊显汉室'；'《史记》兼尊儒道与《汉书》独尊儒术'；'《史记》兼顾民间与《汉书》倾向上层'；'《史记》感情移入与《汉书》不失客观'四条，真是归纳得既全面，又扼要。又例如朴先生将《史记》、《汉书》中的所有传记文分别归纳为'世系中心型集体传记文'、'国史中心型个别传记文'、'人物中心型个别传记文'、'人物中心型合作传记文'、'中外关系中心型族别传记文'、'叙传'、'附传'等共七类，这就把《史记》、《汉书》中除去'表'、'志（书）'以外的所有写人叙事的篇章通通概括无遗了。"

韩兆琦先生的分析是十分准确的,由此可以看出此书的重要特征。①

三、日本《史记》研究概述

关于《史记》传入日本的时间,至少可确定是在日本奈良朝以前。这里涉及两个问题:一是中日交流史;二是汉籍传入日本的时间。关于前者,中国历史文献明确记载中日最初的交流始于东汉,《三国志》、《后汉书》的"东夷传"记载了汉与倭国的关系。关于后者,日本的《古事记》、《日本书纪》记载的是公元285年百济国的和迩吉师(据研究和迩吉师即王仁)赴日时携带两部汉籍——《论语》和《千字文》。尽管有学者对此提出怀疑,但综合起来看,中日交流、汉籍传入,作为文化背景,对《史记》传入日本奠定了一定的基础。

关于《史记》传入日本的时间,日本学者竺沙雅章先生认为,"制定于604年的圣德太子《十七条宪法》第十条,引用了《史记·田单传》的'如环之无端',由此可知至迟在6世纪,《史记》已传来日本"②。我国学者覃启勋先生经过考证认为,"《史记》是在公元600年至604年之间由第一批遣隋使始传日本的",明清之际,是《史记》东传日本的黄金时代③。《史记》传入日本后,对日本的政治、文化等产生了广泛影响。日本《史记》研究专家池田英雄先生

---

① 以上韩国《史记》研究情况,主要参考诸海星:《史记在韩国的译介与研究》一文,载袁仲一等主编:《司马迁与史记论集》。
② 〔日〕竺沙雅章:《中国史学在日本》,载蔡毅编译:《中国传统文化在日本》,中华书局2002年版,第12页。
③ 覃启勋:《史记在日本》,《文史知识》1988年第12期。

曾经介绍说，孝德天皇大化二年（646）八月，设立大学寮，天智天皇元年（662），命从百济归化日本的和尚詠还俗，任命他为大学长官。文武天皇大宝元年（701），发布了所谓的大宝律令，大学国学制终于完备。那时大学的科目，有明经、明法、史学纪传、算道四种，各科设置主任。其中专攻纪传的学科也学习文章，和《汉书》、《后汉书》、《文选》、《尔雅》一起学习的就是《史记》。称德天皇的神护景云三年（769）十月，太宰府只藏有五经，未有"三史"，请求天皇能赐给"三史"。《续日本纪》卷三十有这样的记载：

> 太宰府言：此府人物殷繁，天下之一都会也。子弟之徒，学者稍众，而府库但蓄五经，未有三史正本。涉猎之人，其道不广。伏乞列代诸史各给一本，传习管内，以兴学业。诏赐《史记》、《汉书》、《后汉书》、《三国志》、《晋书》各一部。

以上是奈良朝（710—794）的事情。进入平安朝（794—1192）后，在《六国史》及其他书中可看到这样的记载：《史记》被广泛传阅，甚至作为天皇学习用的一部书，从嵯峨、清和、醍醐天皇开始如此，并命令儒臣讲授《史记》。此外，醍醐天皇昌泰三年（900）十月，三好清行的《意见封事》云："至于天平之代，右大臣吉备朝臣恢弘道艺，亲自传授，即令学生四百人，习五经、三史、明法、算术、音韵、籀篆等六道。"①

《史记》传入日本后，很受重视，据《正斋书籍考》、《三代实

---

① 参见池田英雄：《从著作看日本先哲的史记研究》，《大东文化大学创立六十周年纪念中国学论集》，1984年。

录》、《日本纪略》以及《扶桑略记》等日本史书记载,推古以降,历代天皇都有攻读《史记》的风气,以明治天皇为例,就特别爱读《史记》。比如明治十年,他在东京的住所中,凡逢二、七的日子,专学《史记》,所用课本为鹤牧版之《史记评林》。《史记》在日本的流传范围相当广泛,上至天皇,下至幼童,包括僧徒,都在阅读《史记》,诸王诸臣也讲《史记》,甚至学生入学还要测试《史记》,这种情况在全世界都是罕见的。《史记》在没有正式刻印以前,一直以手抄本的形式流传。根据大宝律令,从设立大学的奈良朝到室町时代(1338—1573),《史记》开始被列为教科书,当时还没有发明版本印刷,学生得向藏书家借用,自己手抄,因此,留下了许多手抄本。据泷川资言《史记会注考证》及水泽利忠《史记会注考证校补》载,日本流传的《史记》古抄本有《五帝本纪》、《夏本纪》、《殷本纪》、《周本纪》等17种之多,而且日本也有自己的一些抄本,著名的有《英房史记抄》、《桃源史记钞》和《幻云史记钞》等。据张玉春《史记版本研究》,唐写本《史记》现仅存9件残卷,其中敦煌石窟藏本3件:《史记集解燕召公世家》、《史记集解管蔡世家》、《史记集解伯夷列传》(现存法国巴黎国家图书馆),其余6件传世本皆藏于日本[①]。江户初期,随着日本印刷术的发展,刊刻《史记》出现,进一步扩大了读者群,形成了《史记》传播的高潮。在日本,最早的《史记》刊本是嵯峨本。它是吉田素庵(1623年卒)用活字版印刷的,当时他用的是以宋代元丰刊本为基础的在朝鲜复制的翻版本。此后,元、明、清版的《史记》在日本也广为流传,并被翻印,其中最盛行的是《史记评林》本,有各种各样的评林版刊刻行

[①] 张玉春:《史记版本研究》,商务印书馆2001年版,第77页。

世。明治（1868—1912）及其以后，《史记》的流传更加广泛，刊刻、研究的学者越来越多，出现了一大批专门的《史记》研究者，而且形成一支实力强大的《史记》专门研究队伍。仅就现代而言，日本颇有影响的《史记》研究专家就有泷川资言、水泽利忠、宫崎市定、野口定男、加地伸行、池田四郎次郎、池田英雄、伊藤德男、今鹰真、青木五郎、藤田胜久等人。

日本研究《史记》已有一千多年的历史。我们以1945年为界限，把它分为两大时期。从《史记》传入到1945年为第一时期，1945年至今为第二时期。第一时期除了传播、宣传《史记》外，主要取得了以下几方面的成就。

1. 翻译《史记》

据有关资料来看，著名僧人、学者桃源瑞仙于文明年间（1469—1487）亲手写成的《史记桃源抄》十九卷，是日本最早的"国字解"《史记》。解释非常仔细，又加入当时的俗语，因此容易理解，在日本颇有影响。塚本哲三《对译史记》，于大正十四年（1925）五月刊行，它以原文和译文对举的形式，给读者阅读《史记》提供了方便。公田连太郎、箭内亘译《国译史记》（1922—1926）也是把《史记》译成日文，使之成为受人欢迎的著作。据不完全统计，《史记》的全译本和选译本在日本有上百种之多，说明日本学者对《史记》翻译的重视。

2. 考证《史记》

日本学者在治《史记》时，把相当多的精力用在考证《史记》上，取得了较大成绩。冈本保孝的《史记传本考》专门对《史记》的版本进行了考证，把它们的原刻和翻刻及流传关系用图示系谱，使人一目了然。列举的版本数目虽少，但都是在《史记》研究史上被视为重要的版本。采用版本名的次序是：宋椠本、元彭寅翁本、明王延喆本、明柯维熊本、明嘉靖版、明万历版、朝鲜本、活字版（用汉文体分注）、明凌稚隆评林本、八尾版、红屋版（用和文分注），此外，还有《史记测议》、集解本、索隐本。大岛贽川、大岛桃年的《史记考异》，编者未详的《博士家本史记异字》则以校勘文字见长；古贺煜的《史记匡谬》，武内文雄《六国表订误及其商榷》等在辨误方面取得了一定的成绩。又如桑原骘藏《关于司马迁生年的新说》一文，根据《史记》三家注提出了司马迁生于汉武帝建元六年（前135）说，和我国学者李长之、郭沫若之说相同。恩田仲任《史记考》、中井积德《史记雕题》、龟井昱《史记考》等，也都对《史记》的史实、文字等进行了深入考证。这时期在考证方面取得成就最大的是泷川资言的《史记会注考证》。它综合历代研究成果，对史实、人物、文字、词语进行考勘、校订、解释，对前人未加解释或解之不详的亦往往加以考说。由于《史记》多采《左传》、《战国策》等书，泷川常于正文之下指出事见于某书，与他书文字有异之处，也加以注明，便于读者溯本求源，比勘研究。泷川之书不仅受到日本学术界的推崇，而且深受中国学者的欢迎。

3. 汇集资料

日本学者在治《史记》的过程中，特别注重有关资料的汇集。这时期成绩最大的当推泷川资言和有井范平二人。泷川资言的《史记会注考证》从大正二年（1913）开始编纂，到昭和九年完成出版，前后经历了22年的时间。作者广采博搜，用力勤至，汇集了日本及我国对《史记》的各家注释计100多种，并加以考释，成此巨著。除正文注释以外，该书还在书前书后附列了一系列重要材料。如书前附有司马贞《史记索隐序》、《史记索隐后序》和《三皇本纪》，以及张守节的《史记正义序》、《史记正义论例》，裴骃的《史记集解序》；书后附有《史记总论》，包括太史公事历，太史公年谱，史记资料，史记名称，史记记事，史记体制，史记钞本刊本，史记文章，史记残缺，史记附益，史记流传，史记集解索隐正义，史记正义佚存，司马贞、张守节事历，史记考证引用书目举要等15个方面的内容，差不多涉及了《史记》研究的所有重要方面，这是一部集前人时贤《史记》注释考证之大成的书。该书出版后，被日本学术界誉为空前之作，在我国也有很大影响，直到今天，在新的《史记》会注会评本出现以前，泷川之书仍然是《史记》研究者案头必备之书。

日本还有一部重要的资料书，是有井范平的《补标史记评林》。《补标史记评林》的底本，是我国明代学者凌稚隆的《史记评林》。《史记评林》汇集了从晋代至明代的近150人的《史记》评论，引用书目达140余种，几乎将明以前评论《史记》的零散文章都搜集在一起，为读者的阅读和研究提供了大量有用的资料，所以该书在明清以来备受《史记》爱好者的欢迎。《史记评林》刊刻后，对其未备之处，李光缙又作了增补，使原书的内容更加丰富。但是历代评论《史记》的文章实在太多了，凌稚隆、李光缙的搜集还是不够完备。《史记评林》传到日本后，有井范平就在凌、李的基础上，"订正谬误，其评论未备者，折衷于古今诸家，间以己见补之，命曰《补标史记评林》"。(《补标史记评林序》)《补标》成书于1884年6月，时值清光绪十年，因其书成于清代，所以有井范平除了补充了凌氏未收的明人的《史记》评论外，还有可能补充了不少清人的评论，并增加了他自己的许多评语。清人的《史记》评论文章远远多于明代，但有井范平所补充的内容，侧重于评论《史记》文章的艺术性方面，所以他对清初吴见思的以论《史记》艺术美为主的《史记论文》特别推崇,将其评论大量收录在《补标》一书中。他自己所作的许多按语,也主要是论《史记》文章的艺术成就的。如评论司马迁写项羽、高祖这两个人物的传记时说:"《项羽纪》奔腾澎湃,《高祖纪》汪洋广阔,笔仗不同,各肖其人,可谓文章有神矣。"又说:"史公作传,每一人用一种笔仗,至苏(秦)、张(仪)二传,笔仗相配,机调又相合。苏传有苏代附传,张传有陈轸等附作,是笔仗相配也。二传纵横变化,极写精神态度者,亦相似,是机调相合也。盖史公胸中早知以苏、张为反复一流之人也。"这些评论都指出司马迁写人笔法的灵活多变,是很恰当的。

泷川之书以会注考证为主,有井范平之书以汇集前人评论为主。两书各有所长,可以互相补充,相得益彰。通过这两部书,日本对我国历代《史记》的研究的基本成就,可以有一个概括的理解,所以泷川资言和有井范平的介绍之功,首先应该肯定。

4. 司马迁史学观的研究

在该时期,有许多日本学者对司马迁的史学观进行了探讨,如中山久四郎《司马迁史学的新检讨》、《司马迁史学的二大要点》、《司马迁史学的新考察》,重泽俊郎《司马迁的史学观》等文章,都对司马迁的史学思想做了有益的研究。穗积文雄《史记货殖列传论稿》、藤田至善《关于史记汉书货殖传》,则从《货殖列传》入手,对司马迁的史学观进行分析,也值得注意。

5. 对《史记》的总评价

从《史记会注考证》所附的材料看,本时期的日本学者对《史记》的史学和文学成就都有较高的评价。例如长野确对《史记》善于叙事给予了高度评价。"修史者,知记历代事实及文物制度,固不足以为史矣。故修史之难,在不失其时世之本色,使千载之下读者如身在其时，亲见其事也。司马子长作《史记》，自黄帝迄汉武，上下三千余年，论著才五十余万言，而三代之时，自是三代之时；春秋战国之时，自是春秋战国之时；下至秦汉之际，又是别样。时人之气象好尚，各时不同。使读者想见其时代人品，是所以为良史也。"① 冈本监辅说："《史记》上补《六经》之遗，下开百史之法，具体莫不兼该，其文章变幻飘逸，独步千古。"(《补标史记评林序》)对《史记》的史学成就和文学成就作了总的肯定。日本另一位学者斋藤正谦则把《史记》比为"群玉圃"、"连城之宝"、"绝佳"之作，极力推崇司马迁写人写谁像谁、风姿如生的表现艺术，说："子长同叙智者，子房有子房风姿，陈平有陈平风姿；同叙勇者，廉颇有廉颇面目，樊哙有樊哙面目；同叙刺客，豫让之与专诸，聂政之与荆轲，才出一语，乃觉口气各不同。《高祖本纪》见宽仁之气，动于纸上，《项羽本纪》觉暗噁叱咤来薄人。读一部《史记》，如直接当时人，亲睹其事，亲闻其语，使人乍喜乍愕，乍惧乍泣，不能自止。是子长叙事入神处。"② 从个性化的角度进行分析，对《史记》写人艺术也给予了高度赞扬。这些评论代表了本时期日本学者对《史记》的看法。另外，泷川在《史记总论》中，对于《史记》体制上的一些特点也进行了分析、评论。

6. 对律、历、天官三书及《扁鹊列传》的研究

中国对于《律》、《历》、《天官》三书的研究，在乾隆、嘉庆时期盛行。乾隆进士王元启、孙星衍、钱塘诸人十分活跃。王氏著《史记三书律历天官正伪》，孙氏著《史记天官书补目》、《天官书考证》，钱塘著《史记三书释疑》。日本的三书研究也出现许多成果，

---

① 〔日〕泷川资言：《史记会注考证·史记文章》引，上海古籍出版社1986年版。
② 〔日〕泷川资言：《史记会注考证·史记文章》引，上海古籍出版社1986年版。

主要有①:

(1)《史记天官书图解补注》一卷,宝历四年(1754)序,未刊,西村远里著。

(2)《史记律历补注》一卷,著作年代以前书为准,同氏著,未刊。

(3)《史记历书解》一卷,宝历十一年(1761)序,未刊,森效著。

(4)《史记历书甲子篇解》一卷,宝历十一年(1761)序,未刊,同氏著。

(5)《史记律历考》,安永四年(1775)序,未刊,松永亿藏著。

(6)《史记律历书补注》一卷,安永八年(1779)刊,同氏著。

(7)《史记历书补注》一卷,安永八年(1779)刊,同氏著。

(8)《史记天官别考》,安永时期著作,陇坻顾元著(未见)。

(9)《太史公律历天官三书管窥》三卷,天保十年(1839)刊,猪饲彦博著。

(10)《史记律历解》二卷,嘉永五年(1850)刊,池永渊著。

另外,此期对《扁鹊列传》的研究可以说超过中国,有以下著作:

(1)《扁鹊传割解》二卷,明和七年(1770)刊,安藤惟寅著,安藤正路补考。

(2)《扁鹊传解》一卷,安永六年(1777)著者识语,未刊,邨井著。

(3)《扁鹊传考》一卷,同年、同氏著,未刊。

(4)《扁鹊仓公传》一卷,天明六年(1786)刊,池原云洞著。

(5)《扁鹊传注》一卷,天明七年(1787)刊,菅井仓常著。

(6)《读扁鹊传割解》一卷,文化三年(1806)著者识语,未

---

① 参考〔日〕池田英雄:《从著作看日本先哲的史记研究》一文。

刊，猪饲彦博著。

（7）《扁鹊传正解》一卷，附阴阳论一卷文政六年（1823）刊，中茎谦著。

（8）《扁鹊传解》一卷，天保三年（1832）刊，石坂宗哲著。

（9）《影宋本扁鹊仓公传考异》一卷，嘉永二年（1849）刊，堀川济著。

（10）《扁鹊传备参》一卷，同年刊，同氏著。

（11）《影宋本扁鹊仓公传》一卷，同年刊，丹波元坚著。

（12）《扁鹊仓公传汇考》二卷，同年刊，丹波元坚著，男元胤补、男元坚附按。

（13）《扁鹊传问难》，嘉永三年（1850）未刊，伊藤馨著。

（14）《扁鹊仓公传续考》一卷，未刊，庆应二年（1866），海保元备著。

（15）《扁鹊仓公传管见》一卷，安政年间著，著者森立之。

（16）《扁鹊仓公传集解》二卷，明治二年（1869）自序，未刊，山田业广著。

第二时期的《史记》研究，在前期研究的基础上有较大的进展。尤其是近年来，发表了一大批《史记》研究论著，日本《史记》研究专家藤田胜久先生对此有全面的整理[1]。单从数量上看，说明日本的《史记》研究不仅一直持续不断地进行着，而且它的发展是很健康的。日本《史记》研究专家池田英雄在《最近五十年来〈史记〉研究的展开（1945—1995）——日中研究的比较及其长短》[2]一文中，

---

[1] 见《〈史记〉〈汉书〉研究文献目录（日本篇）》，载间濑收芳编：《〈史记〉〈汉书〉的再检讨与古代社会的地域研究》，1994年。
[2] 日本无穷会《东洋文化》第七十六号，1996年。

将中日《史记》研究的项目总结为26门、204项:

(一)司马迁生平事迹研究

1. 司马迁生卒年研究

2. 司马迁家世研究

3. 司马迁经历研究

4. 司马迁著作研究

5. 司马迁性格和交游研究

6. 李陵之祸研究

7. 发愤著书研究

8. 司马迁子孙研究

9. 司马迁年谱

10. 司马迁生地、葬地祠墓研究

11. 太史公祠墓文录研究

(二)出仕和扈从

1. 二十壮游

2. 出仕郎中

3. 使奉巴蜀以南征

4. 扈从武帝

(三)家学渊源和师承

1. 祖先系历

2. 受学董仲舒

3. 问故孔安国

(四)《史记》著作诸问题

1.《史记》著作目的

2.《史记》产生历史条件

3. 《史记》成立背景研究

4. 《史记》著作年代考察

5. 《史记》搁笔年代考察

6. 司马谈作史考

7. 《史记》散失篇目考察

8. 《史记》补作和续作

9. 《史记》采取诸资料来源

10. 司马迁采取全资料名称

11. 关于"太史公曰"

12. "太史公"名称

13. "太史公书"和"史记"名称由来

14. 太史公叙赞研究

（五）围绕司马迁和《史记》的研究

1. 《报任安书》研究

2. 司马迁与李陵事件考察

3. 司马迁的发愤著书说

4. 谈、迁和《六家要旨》

5. 《史记》实录精神

6. 《史记》互见法

7. 司马迁与《史记》的传说故事

8. 各代歌颂司马迁诗文收集

9. 怎样读《史记》

（六）《史记》体例（构成）

1. 《史记》五体（本纪、表、书、世家、列传）构成

2. 五体间相互关联性

3. 本纪特征研究

4. 世家特征研究

5. 十表各表研究

6. 八书（礼书、乐书、律书、历书、天官书、封禅书、河渠书、平准书）研究

7. 八书特征研究

8. 七十列传配列次序

9. 《史记》合传研究

10. 纪传体的批判继承

11. 刘知幾《史》、《汉》体例评论

12. 《史记》体例和封建社会形态关系

13. 太史公书凡例

（七）三家注研究

1. 三家注（集解、索隐、正义）全面研究

2. 三家注的成立及其特色研究

3. 三家注相互间有无关联性研究

4. 三家注合刻创始时代考证研究

5. 三家注合刻本优缺点研究

6. 三家注合刻本对后世影响研究

7. 三家注在史学史上所占位置

8. 《史记》正文及三家注考勘

9. 宋代合刻的《史记》传本研究

10. 《正义》单注本亡佚年代考证研究

11. 佚失《正义》的辑佚研究

12. 日、中《史记会注考证》褒贬论

13.《史记》的流传和注本研究

14.《史记索隐》、《正义》音韵考

15.《史记正义》佚存

16.《史记正义》佚存订补

17. 水泽利忠主编《史记正义研究》

（八）司马迁思想研究

1. 司马迁思想渊源

2. 司马迁哲学思想

3. 司马迁天人思想

4. 司马迁史学思想

5. 司马迁叛逆思想

6. 司马迁文学思想

7. 司马迁经济思想

8. 司马迁医学思想

9. 司马迁社会思想

10. 司马迁文化思想

11. 司马迁社会管理思想

12. 司马迁人间观

13. 司马迁人才观

14. 司马迁道德观

15. 司马迁历史观

16. 司马迁战争观

17. 司马迁民族观

18. 司马迁妇女观

19. 司马迁价值观

20. 司马迁生死观

21. 司马迁荣辱观

22. 司马迁求富义利观

23. 司马迁治学精神

24. 司马迁因果报应思想和命运观

25. 司马迁通变思想

26. 司马迁民族一统思想

27. 司马迁思想的价值

28. 司马迁在中国文化思想上的地位影响

29. 司马迁唯物主义倾向

30. 司马迁人格论

31. 司马迁思想和各家思想流派关系

32. "究天人之际、通古今之变、成一家之言"解说

（九）司马迁思想和各家思想流派关系

1. 司马迁与《伯夷列传》

2. 司马迁和孔子

3. 司马迁和屈原

4. 司马迁和董仲舒

（十）司马迁的文学

1. 司马迁传记文学的特色

2. 《史记》的人间描写

3. 《史记》文学的悲剧性

4. 司马迁的自我形象

5. 《史记》讽刺文学的特长及其作用

6. 司马迁的赋

7. 司马迁和屈原的《离骚》

8.《史记》敬语的用法

9.《史记》中所见敬语

(十一)《史记》艺术美探究

1. 司马迁审美观

2. 司马迁美学思想

3.《史记》艺术美探究

4. 司马迁"爱奇"思想

5. 司马迁的"真"与"雅"

6.《史记》讽刺艺术

7.《史记》散文的艺术美

8. 鲁迅"史家之绝唱、无韵之离骚"之解释

9.《史记》中的感情流露

(十二)《史记》与其他书比较研究

1.《史记》与《汉书》总体的比较研究

2.《史记》与《易经》

3.《史记》与《尚书》

4.《史记》与《诗经》

5.《史记》与《春秋》、《左传》

6.《史记》与《公羊传》

7.《史记》与《竹书纪年》

8.《史记》与《战国策》

9.《史记》与先秦诸子

(十三)《史记》对后世文学的影响

1.《史记》与唐代古文复兴运动

2.《史记》与后代文学

3.《史记》与后代小说

4.《史记》与后代戏曲

5.《史记》与后代古典文学

6.《史记》与日本文化

7.《史记》与后代传记文学

(十四)《史记》研究诸项目(主要是解释方面)

1. 校勘

2. 考证

3. 注释

4. 文评

5. 文字

6. 音韵

7. 佳句、名言

8. 评注译本

9. 中国现代语译本

10. 日本口语译本

11. 上述以外,年表、年谱、八书、版本、文法、史学史、文献目录、索引等项目别立

(十五)唐、宋、元、明、清各代先人书录文中有关《史记》各条项研究

(十六)中国出土文物与《史记》考证

1. 近代甲骨学成果完成的《殷王朝世系表》与《史记·殷本纪》、《三代世表》记述对比研究

2. 马王堆帛书《战国纵横家书》研究

3. 汉简与《史记》考证

（十七）《史记》与古代社会的地域研究

1.《史记》、《汉书》的再检讨与古代社会地域研究

2.《史记》记载版图以及少数民族研究

3. 司马迁夷狄对策

（十八）《史记》年表、年谱研究

1.《竹书纪年》与六国魏表

2.《史记》五帝的在位年

3.《史记》与古代纪年

4.《史记》十表研究

（十九）对司马迁的自然科学、天文学、地理学研究

1.《史记》天文资料的考证

2. 中国古代天文记录的验证

3. 司马迁天文学思想

4. 司马迁游历研究

5.《史记》与地方志

6.《史记》地名考

7.《史记》与地名学

（二十）《史记》资料整理及其成果

A. 日、中古钞本研究

敦煌发现钞本类、马王堆出土钞本类、日本传存古钞本类。

B. 日、中诸版本以及写本的研究

1. 中国诸版本（宋版本、元版本、明版本、清版本）研究

2. 日本诸版本（庆长古活字本、和刻史记评林诸版本、江户、明治以降诸版本）研究

3. 朝鲜诸版本研究

4. 古版本的来历系统研究

5. 古版本的图录

6. 宋、元、明、清各代先人书录文中《史记》关联事项拾辑

7. 三家注为主的近代版本、点校本《史记》（中华书局刊）、《史记会注考证》（泷川龟太郎著）、《史记补注》（池田四郎次郎著）等的研究

（二十一）日、中《史记研究史》诞生

1. 中国《史记》研究 2000 年史

2. 日本《史记》研究 1300 年史

3. 日、中各时代对《史记》的受容

4. 最近 50 年（1948—1995）日、中"史记学"比较

（二十二）《史记》研究论文、文献目录刊行

1. 中国 2. 日本 3. 其他各国

（二十三）学术期刊刊载有关《史记》论文及专著目录

1. 日本 2. 中国 3. 其他各国

（二十四）索引类

1.《史记》人名索引

2.《史记》地名索引

3.《史记》列传索引

4.《史记》论文索引

5. 中国《史记》论文索引

6.《史记正义》索引

7.《史记》研究论著索引

8.《史记》研究资料和论文专著索引

9.《史记》及注释综合索引

10.《史记》三家注引书索引

（二十五）《史记》辞典编纂

1.《史记辞典》的完成

2.《史记人物辞典》的完成

3.《史记地名辞典》的完成

（二十六）其他研究

1.《史记》助字法的研究

2.《史记》旧音误谬订正

3. 日本和诸外国《史记》研究方法及成果比较研究

4. 司马迁和《史记》研究总论

从这个概括可以看出，战后《史记》研究的领域非常广泛，涉及众多的方面。这里我们略介绍其中的一些成果。

1. 校注、拾遗

这方面以水泽利忠的成绩最大。他在20世纪50年代撰成《史记会注考证校补》一书，以泷川《考证》为底本，广校各种注本达30多种，参考中日校记资料近40种。《校补》为《考证》所辑录的"正义"佚文一一注明出处，又据20多种日本古抄本、校记等资料增辑"正义"佚文200多条，其中保存了不少失传的古书文字，同时对《考证》过录三家注时张冠李戴的错误也做了订正。《校补》的特点在于校本众多。过去《史记》校记以清代张文虎的《校刊史记集解索隐正义札记》最佳，水泽不仅将《札记》全部吸收，还校勘了张氏未能见到的宋代唯一的三家注合刻的黄善夫本，以及我国藏书目录从未著录的南宋绍兴十年刊行的大字集解本；至于日本的古抄本和校记，张氏更无从知道，因此，在校勘的深广方面，水泽高出张文虎一筹。《校补》与泷川的《考证》互相补充，相得益彰，成了考据方面的双璧。

南朝齐邹诞生曾著《史记音义》三卷，原书久佚，今本《索隐》引此书约有100多条。唐贞观中，刘伯庄又著《史记音义》二十卷，原书也佚，《索隐》、《正义》多引其文。水泽利忠以日本古抄本校记为线索，撰写了《邹诞生史记音义佚文拾遗》、《刘伯庄史记音义佚文拾遗》两文，我们通过这些拾遗，可以对邹、刘二书的内容有个大致的了解。此外，水泽利忠还撰有《陆善经史记注佚文拾遗》、《新编史记考异》、《关于史记古钞孝景本纪》、《史记古文考》等论著，是日本考据《史记》的卓有成效者。

2. 书目解题

《史记》问世后，研究者代不乏人，硕果累累，一人翻检不易，很需要一部书目解题之类的著作对此进行总结。1978年日本明德出版社出版了池田四郎次郎著、池田英雄校订增补的《史记研究书目解题》一书。该书分版本、总说、校订注释、校勘、文字、音韵、文评、佳句、名言、史汉异同、太史公年谱、地理、国字解、稗史、史记研究关联图书等十几类，对600多种《史记》研究的有关著作做了提要介绍，其中有《史记》三家注、王若虚的《史记辨惑》、凌稚隆的《史记评林》、钱大昕的《史记考异》、赵翼的《史记札记》、牛运震的《史记评注》、吴见思的《史记论文》、梁玉绳的《史记志疑》等《史记》研究名著；也有中国社会科学院历史研究所编的《史记研究的资料和论文索引》、哈佛—燕京学社编的《史记及注释综合引得》、钟华编的《史记人名索引》、贺次君编的《史记书录》等《史记》研究工具书；还有像刘知幾的《史通》、黄震的《黄氏日钞》、顾炎武的《日知录》、章学诚的《文史通义》、梁启超的《中国历史研究法》及《要籍解题及其读法》等和《史记》研究有关的专著，都包罗一尽，其规模之宏大，体例之专精，涉猎之广博，收书之殷富，远远超过了我国同类著作，价值极高。这对日本学者了解我国一千多年来的《史记》研究的基本成就和发展变化，是一部极为有用的工具书。这部解题书，对于我们了解日本学者的《史记》研究成果，也有很大帮助。该书著录日本学者的《史记》研究著作共190多部，这个数字是非常可观的，说明了日本学术界对《史记》研究的极大重视。从其内容和形式看，也很丰富多彩，有以选读为主的，如安滕定格的《史记读本》、田中庆太郎的《史记读书》及《幻云史记钞》等；有以辨误为主的，如恩田维周的《史记辨疑》、古贺煜的《史记匡谬》等；有以辑遗为主的，如水泽利忠的《邹诞生史记音义佚文拾遗》、《刘伯庄史记音义佚文拾遗》、《陆善经史记注佚文拾遗》等；有以考证为主的，如龟井昱的《史记考》、大岛赟川的《史记考异》、冈本保孝的《史记考文》、泷川资言的《史记会注考证》、水泽利忠的《史记会注考证校补》等；有以评论为主的，如三岛毅的《史记论赞段解》、森田益的《太史公叙赞蠡测》、小仓芳彦的《史记私议》、竹内照夫的《司马迁史记入门》等；还有以翻译为主的，如塚本哲三的《对译史记》、加滕、公田共著的《译注史记列传》、小竹文夫的《现代语译史记》等；此外还有以研究版本为主的，如冈本保孝的《史记传本考》、池田四郎次郎的《史记的版本和参考书》、水泽利忠的《史记古本考》等，琳琅满目，涉及的方面既多且广，这是一项资料性汇编工作，也是一项重要学术工作。日本学者在这方面的工作已经做在我们前面，应该大力肯定。

3. 注解、翻译

注解、翻译《史记》，仍是本时期重要的成果之一，有许多学者致力于这项工作，如野口定男等人翻译的《史记》，被收入日本平凡社出版的《中国古典文学大系》中，该书前面的"解说"部分，对《史记》及司马迁做了全面的介绍，是一部颇受欢迎的《史记》读本。日本明治书院出版的《新释汉文大系》收入了吉田贤抗的《史记》，这是一部《史记》注释书，分"解说"、"正文"、"训读"、"通释"、"词解"、"轶事"几部分，其中"解说"部分，对于《史记》的名称和体裁、著者司马迁、《史记》的流传、《史记》的主要书目等都进行了全面介绍，并附有司马迁年谱，一册在手，对司马迁和《史记》的基本情况都有个大致了解。池田芦洲的《史记补注》，也是注解方面的佳作。《史记补注》130卷，二册，原稿为著者昭和八年的绝笔。本纪、世家、列传在昭和四七—五〇年（1972—1975）由池田英雄校订，明德出版社刊行。著作内容包括史实的考证、注释、文字的校勘等，引用诸名家390人，引用书目达400余种，也散见自己的见解。著者在30岁时已著有《校注史记读本》本纪、列传部分三册。至晚年，自评这部书说："本于旧注，广采和汉古今诸家之说，特别吸收清儒考证家之说。"这个读本，是后来《补注》的母胎，这个自评也可以认为是《补注》的评语。水泽利忠博士在《史记研究书目解题新编》所写的跋文说：

> 通览明治、大正、昭和三代，对于《史记》注解作出辛勤劳动有名的业绩者是君山的《会注考证》和芦洲的《补注》，正可以成为双璧吧。

可见此书的价值。这个时期的译注著作还有小川环树、今鹰真、福岛吉彦的《史记》，福岛中郎的《史记》，小竹文夫、小竹武夫的《现代语译史记》等。这么多的译注本，大大推动了《史记》的普及工作。

4. 司马迁论

本时期，评论司马迁的论著增多，出现了一些重要著作。如冈崎文夫的《司马迁》（1947）、武田泰淳的《司马迁——史记的世界》（1952）、平泉澄的《史记夜话》（论文，1956）、陈舜臣的《史记》（1974）、贝塚茂树的《司马迁》（1968）、黑羽英男的《司马迁论》（1975）、竹内弘行的《司马迁》（1975）、加地伸行的《史记——司马迁的世界》（1978）、增井经夫的《史记的世界》（1983）、今西凯夫的《史记的世界》（1986）、侯野太郎的《司马迁的精神》（论文）等，都对司马迁及《史记》做了全面分析、评价。像武田泰淳的著作，对台湾学者郑樑生《司马迁的世界——司马迁戏剧性的一生与史记的世界》（1977）一书很有影响。宫崎市定《话说史记》（岩波书店1979年版），从《史记》读法入手，细致研究《史记》五体所体现的深刻思想。伊藤德男《从史记十表看司马迁的历史观》（平河出版社1994年版），系统分析了《史记》十表的构成及其所蕴含的意义，在此基础上挖掘司马迁的历史观。佐藤武敏的《司马迁研究》（汲古书院1997年版）从司马迁的家世、司马谈和历史、司马迁的生年、司马迁的旅行、司马迁的官历、李陵之祸、《史记》的编纂过程、《史记》体裁上的特点、《史记》内容上的特点等方面论述了司马迁及其《史记》。藤田胜久《司马迁与他的时代》（东京大学出版会2001年版）细致探讨了司马迁本人经历以及当时社会特征，在此基础上分析《史记》产生的时代背景。他的《司马迁之旅》（中央公论新社2003年版）全面考察了司马迁当年壮游天下的行踪。吉本岛雅《史记探索》（东方书店1996年版）着重探索《史记》与先秦史学的关系，如《史记》与先秦史资料、《史记》的材料、《史记》与《春秋》、《史记》与战国史等。五井直弘《史记与正史——中国历史思想之源》[①]一文，从《史记》著书的动机入手，论述了司马迁的见识以及对中国历史思想之影响。板野长八《司马迁的经济思想》[②]一文，将司马迁的经济思想与先秦《管子》、汉代《盐铁论》等进行对比分析，指出司马迁思想的独特性。

5.《史记》读法

《史记》是部博大精深的巨著，怎样来读这部伟著，也是日本学者很重视的问题。竹内照夫《司马迁史记入门》（1945）、野口定男《史记读法》（1980）、桥本尧《史记入门》（1985）、宫崎市定《史记李斯列传读法》（1977）、中岛匠《管晏列传读法》（1978）等，都对如何阅读《史记》提出了自己的意见，许多是言之有理的好意见。

6. 考据

本时期对《史记》的考据，也取得了一定成就，有全面性的考据，也有针对个别事实、个别字句的考据。金启守《史记论语考》、新田幸治《史记列传考》、川久保广卫《伯夷叔齐传考》、寺冈龙含《史记三家注合刻创始时代和版本系统考究》、竹内弘行《史记空言考》、吉田照子《史记伯夷列传考》、伊藤德男《关于汉兴以来将相名臣年表》、原富男《补史记艺文志》、松村益春《史记游侠列传货殖列传小考》、大岛正二《史记索隐正义音韵考》、平势隆郎《新编

[①]〔日〕五井直弘：《中国古代史论稿》，姜镇庆等译，北京大学出版社2001年版。
[②] 刘俊文主编：《日本学者研究中国史论著选译》第七卷，中华书局1993年版。

史记东周年表》等，都从不同的角度、不同的领域，对《史记》进行了有益的探索，有一些新的认识。近年来水泽利忠、小泽贤二等人致力于《史记正义》的考释与研究。1994 年，汲古书院出版了水泽利忠编的《史记正义研究》一书，主要收录了水泽利忠的《南化本〈史记〉和〈史记正义〉的研究》、史记正义研究会编的《史记正义语汇索引》、小泽贤二的《史记正义佚存订补》，煌煌巨制，考释精细，是目前《史记正义》研究方面的代表作。藤田胜久《史记战国史料的研究》（东京大学出版会 1997 年版）一书，结合地下考古资料，对《史记》战国时期的历史史实进行了全面细致的考释。主要章节是：序章，《史记》和战国史研究。第一编：战国史资料的基础研究。第一章《史记》和中国出土书籍；第二章《史记》三家注的《竹书纪年》佚文；第三章《史记》战国纪年的再检讨；第四章《史记》战国系谱和《世本》；第五章马王堆帛书《战国纵横家书》的构成和特征；第六章《战国策》的特点及其关联试论。第二编：战国七国的史料学研究。第一章《史记·秦本纪》史料的考察；第二章《史记·赵世家》的史料考察；第三章《史记·韩世家》的史料考察；第四章《史记·魏世家》的史料考察；第五章《史记·楚世家》的史料考察；第六章《史记·燕世家、田敬仲完世家》的史料考察。终章，从史料学看战国七国的地域特色。如此细致的考释，使《史记》所记战国历史清晰地展现在读者面前。

7. 对研究史的总结

《史记》传入日本有一千多年的历史，研究者在各方面都取得了一定的成就，及时总结这些成就，成为本时期一个重要的课题。池田英雄、藤田胜久两位先生在这方面的成果最为突出。池田英雄

《从著作看日本先哲的史记研究》[①]一文,系统地勾勒了一千多年来《史记》在日本的流传和研究情况,并就一些重要的《史记》研究著作进行了介绍;《最近五十年来史记研究的发展》[②]一文,仔细分析了1945—1995年日本、中国《史记》研究的特点。尤其是他的《史记学50年》[③]一书,详细介绍了1945—1995年日本《史记》研究情况,并与中国的《史记》研究进行对比分析,是了解日、中两国《史记》研究史的重要著作。全书共分十章:一、《史记》研究最近50年的轨迹;二、关于司马迁的思想与历史观、文学性;三、关于司马迁的生卒年;四、从《史记》成书过程看未解决的诸问题;五、近年来一般大众的《史记》普及;六、人物传记书的空前繁荣;七、《史记》资料的整理及其成果;八、最近《史记》研究学界的动向;九、《史记》对后世的影响;十、追录:日本学者研究成果拾遗;附录1:《史记》和《汉书》的比较;附录2:日中《史记》研究盛衰史。这部著作条理清晰,资料丰富,是目前最有影响的《史记》研究史著作。藤田胜久先生近年来也致力于日本《史记》研究史的研究,发表了一系列重要论文,如《〈史记〉〈汉书〉研究文献目录(日本篇)》[④]、《日本的史记研究》[⑤]、《史记在日本的流传与接受》[⑥]等,结合中日文化交流的历史,对《史记》在日本的流传与研究情况进行了细致的介绍分析。

[①] 《大东文化大学创立六十周年纪念中国学论集》,1984年。
[②] 日本无穷会《东洋文化》第七十六号,1996年。
[③] 〔日〕池田英雄:《史记学50年》,明德出版社1995年版。
[④] 间濑收芳编:《〈史记〉〈汉书〉的再检讨与古代社会的地域研究》,1994年。
[⑤] 《爱媛大学法文学部论集》人文学科编第7号,1999年。
[⑥] 《爱媛大学法文学部论集》人文学科编第9号,2000年。

8. 其他

《史记》的成就是巨大的，多方面的。在本时期的《史记》研究中，日本学者也从多方面对《史记》做了研究。上田早苗《史记的构成和终始五德说》、伊藤德男《关于史记日者、龟策两传》、佐藤武敏《司马迁书中的利己心和富的问题》、板野长八《司马迁的经济思想》、贝塚茂树《司马迁史记中的命运问题》、大森悟《史记的成书》、福永光司《以利、义、天为主的司马迁的人世观》、桑田幸三《司马迁的商业观》、伊藤德男《循吏和酷吏》、黑羽英男《不遇的史家司马迁和史记》、大岛利一《司马迁和史记的成书》、安缘由纪子《史记的人物评语》、森熊男《司马迁的匈奴观》、《司马迁的夷狄对策》、青木五郎《司马迁的发愤著书说》等，分别从政治、经济、文学、民族等方面论述了司马迁和《史记》，说明日本学者的研究思路还是宽广的。

这里还应特别提到的是，1995年，为纪念司马迁诞辰2140周年暨国际学术研讨会，中国陕西省司马迁研究会与日本名古屋大学中国语学文协会合作编辑出版了《司马迁与史记论集》①，本论集收录了日本学者的文章有：樱井龙彦《史记的构思和结构——以"物盛而衰"为中心史观而观之》、今鹰真《将军们的列传》、渡边幸彦《史记中的"三段表现"》、今鹰真《史记中所表现的司马迁的因果报应思想和命运观》、杉山宽行《读〈刺客列传〉——主题和变奏》、大田加代自《史记中所见"辩"字指概念》，这些文章分析问题细致深刻，显示了日本学者对《史记》的独到见解。

总括以上成果可以看出，日本学者在《史记》研究方面有几个

---

① 《司马迁与史记论集》，陕西人民出版社1995年版。

特点：第一，重视注解、翻译、普及工作；第二，长于资料整理，出现了几部闻名遐迩的著作；第三，在考据方面也占有一定的优势；第四，研究方法独特，专题研究以细致深入见长。与我国的《史记》研究相比，日本在某些方面的水平已超过了我们，像会注、书目解题这类大型的著作，国内至今还没有出现。因此，我们应加强这方面的工作。

日本学者对《史记》的研究，不仅涉及面很广，而且在有些问题上还相当深入，这里试举几例加以说明。

《史记·龟策列传》向来被批评为"烦芜陋略"而受到轻视，几乎无人对它做认真的研究。日本国学院大学文学部教授吹野安则从文化思想史的角度肯定了该篇的重要价值，他的《史记龟策列传小察》一文认为，将此传视为司马迁原作、褚少孙续作比较稳妥。其价值在于给后人留下了了解古代传统和民俗的宝贵文化遗产。《龟策列传》所载祝辞反映了古人的思想和思维方式，占卜者公然逼迫神龟，使其佑助自己达到预想的目的，态度强硬而无所畏惧。这种对神讲条件的想法，说明了人这个善于思维的主体这时已逐步认识了自我，认识了人的意志的优越性，人在神的面前地位已经与过去不同，从而动摇了对于神的绝对崇拜，认为神的职责就在于忠实可靠地守护人的利益。应该说，这种祷祝文学所反映的思想，虽然尚未突破原先的神灵观念的本质，但毕竟已发生了重大变化。《龟策列传》是历史上记录这种发展变化的第一篇文章，它的意义和价值，应该是使人刮目相看的。[①] 在吹野安之前，国内学者还没有这样认真地分析研究过《龟策列传》。

---

① 董乃斌译介，见《中外文学研究参考》1985 年第 3 期。

吉川幸次郎是日本研究中国文学的泰斗，在国际汉学界亦负盛名。他的《中国诗史》已译成中文。书中有四篇文章涉及《史记》，即《项羽的垓下歌》、《汉高祖的大风歌》、《论司马相如》、《对常识的反叛——司马迁史记的立场》。如《论司马相如》一文，吉川幸次郎首先对司马迁描写司马相如和卓文君的爱情故事的做法，做了很高的评价。他说："在中国文献中，以这种形式记载这样的爱情，可以说始于司马相如的传，至此为止的文献中，以恋爱为话题的本来就很稀少。儒家的五经也好，诸子书也好，都以政治问题作为主题，与恋爱无缘。若要在其中勉强举出一些取材于男女之事的例子，那么大概只有《诗经》与《左传》吧。但充斥于《诗经》的，是已婚男女间的爱情，《左传》也是把已婚男女间不道德的私通作为应该非难的事记录下来的。记载像相如与文君间的这种恋爱故事，相如传记可说是第一篇，而且，又不妨说是用一种肯定的态度记录下来的，至少不是否定的。因为这个记载过于有趣，所以不难想象多少总有一点小说性的粉饰。但相如的同时代人司马迁已经在《史记》里以这种形式、这种态度记载了，用一种肯定的态度叙述并非夫妇的男女因爱情而燃烧的生命之火，这是一种前所未有的崭新的态度，应该说是显示时代转变的一个象征。"[①] 在汉代儒术独尊、礼法甚严的氛围下，司马迁把早期自由恋爱婚姻的故事生动传神地记载在堂堂正正的历史人物传记之中，并加以赞许、肯定，这是一种了不起的胆识。日本学者也看到了这一点，并从历史发展的高度对此做了积极的肯定。

---

① 见《中国诗史》，章培恒等译，安徽文艺出版社 1986 年版，复旦大学出版社 2001 年再版。

日本学者在《史记》研究方面，范围广，有深度，有新意，他们思考问题、分析问题的思路、方法和我们不尽一致，但他山之石可以攻玉，日本学者的研究成果，对我们开创《史记》研究新局面，是能够起到借鉴、促进作用的。

　　当然也应该看到，日本学者对《史记》研究也有许多不足，他们有些见解往往失之偏颇，最明显的是关于《史记·屈原列传》的研究。早在20世纪20年代，我国学者廖季平、胡适、何天行等人，先后在他们的著作中，对屈原是否实有其人提出了质疑和否定。到50年代，也曾有个别人承袭这种观点，在当时就受到众多学者的有力反驳，以后便逐渐销声匿迹了。这桩本来已经解决的公案，近年来又被日本少数学者重新提起。在1983年第4期《重庆师院学报》上，韩国基翻译介绍了日本早稻田大学文学部稻畑耕一郎的《屈原否定论系谱》和日本关西大学三泽玲尔的《屈原问题考辨》两篇文章，这是日本学者屈原否定论观点的代表作品，他们的错误观点立即受到了中国学者的深刻批评[1]。

　　再以资料考据来说，泷川资言的《史记会注考证》最有影响，成绩不可磨灭，但其舛误不足之处也时见于篇。1940年，我国青年学者鲁实先撰《史记会注考证驳议》一书，从体例未精、校勘未善、采集未备、无所发明、立说纰缪、多所剽窃、去取不明七个方面对泷川之书做了较为系统的批评。书传到日本，泷川看了也心悦诚服，并专门致书称善，誉鲁氏为"秀才"。还应该提到的是泷川之书在当时以辑录、增补1300余条《史记正义》佚文赢得了学术界的极大重视。程金造《史记会注考证新增正义的来源和真伪》一文，详加

---

[1] 详见《中日学者屈原问题论争综述》，《文史知识》1983年第9期。

考释，认为这 1300 余条绝不是《正义》佚文，它是读者的杂抄和解释，也录存了《正义》的佚文，但绝大部分是鱼目混珠，以伪为真的。程先生的论断，得到了学术界大部分学者的认可。

总之，日本《史记》研究取得了令人瞩目的成就，在有些方面还超过了我们国内的研究。这里对日本的研究成果做一简略介绍，便于我们进一步研究，使《史记》研究真正走向世界。

附记：近年来，日本《史记》研究专家、爱媛大学藤田胜久先生多次来中国进行学术交流和文化考察，并给笔者提供了日本《史记》研究的许多资料，特此致谢。

附录三:"史记学"和中华优秀经典传承
——一种独特新学科的探讨

《史记》是中华优秀传统文化的典范,其中蕴含着丰富的思想内涵,体现着我们的民族精神。由于它有独特的价值,所以受到历代学者的重视,乃至于逐渐成为一门重要的学问,宋代王应麟《玉海》卷四十六云:"司马氏《史记》……《史记》之学,则有王元感、徐坚、李镇、陈伯宣、韩琬、司马贞、刘伯庄、张守节、窦群、裴安时。"认为"史记之学"形成于唐代,这是有道理的。唐之后的《史记》之学继续发展,但还没有上升到更高的理论体系建构。时至今日,深入研究《史记》并建立体系完整的"史记学",是弘扬优秀传统文化的重要内容之一,也是文化自信的体现,对于繁荣学术,促进经典传承,把中华优秀文化及其研究成果推向世界具有重要意义。

(一)

建立"史记学",首先是由于《史记》这部巨著本身具有重要的文化价值。《史记》是我国第一部纪传体通史,记载了从黄帝到汉武帝时期中华民族三千年的历史,是一幅广阔的历史画卷,历代的帝王、贵族,各种大小官僚、政治家、军事家、文学家、经学家、说客、策士、刺客、游侠、商贾、卜者、俳优,都涌现在司马迁的笔下。《史记》"八书"还记载社会的典章制度,反映了人与自然、人与社会、人与人的关系等,呈现出来的是一种立体化的社会。《史记》在许多方面突破了传统的旧观念、旧思想,表现出卓越的史识。《史记》体现了我们中华民族的智慧和力量,展现了我们中华民族维护统一、积极进取、坚韧不拔、革故鼎新、忧国爱国等民族精神[①]。《史记》在历史真实的基础上,运用文学笔法,刻画了许多鲜明的历史人物形象,是文史结合的典范。《史记》是先秦文化的集大成,又是汉代文化的代表,以其深刻的思想、丰富的精神、独特的艺术对中国文化产生了广泛而深远的影响,成为中国文化史上一座巍峨的丰碑,正如清人李景星《史记评议·序》所说:"由《史记》以上,为经为传诸子百家,流传虽多,要皆于《史记》括之;由《史记》以下,无论官私记载,其体例之常变,文法之正奇,千变万化,难以悉述,要皆于《史记》启之。"[②] 毋庸置疑,《史记》也是世界文化宝库中一颗璀璨的明珠,齐思和先生曾评价道:"正如苏联学者图曼所说:'司马迁真正应当在大家公认的世界科学和文学泰斗中占有重要的地位。'当《史记》出现的时候,在全世界范围内,中国和古希腊罗马的史学最为发达。……和希腊史学名著比起来,《史记》的特点在于它的全面性,尤其是对于生活活动、学术思想和普通人在历史上的地位的重视。希腊历史学家的著作,往往集中到一个战争,重视政治、军事。普鲁塔克的传记汇编所收的人物也限于政治家和

---

① 详参张新科:《史记与中华民族精神塑造》,《光明日报》2017年4月16日。
② 李景星:《史记评议·自序》,见《四史评议》,岳麓书社1986年版,第1页。

军事家,即使是最著名的希腊思想家、科学家如亚里士多德,在他的著作中也没有一字提到,更没有一个关于从事于生产活动者的传记了。"① 《史记》是中国和世界文化史上的经典著作,具有丰富的文化内涵和价值,这是它成为一门学科的关键所在,也是"史记学"建立的重要前提。

建立"史记学",也在于从汉代开始,两千多年来的《史记》研究,积累了大量资料,为"史记学"的建立奠定了坚实的基础。这个研究基础有以下几个重要特点。

第一,时间跨度长,地域分布广。《史记》以其自身的魅力赢得后人的推崇,在两千多年的历史长河中显示出它强大的生命力。《史记》研究从汉代起步,愈来愈深入,逐渐形成了"史记学"。而且由于《史记》巨大的文化价值,南北朝时期就已传播到朝鲜半岛,隋朝时传播到日本,此后传播到欧洲②。如果从时间上看,传播到海外至今也已一千多年,从空间上看,其影响力不断扩大,从国内到国外,从东亚到西欧,成为世界性的文化经典,成为世界汉学家关注和研究的对象。

第二,成果形式丰富多样。传统的《史记》研究成果,以札记、短评、序跋、书信、点评、注释、论文、著作等形式为主。20世纪以来,在这些形式基础上又有较大发展,成果形式最多的是赏析、论文和专题著作,体现《史记》研究的主体方向。尤其是专题著作,比传统的《史记》研究著作更富有理论性和系统性,是成果形式的一大发展。古今以来的《史记》研究成果,其内容或版本校勘,或

---

① 齐思和:《〈史记〉产生的历史条件和它在世界史学上的地位》,《光明日报》1956年1月19日。
② 详参张新科、李红:《史记在国外的传播与研究》,《博览群书》2015年第12期。

考证史实，或评论章法结构，或批评历史人物，或探讨理论问题，或研究之研究；其方法或集解，或集评，或宏观研究，或微观考察。成果的多样性说明《史记》研究的兴盛与繁荣。

第三，学科领域广泛。由于《史记》具有百科全书的特点，所以，研究成果也涉及众多领域，散见于各类典籍之中，以史学、文学为主干，其他还有哲学、政治学、经济学、军事学、地理学、民族学、天文学、教育学、人口学、医学、档案学等。即使史学、文学，其中又有考古学、校勘学、版本目录学、语言学等。而且，由《史记》研究引发到"史记三家注"研究，如程金造《史记索隐引书考实》、张衍田《史记正义佚文辑校》、应三玉《史记三家注研究》等，也引发到对《史记》研究著作的研究，如对明代凌稚隆《史记评林》、清代吴见思《史记论文》、清代牛运震《史记评注》等著作的研究，这是与《史记》密切相关的研究领域。

第四，专门性与非专门性成果结合。《史记》作为文史结合的典范，被广大的读者接受，这种接受包括普通读者阅读欣赏《史记》的"审美效果史"、评论家对《史记》的"意义阐释史"、文学家对《史记》学习而进行创作的"经典影响史"。对于《史记》意义的阐释，是《史记》研究资料的核心部分，以专门性的资料为主流，如《史记》三家注、《史记钞》、《史记评林》、《史记论文》、《史记评注》、《史记菁华录》、《史记志疑》等，除此之外，还有大量非专门性资料，古文选本如《文章正宗》、《古文眉诠》、《古文析义》、《古文观止》等，小说评点如评《水浒传》、《三国演义》、《西游记》、《红楼梦》、《聊斋志异》等，史学评论如《史通》、《文史通义》等，笔记如《习学纪言》、《容斋随笔》、《焦氏笔乘》、《义门读书记》、《日知录》等，文学评论如《文心雕龙》、《艺概》、《论文偶记》等，乃至于大量的序跋、书信、札记、咏史诗、戏曲、小说等，都对《史记》研究有一定帮助。

第五，文人学者的研究资料与民间资料、地上资料与地下资料的融合。《史记》一书纵横三千年历史，在撰写过程中采纳了各类资料，包括先秦典籍、汉代朝廷藏书、档案以及个人实地考察收集的民间资料等，类型十分丰富。唐代司马贞《史记索隐后序》说："太史公之书，既上序轩黄，中述战国，或得之于名山坏壁，或取之以旧俗风谣。"[1] 所谓的"名山坏壁"、"旧俗风谣"，指的就是民间资料。与此相对应，研究成果也呈现出文人学者论著与民间资料相融合的特点。由于《史记》在文人学者中传播和研究的范围最广，于是，研究成果以这类人的成果最为突出。与此同时，民间的许多乡土资料（如司马迁故乡韩城市有关司马迁的传说、风俗等）也是重要的组成部分。特别是考古资料的不断出现，为《史记》研究提供了新的依据、新的思路。《史记》所记载的历史是否真实可靠，许多已被考古材料所证明，或者纠正。王国维《殷卜辞中所见先公先王考》、《殷卜辞之所见先公先王续考》，是最早利用甲骨文考证《史记》的论著，证实了《史记·殷本纪》所载殷先公先王的真实性[2]。郭沫若《中国古代社会研究》一书，运用甲骨文、金文研究殷周社会，其中多处将甲骨文与《史记》记载比较研究。陈直《史记新证》亦是利用考古资料研究《史记》的代表作。山东银雀山汉墓、长沙马王堆汉墓、临潼秦始皇陵及兵马俑、广州象岗山南越王墓等许多考古成果，为《史记》研究提供了非常重要的第一手资料。

---

[1] 司马贞：《史记索隐后序》，见中华书局点校本《史记》第十册附录。
[2] 王国维：《观堂集林》卷九，中华书局 2004 年出版。

如果我们从发展的角度看，两千多年的《史记》研究资料体现出如下特点。

第一，从成果文本看，经历了钞本向印刷本的变化。唐代以前的《史记》文献，以手写本的形式呈现，书写的媒介有简牍、帛书和纸张等，但不易保存，散佚较多。如《隋书·经籍志》、《旧唐书·经籍志》、《新唐书·艺文志》所记载的汉唐以来的《史记》著作有顾柳言《史记音解》三十卷，许子儒注《史记》一百三十卷、《史记音》三卷，刘伯庄《史记音义》二十卷、《史记地名》二十卷，王元感注《史记》一百三十卷，李镇注《史记》一百三十卷、《史记义林》二十卷，陈伯宣注《史记》一百三十卷，徐坚注《史记》一百三十卷，裴安时《史记纂训》二十卷等，这些注本都已散佚。到了宋代及其以后，随着印刷技术的不断发展，《史记》的刊本愈来愈多，研究成果保存下来的也较为完备，直到今天的电子文献，更是一种先进的文献类型。

第二，从评论、研究的角度看，由零散、感悟式的评论到系统化、理论化的专题研究。早期的《史记》研究，大都是感悟式的评论，三言两语，简明扼要，如汉魏六朝以来评论司马迁的"爱奇"问题，"史公三失"问题、班马异同问题等，许多是零散的感悟式的。"三家注"形成之后，逐渐有了系统性的研究，出现专门的研究著作，明清以来一直到今天，理论性、系统性的专题研究愈来愈明显。这种专题研究有几个明显的特点：一是突出问题意识，以问题为导向，层层深入；二是以理论为统帅，系统性强；三是以资料为依据，不空发议论；四是视野开阔，纵横开拓。这种理论研究，除了专著之外，还表现在数量众多的学术论文（包括硕士、博士学位论文），《史记》研究的最新成果往往首先从这些论文中体现出来，它们也是"史记学"向纵深发展的重要标志。据初步统计，仅1905—1998年，各类《史记》研究论文就已达2269篇[①]。2001年以来，仅中国史记研究会主办的《史记论丛》1—12集刊发的论文就多达897篇，《渭南师范学院学报·司马迁与史记研究》栏目1989—2015年刊发《史记》论文380篇[②]。可见20世纪以来《史记》研究论文的数量日益剧增。随着研究的不断深入，对《史记》研究之研究也已展开，如张新科、俞樟华《史记研究史略》、杨海峥《汉唐史记研究论稿》等，或系统勾勒《史记》研究史，或选取某一阶段的《史记》研究进行研究。日本学者池田英雄《史记学50年——日中史记研究的动向（1945—1995年）》[③]，比较分析中日1945年至1995年的《史记》研究，等等。

第三，从成果特征来看，个人著作始终占主导地位，但也已开始集成式的研究。由于学术研究的特殊性，对《史记》研究往往是个体独立思考、独立研究，因此，无论是论文还是著作，基本以个人为主。当然，从古代开始就有人注意把不同学者的成果汇集在一起，给读者提供较为丰富的信息。在《史记》研究史上，作为资料与研究集大成的著作，南朝刘宋时期裴骃的《史记集解》就已开了先河，到唐代形成了著名的"三家注"，可以说是《史记》研究的第一个里程碑。到明代出现以凌稚隆《史记评林》为代表的著作，汇集历代评论，具有重要的意义。清代程余庆《历代名家评注史记集说》，继承《史记评林》的传统，亦是具有集大成的特点。20世

---

① 安平秋等主编：《史记教程》，华文出版社2002年版，第9页。
② 张大可主编：《史记论丛》专辑第6卷《中国史记研究会十五年》，中国文史出版社2015年版，第191、385页。
③ 〔日〕明德出版社平成7年（1995年）出版。

纪30年代，日本学者泷川资言《史记会注考证》汇集中日《史记》研究成果，主要以文字训诂、史实考证等为主，但也具有集大成的特点。当代以来，韩兆琦《史记选注集说》发展到《史记选注汇评》，直到他最新的《史记笺证》，一直关注汇评工作。杨燕起等编纂的《历代名家评史记》精选古代到1949年的《史记》评论资料，给研究者提供了方便。张新科等主编《史记研究资料萃编》进一步发展，将评论延伸到当代，并按专题形式编排，使汇评工作有了新的拓展。近年来，张大可、丁德科主编《史记论著集成》，汇辑当代学者的专题研究成果，也具有重要意义。赵生群主持修订中华书局《史记》点校本，在校勘方面吸收各家而自成一家，使《史记》校勘更上层楼。

第四，从发展趋势看，《史记》研究由"史料学"逐步向"史记学"发展。《史记》是史学著作，所以，历代研究首先从史料、史学入手，探讨其真实性及其历史价值。传统的《史记》研究，重在搜集史料、考证史料和文字，从"三家注"开始大都如此，尤其是清代乾嘉学派对《史记》的人名、地名、官爵、人物、史实、文字音韵、文献来源等的考证，使《史记》史料学研究达到顶峰。这种细致的考证研究，是最基础的，也是必不可少的研究，对于澄清历史史实、认识《史记》的史料价值具有重要意义。20世纪以来，"史料学"研究仍然是《史记》研究的重要内容之一。尤其是对《史记》的许多疑案研究，如司马迁生卒年问题、司马谈作史问题、《史记》断限问题、《史记》缺补问题、《史记》倒书问题、《史记》版本问题等，一直是研究的热点问题。王国维、顾颉刚、余嘉锡、朱东润、郭沫若、王达津、程金造、郑鹤声、金德建、贺次君、施丁、李人鉴、安平秋、曲英杰、韩兆琦、张大可、袁传璋、赵生群、张玉春等，在这些方面取得重要成就。这是研究《史记》最重要的方法之一。同时，20世纪以来，随着学术的不断发展，《史记》研究也由"史料学"向"史记学"转化。因为《史记》不是一般的史料汇编，司马迁要"究天人之际，通古今之变，成一家之言"，这是《史记》之魂。从史料的整理和挖掘中分析司马迁思想，通过具体材料探讨《史记》丰富的思想内涵及其价值，上升到"史记学"的理论高度，这是《史记》研究的必经之路。传统的"史料学"研究，也有学者在考证中提出一些理论问题，如"史公三失"、班马异同、司马迁"爱奇"、司马迁寓论断于叙事之中、司马迁运用互见法等问题。但是，这些问题只是提出来了，还没有很好地、系统地论述和解决，有些还只停留在表面，有待于深入探究。20世纪初期已显示出理论的探讨，如梁启超、蔡尚思、徐浩、杨启高、李长之等对《史记》纪传体体例、《史记》的成因以及《史记》文章风格等进行了较为深入的探讨。这种系统性的、规律性的探讨，在现代以来有了较大发展，尤其是新时期以来，随着思想的解放运动，这种研究取得了突破性进展[①]。其中所探讨的问题，深入到《史记》的灵魂深处，挖掘《史记》的史学价值、思想价值，提升了《史记》研究的内涵，为"史记学"体系的建立打下坚实的基础。

建立"史记学"，也是当前文化发展和文化建设的需要。《史记》是中华优秀文化经典之作，它所体现的大一统思想，所表现的爱国

[①] 张大可《三十年来〈史记〉研究述评》、《〈史记〉的民族凝聚力与研究现状》（收入作者再版的《史记研究》一书，华文出版社2002年版），肖黎《建国以来〈史记〉研究情况述评》（《社会科学研究》1983年第5期）、曹晋《〈史记〉百年文学研究述评》（《文学评论》2000年第2期）、陈桐生《百年史记研究的回顾与前瞻》（《文学遗产》2001年第1期），张新科、俞樟华《史记研究史略》（三秦出版社1990年版）等论著对此均有详述。

思想、积极进取精神，求实创新精神等，都对当今社会有积极作用。我们之所以把"史记学"作为一门学科，就是要弘扬这些有价值的人文精神，尤其是大一统的思想，对于凝聚我们民族的团结精神，更具有十分重要的现实意义。《史记》所表现的人文精神，并没有随着时代的消逝而消逝，而是一个继续流淌着的跨时间的文化流程，它的人文精神，经过不断的净化、升华之后变为我们的现实精神。《史记》中许多人物积极进取、刚强不息、勇于革命，对民族精神的形成起了重要作用，这是我们民族宝贵的精神财富。建立"史记学"，这是当前传承中华优秀文化的需要，有利于中华经典文化的广泛传播。中共中央办公厅、国务院办公厅《关于实施中华优秀传统文化传承发展工程的意见》中强调："中华优秀传统文化，积淀着中华民族最深沉的精神追求，代表着中华民族独特的精神标识，是中华民族生生不息、发展壮大的丰厚滋养，是中国特色社会主义植根的文化沃土，是当代中国发展的突出优势，对延续和发展中华文明、促进人类文明进步，发挥着重要作用。"[1]《史记》作为优秀传统文化的代表，是3000年中华文化的总结，蕴含的价值非常丰富，值得深入挖掘和研究。从发展学术的角度来说，现实的变革促进人们思想观念的变化，也促使人们不断从新的时代要求去深化传统经典的研究，以期从中吸取本时代所需要的营养。司马迁《高祖功臣侯者年表序》："居今之世，志古之道，所以自镜也。"[2] 因此，"史记学"对当代的学术发展具有重要的现实意义。新时期以来，围绕着司马迁及其《史记》，人们展开了多方面的研究，研究领域不断扩大，除了

---

[1] 全文载《光明日报》2017年1月26日。
[2] 司马迁：《史记》，中华书局1959年版，第878页。

史学、文学外，还涉及哲学、美学、经济学、军事学、天文学、医学、教育学、建筑学、民俗学、地学、神话学等；研究的问题也在不断地深入，而且组成了司马迁研究的学术团体，这对于繁荣学术、发展学术起了积极作用。同时，"史记学"也能促进史学、哲学、文学、语言学、民俗学等其他学科的研究等。我们还应看到，"史记学"的发展，为考古学、民族学、地理学等其他学科也提供了重要的基础资料。而且，司马迁继承父业，以强烈的使命感，担当起编纂历史的重任，不虚美，不隐恶，以求实创新的精神和顽强的毅力，去完成编纂《史记》的伟大事业，这种治学精神在今天仍然具有积极的现实意义。

（二）

建立"史记学"，不仅具有必要性，而且具有重要性。"史记学"的建立，对于深入认识和研究汉代文化具有重要意义。《史记》是先秦文化的集大成，同时又是汉代文化的代表，以此为突破口研究汉代社会，无疑是一条重要途径。而且，司马迁创作《史记》的目的是"究天人之际，通古今之变，成一家之言"，这是史学家、哲学家的使命。正如梁启超在《中国历史研究法》中所说："迁著书最大目的乃在发表司马氏一家之言，与荀况著《荀子》，董生著《春秋繁露》性质正同，不过其一家之言乃借史的形式以发表耳。故仅以近代史的观念读《史记》，非能知《史记》者也。"研究汉代史学、哲学，离不开《史记》，"史记学"的研究历史也证明了这一点。进一步来看，"史记学"的建立，可以对我国史学的产生、发展、演变提供某些规律性的论证。先秦时期已有编年、国别等史学著作，《史记》的出现,无论从史学意识、史学目的、史学编纂,还是史学规模、史学语言等,都是中国史学史上的一次革命。而后来的史学,尤其是"二十四史",基本都是沿着司马迁开创的史学道路继续前进。因此,"史记学"的建立,将有助于我们认识中国史学的源流及其发展,探寻史学发展中的核心问题。再以文学而言,司马迁在历史真实的基础上,施展文学才华,使《史记》成为中国叙事文学的里程碑。先秦时期的叙事文学,主要是历史散文中的《左传》、《国语》、《战国策》,《史记》继承了它们的长处,并吸收了抒情文学如《诗经》、《楚辞》,政治哲学著作如诸子百家等的精神,成为先秦文学的集大成和汉代文学的典型代表。后来的文学,都从它这里吸取了营养。如古代的散文,唐宋八大家、明代的前后七子和唐宋派、清代的桐城派,都高举学习《史记》的大旗,《史记》成为中国古典散文的千秋宗匠。其他文学样式如传记、小说、戏剧、辞赋等都与《史记》有密切关系[①],甚至于司马迁提出的"发愤著书"理论对于中国古代文学批评也产生深远影响。因此,建立"史记学",对于中国文学发展的来龙去脉也会有更深入的认识。除史学、文学之外,《史记》中所体现的哲学、经济学、军事学、民族学、地理学、教育学、天文学、医学、音乐学等各种思想也是非常丰富的,研究中国文化,《史记》是无法绕开的。

建立"史记学",也具有重要的世界意义。《史记》在世界各国都有一定的影响。《北史·高丽传》记载,唐以前"三史"已传到朝鲜半岛。目前,俄文、法文版全本《史记》都已问世,英文版全本《史记》也即将完成。据覃启勋《史记与日本文化》一书考证,《史

---

① 《史记》与中国文学的关系,详参张新科《史记与中国文学》,商务印书馆2010年版。

记》在公元600年至604年之间由第一批遣隋使始传日本，明清之际，是《史记》东传日本的黄金时代[①]。在日本，已经形成一支实力强大的《史记》专门研究队伍，仅近现代而言，颇有影响的专家有泷川资言、水泽利忠、宫崎市定、野口定男、加地伸行、池田芦洲、池田英雄、伊藤德男、今鹰真、藤田胜久、小泽贤二等百余人。《史记会注考证》、《史记会注考证校补》、《史记研究书目解题》等著作，都是颇有特色的著作。欧美国家的《史记》研究也有较大成就，如法国的沙畹、康德谟、吴德明，美国的华兹生、倪豪士、侯格睿、杜润德、王靖宇、汪荣祖等[②]。当然，国外的《史记》研究还很不平衡，也存在不少问题；而且，国外研究成果被介绍进来的也不多。随着中国对外开放政策的实行，各国之间的文化交流日益频繁。建立"史记学"，可以在原有基础上进一步扩大和加深国际间的合作交流，促进中国文化走出去。

"史记学"的建立，也具有重要的文化教育意义。读史使人明鉴，从事《史记》研究，建立"史记学"，有助于我们进行历史的反思，在认识历史的同时，也认识自我，提高自己认识社会的能力，完善自己的人格结构。同时，《史记》也是我们民族智慧的结晶，其中的治国理政思想、道德观、价值观、义利观等，对于当今治理天下以及培养人们高尚的道德节操具有积极的作用。习近平总书记2015年2月15日在陕西考察时讲到："对历史文化，要注重发掘和利用，溯到源、找到根、寻到魂，找准历史和现实的结合点，深入

[①] 覃启勋：《史记与日本文化》，武汉大学出版社1989年版，第41页。
[②] 关于海外《史记》研究情况，详见张新科等《史记在国外的传播与研究》，《博览群书》2015年第12期。

挖掘历史文化中的价值理念、道德规范、治国智慧。比如，司马迁的《史记》、班固的《汉书》中所凝结的先人智慧，对今天治国理政有不少启示。古人说，'读经传则根底厚，看史鉴则议论伟'。发掘和利用工作做好了，才能去粗取精、去伪存真、古为今用，做到以文化人、以史资政。"《史记》是"以文化人"的极好教材，应该得到开发和利用。而且，《史记》借助文学的手段，以美的语言、美的结构、美的形式，使传主的生命价值得以很好地展现出来，并产生美感效应。正如茅坤所说："读游侠传即欲轻生，读屈原、贾谊传即欲流涕，读庄周、鲁仲连传即欲遗世，读李广传即欲力斗，读石建传即欲府躬，读信陵、平原君传即欲好士。"[1]这样的传记效果，是任何说教形式难以达到的。因此，建立"史记学"，以史为鉴，是文化传承的重要内容之一。

(三)

建立"史记学"，既有历代积淀的雄厚基础，又有重要的文化价值和意义。那么，如何建立这门既具有历史意义又具有现实意义的学科？笔者曾对此提出一些看法，主要有：走综合化之路，以理论作统帅，多样化的形式，立体化的研究，世界化的目标，生产化的方式[2]。当然，建立一门学科，绝不是一蹴而就的，需要长期的积累，以上这些工作仍然是今后需要努力的方向，要以科学求实的态度，对待优秀经典著作，尤其是理论的探讨需要不断加强和提升。

---

[1] 《茅鹿门先生文集》卷一。《史记评林》卷首引。
[2] 笔者《史记学概论》一书曾对"史记学"的范畴、特征、源流、价值、发展趋势等问题进行了探讨。商务印书馆2003年出版。

在此，笔者特别强调两项重要的基础性工作，即《史记》的普及化和数字化。

建立"史记学"，需要有广泛的群众基础。因此，文史工作者要以普及《史记》、传承优秀文化为己任，针对不同层次、不同年龄的人群，采取不同的普及方式，扩大《史记》传播范围，使经典著作深入人心。《史记》具有百科全书特点，其传播范围当然不只是史学、文学；而且《史记》不只是文人雅士的案头著作，也是普通大众的必读书目；不只是大专院校青年学生的必修课程，也是干部培训的极好教材；不只是中国文化的经典，而且也是世界文化经典，在世界范围内传播。开设课程、专题讲座、编写普及读物，运用广播、电视、网络等各种形式，形成普及《史记》的强大阵势，使更多的人认识《史记》的巨大价值、认识司马迁的伟大精神，认识中华优秀文化的内在魅力。如果没有广泛的传播和普及基础，"史记学"也就失去了依赖，失去了生命力。当然，普及与提高是一个统一体，普及是为研究打基础，而且把《史记》研究成果传播到更广的范围，也是一种普及。

现代科技的快速发展，为学术研究插上了新的翅膀。《史记》研究，是精神生产，生产工具也应随着时代而变化。我们在进行综合化工作时，依赖于科学技术手段，其中最重要的乃是电子计算机以及网络技术的使用。先进科学技术的使用，对于《史记》资料中心的建立以及广泛传播《史记》和研究成果是有重大的意义，甚至是革命性的变化。网络技术带来查阅资料的方便，带来研究的数字化，研究手段的更新为新的研究奠定良好基础。目前，有关单位正在进行大规模的《史记》数据库建设，不仅将《史记》按照一定的主题模块数字化，而且将古今中外《史记》研究成果分门别类进行数字化处理，为研究者提供极大便利，这是一项非常有意义的工程，也是建立"史记学"重要的奠基工作。

当然，"史记学"能否建立、能否发展，起决定作用的还是研究主体——人。研究者必须具有一定的素养。唐代史学理论家刘知幾认为："史才须有三长，世无其人，故史才少也。三长，谓才也，学也，识也。"[①] 清代章学诚《文史通义·史德篇》在此基础上又加一"德"字[②]。可见《史记》研究者只有具备多方面的素养，才能担当起重任，才能鉴别史料的真伪、源流，才能从繁杂的资料中分析问题，解决问题。

"史记学"不同于其他学科，从本质上说是人文社会科学的一个分支，具有多学科性。它的建立与发展，与史学、哲学、文学、民族学、地理学、政治学、经济学、军事学、档案学等，都有一定的关系。但作为"史记学"的体系构架，应该是以史学、哲学、文学作为最重要的支柱学科。总之，需要各学科共同努力，建立起独具特色的新学科，促进学术发展，促进中华优秀文化的传承。

"史记学"的发展，经历了两千多年，经过无数学者的不懈努力，逐步发展壮大，尤其是 20 世纪以来，"史记学"发展到一个新的阶段。由于《史记》具有深刻的思想内涵和完整的体系，能使有价值的生命走向永恒的时间和无穷的空间，"史记学"也将具有它的无穷魅力和生命力，愈来愈受到人们的重视，对此，我们充满信心。

（本文原载加拿大文化更新研究中心主办的《文化中国》2018 年第 3 期）

---

① 刘昫：《旧唐书·刘子玄传》，中华书局 1975 年版，第 3173 页。
② 章学诚撰，叶瑛校注：《文史通义校注》，中华书局 1985 年版，第 219 页。

后　记

本书初版于1995年7月，当时陕西省司马迁研究会为纪念司马迁诞辰2140周年筹备大型的国际学术会议，并策划出版"司马迁与华夏文化"丛书，本书有幸被列入其中。出版后，在学术界有良好的反响。同时，作为我开设的《史记研究》专题课教材使用，也得到了普遍好评。2008年，陕西师范大学文学院"211工程"三期重点学科建设项目"长安文化与中国文学"，将《〈史记〉与中国文学》纳入再版计划，予以资助，我非常高兴，也非常感谢，毕竟这是我踏上学术道路时的初作，我十分珍惜它。于是，我抽空将旧稿收拾一遍，在基本保持原貌的基础上增添了有关内容，立足《史记》本位，梳理《史记》与前代文学的关系、《史记》本身的文学价值、《史记》对后代文学的影响，目的是把《史记》放在整个中国文学史的长河中进行认识和研究。同时，为了使更多的人了解《史记》研究的历史与现状，特将我撰写的《"史记学"史述略》、《〈史记〉在海外的传播与研究》两文作为附录收入。该书于2010年8月由商务印书馆出版。出版后社会反响良好，并且荣获陕西省哲学社会科学优秀成果奖。此后，还被全国哲学社会科学规划办列入国家社科基金中华学术外译项目，即将被译成英语在海外出版，这也给我很大的鼓舞，促使我继续努力。现在，商务印书馆又准备将本书予以修订再版,我在原有基础上增补了一些内容,使研究进一步充实,并将原附录一并进行了更新调整。感谢商务印书馆同仁为此书出版所付出的辛勤劳动。

2019 年 12 月 3 日